Franz Taut
Roter Stern am Schwarzen Meer

Franz Taut

Roter Stern
am Schwarzen Meer

Vom Kuban zur Krim

rosenheimer

Der Ablauf des militärischen Geschehens entspricht der geschichtlichen Wahrheit. Die Namen der handelnden Personen sind frei erfunden. Eventuelle Ähnlichkeiten sind daher rein zufällig.

Besuchen Sie uns im Internet
www.rosenheimer.com

© 2013 Rosenheimer Verlagshaus
GmbH & Co. KG, Rosenheim
Lektorat und Satz: VerlagsService Dr. Helmut Neuberger &
Karl Schaumann GmbH, Heimstetten
Titelfoto: © Bundesarchiv, Bild 146-1974-099-19 /
Fotograf: Kempe
Druck und Bindung: CPI Moravia Books s.r.o.
Printed in Czech Republic

ISBN 978-3-475-54211-4

Inhalt

Die Höhenstellung 7
Befehl von oben 41
Der neue General 53
Meldung für die Front 80
Roter Stern am Schwarzen Meer 94
Ratas und geborgte Stunden 116
Das Wiedersehen 130
Rückkehr zum Regiment 147
Fernruf vom Kuban 167
Panzeralarm 177
Der Gegenangriff 199
Roter Stern im Pulverqualm 213
Die Überfahrt 242
Das Ende 247

Die Höhenstellung

Ein Leutnant trat durch den niedrigen Eingang in den Bunker. Sein Gesicht war auf eine erschreckende Weise entstellt. Es bestand nur noch aus Flicken seidiger, rosiger Haut und einem Gewirr von Narben und Nähten, aus dem zwischen wimperlosen roten Lidern zwei Augen blickten, deren Iris von einem unwahrscheinlich leuchtenden tiefen Blau war. Es war Leutnant Lemke. Der Bataillonsadjutant hatte ihn durch den Fernsprechdraht angemeldet, der zufällig seit zwei Tagen intakt war. Lemke war als mein Nachfolger vorgesehen. Ich sollte ihn in die Stellung einweisen und ihm dann die Kompanie übergeben.

Der Befehl meiner Versetzung zum Divisionsstab kam völlig überraschend für mich. Denn ich hatte mich nicht um den Posten eines dritten Ordonnanzoffiziers beworben, der, wie es so schön hieß, »infolge Feindeinwirkung« frei geworden war.

Leutnant Lemke nahm die Tropenmütze ab. Er trug an der Khakifeldbluse seiner neu verpassten Tropenuniform neben dem EK I das goldene Verwundetenabzeichen. Ich nahm nicht an, dass es ihm ein auch nur annähernd hinlänglicher Ersatz für den Verlust seines menschlichen Gesichtes war; mir selbst genügte im Übrigen vollauf das in Silber.

Wir begrüßten uns nach dem noch immer gültigen Komment: »Leutnant Lemke« – »Oberleutnant Emser.«

Gegenseitige Verbeugung, kurz angedeuteter »deutscher« Gruß.

»Da bin ich also«, sagte Lemke mit seltsam knarrender Stimme, wobei er seine dünnen, vernähten Lippen angestrengt schief zog. Seine rechte Gesichtshälfte zuckte, als führe sie ihr eigenes Leben. »Hübsche Gegend«, fügte er hinzu.

»Leider ist die Luft stark eisenhaltig«, sagte ich und ergriff seine Hand. Erst jetzt merkte ich, dass ihm der Mittelfinger fehlte.

»Ich bin es noch dicker gewöhnt«, meinte er mit verkrampftem Lächeln. Er war aus Stalingrad entkommen – einer der wenigen vom Schicksal begünstigten Schwerverwundeten, die noch vor Torschluss ausgeflogen worden waren. Ich wies auf eine Munitionskiste, die als Sitzgelegenheit diente.

»Wie gefällt Ihnen die Villa?«, fragte ich.

»Ganz groß«, sagte er und sah sich um. Was er erblickte, war nicht gerade erhebend. Der Bunker, der in eine Hangstufe geschachtet war, maß etwa drei Meter im Geviert. Es gab einen roh zusammengenagelten Tisch aus Kistenbrettern, eine Holzpritsche mit Strohauflage und eine an der Bohlendecke hängende Petroleumlampe. An einem in die Wand getriebenen hakenförmigen Granatsplitter hingen mein Stahlhelm, die Gasmaske, das Koppel und eine Maschinenpistole.

»Sehr wohnlich«, meinte Lemke anerkennend. »So ein Heim habe ich mir schon immer gewünscht.«

»Hatten Sie eine angenehme Überfahrt?«, fragte ich. Vom Bataillonsadjutanten hatte ich erfahren, dass er geradewegs von Cherson am unteren Dnjepr kam, wo die Führerreserve der Heeresgruppe lag.

Lemke zeigte wieder sein karges Lächeln. »Meinen Sie die Überfahrt über die Straße von Kertsch? Na, ein Fest war es gerade nicht. Die Russen flogen mit gepanzerten J L zwo drei Angriffe auf unsere Fähre. Aber die Marine-Flak war auf Draht.«

»Muss sie ja auch«, sagte ich. »Schließlich kommt der Nachschub für eine ganze Armee übers Wasser.«

»Hoffen wir, dass er nicht eines Tages ausbleibt«, erwiderte Leutnant Lemke. »Im Übrigen ist ja das Kriegführen im Sommer leichter. Macht mehr Spaß. Finden Sie nicht auch?«

»Spaß?« Ich schüttelte den Kopf. »Nein, Herr Lemke, ausgesprochen spaßig ist das hier nicht. Aber im Grunde haben Sie schon recht. Ich habe den ersten Russland-Winter im Donezgebiet mitgemacht. Wenn es auch sicher nicht zu vergleichen ist mit dem, was Sie erlebt haben, sind wir auch da nur knapp einer Katastrophe entkommen.«

»Donezgebiet«, murmelte Lemke. »Mein Haufen lag damals bei Bjelgorod – ostwärts Charkow, Sie wissen ja. Muss ziemlich übel gewesen sein, der russische Durchbruch bei Isjum. Zu dieser Zeit kam ja der großartige Befehl, keinen Fußbreit Boden aufzugeben, bis zur letzten Patrone zu kämpfen, Unterkünfte in Brand zu stecken als loderndes Fanal für die Kameraden in entfernteren Stützpunkten. Himmelschreiender Quatsch vom militärischen Standpunkt aus gesehen.«

»Kann man wohl sagen«, stimmte ich zu. »Mein damaliger Regimentskommandeur hat es abgelehnt, sich daran zu halten. Er hat teuer dafür bezahlt.«

»Wieso das?«, fragte Lemke. »Götz-Zitat frei nach Goethe oder so?«

»Nein«, sagte ich, »so einfach war das nicht. Es ging bei uns um rund 400 Verwundete, die mit uns eingeschlossen waren. Mein Kommandeur – er hieß Oberst Metzelbrod – gab den Ausbruchbefehl, um die Verwundeten zu retten. Und weil wir Gespanne für die Schlitten zum Abtransport brauchten, ließ er die schweren Waffen sprengen. So war das. Mein Kommandeur ist daran zugrunde gegangen. Kriegsgericht, Verurteilung, Degradierung, Bewährungsbataillon. Das war sein Weg. Vor Kurzem, als wir nach ein bisschen Ruhe wieder in die Stellung vorrückten, habe ich meinen Oberst wiedergesehen. Er lag auf einer Krankentrage – ohne Rangabzeichen, ohne Orden, ein menschliches Wrack, dem irgendein Iwan den Gnadenschuss gegeben hatte.«

Lemke räusperte sich, als säße ihm ein Kloß im Hals. »Es ist nicht zu fassen«, murmelte er. »Und wir? Für eine Führung, die so etwas gutheißt, lassen wir uns die Knochen polieren. Wissen Sie, was mir kürzlich ein Veteran von 14/18 gesagt hat? ›Wir haben uns wohler gefühlt in unserem grauen Rock als ihr Soldaten des Führers.‹ Ist schon was dran, Herr Emser, hol's der Teufel! Und ich sage Ihnen, die da oben wissen recht gut, was viele – vielleicht die meisten – von uns denken. Trotzdem verlassen sie sich auf uns. Es ist ein Rätsel. Ich kann es nicht lösen, und Sie vermutlich auch nicht. Was haben Sie denn getan, als Sie Ihren Oberst so wiedersahen?«

»Ich habe die Kompanie nach vorn geführt«, sagte ich. »Was hätte ich denn anderes tun sollen?«

»Da haben wir's ja«, versetzte Leutnant Lemke. »Wir sind schon wirklich Glückspilze, dass wir in dieser großen Zeit unsere Haut zu Markte tragen dürfen. Und hier

– was wird hier eigentlich geboten? Kubanbrückenkopf sagt nicht viel. Ist es eine Ausgangsstellung für einen neuen Vorstoß ins Ungewisse, oder ist man hier einfach sitzengeblieben, weil der hohen Führung nichts Besseres eingefallen ist?«

»Ich weiß es genauso wenig wie Sie«, entgegnete ich. »Kürzlich war der Chef des Stabes vom Jägerkorps hier vorn bei mir. Ein ehrgeiziger, noch junger Generalstabsoberst – Blutordensträger, aber trotzdem kein sturer Parteimann. Er schaute durchs Scherenfernrohr hinaus ins Feindgebiet. Das einzige Sehenswerte, mit dem ich ihm aufwarten konnte, war eine Kolonne deutscher Kriegsgefangener, die sozusagen vor unseren Augen drüben, nordostwärts Krymskaja, für den Iwan eine Straße bauen – eine Panzerstraße, wie mir scheint.«

Leutnant Lemke knurrte einen Fluch. »Verdammt weit haben wir's gebracht. Was meinte denn der Herr Oberst? Hat er sich nicht überlegt, was man für die armen Teufel tun könnte?«

»Er hat zähneknirschend seine Machtlosigkeit verwünscht. Gut gesagt, was?«

Lemke lachte hart auf. »Sehen Sie, da liegt der Hund begraben. Er möchte gern, aber er kann nicht. Ich bin im Übrigen kein Defätist. Wenn es vorwärtsgeht, bin ich der Erste an der Spritze. Aber ich sehe keine allzu großen Möglichkeiten mehr. Ich glaube, wir können auf die Dauer froh sein, wenn es uns gelingt, den Frontbogen von Noworossijsk bis zum Asowschen Meer zu halten. Wie sieht's denn augenblicklich aus?«

»Mehr als mulmig«, sagte ich. »Der Feind greift jetzt fast täglich an. Was hier am Kubanbrückenkopf in unseren Kampfgräben liegt, sind lauter Experten, lauter

Spezialisten für die Nahverteidigung. Der Einzelkämpfer hat hier das Licht der Welt erblickt. Die Kompanie, die Sie übernehmen, ist ein wilder Haufen. Kaum einer ist darunter, der sich nicht schon von einem T 34 oder einem der neuen Shermans hat überrollen lassen. Klänge es nicht allzu makaber, würde ich sagen, mancher macht sich einen Spaß daraus, so einen Russenpanzer über sich wegfahren zu lassen und dann wie Phönix aus der Asche mit Handgranaten oder MG aufzustehen, wenn die lehmbraune Welle nachkommt. Man könnte mit einer großen Kiste voller Eiserner Kreuze durch die Stellung gehen und jedem eines anhängen. Hier ist ja schon manchmal der Weg zur Latrine eine Ritterkreuzangelegenheit. Sie werden es erleben. Man sitzt auf dem Balken, und ringsherum kracht es, dass die Fetzen fliegen.«

»Wirklich ein freundlicher Ort«, sagte Lemke ungerührt.

Im Bunkereingang erschien der Melder, der den neuen Kompanieführer vom Kompanietross heraufbegleitet hatte. Er baute sein Männchen und brachte dann eine Krankentrage als Schlafplatz und das Gepäck des Leutnants, einen Rucksack mit aufgebundenem Stahlhelm, einen grauen Wäschebeutel und einen nagelneuen Schlafsack aus der Heereskleiderkammer. Dazu die Maschinenpistole, die der Leutnant beim Tross empfangen hatte. Lemke nahm den Wäschebeutel auf die Knie und kramte darin herum. Er förderte eine Kognakflasche zutage, eine Hunderterpackung Krim-Zigaretten und ein in Wachstuch eingeschlagenes Päckchen. »Jetzt wollen wir zum Einstand einen trinken«, sagte er. »Oder sind Sie Abstinenzler, Herr Emser?«

»Bewahre«, sagte ich. »Bin jederzeit dabei, vorausgesetzt, dass uns der Iwan in Ruhe lässt.«

Leutnant Lemke legte den Wachstuchpacken auf den Tisch. »Wissen Sie, was da drin ist? Aufzeichnungen. Im Lazarett habe ich angefangen, Buch zu führen – das persönliche Kriegstagebuch des Leutnants Lemke. Cherson war für meine Studien ein äußerst interessanter Platz. Es gab dort ein paar Goldfasane, die alle im Osten dick und fett geworden sind, dunkelbraune Herren von der Zentraleinkaufsgenossenschaft: Ost, ZO genannt, Landwirtschaftsführer, die in Butter, Eiern und Honig schwelgten, und es gab ein Wiedersehen mit einem ›Ausflieger‹, der in Gumrak, dem letzten Flugplatz von Stalingrad, in die gleiche Maschine wie ich geriet. Der Unterschied war nur, dass wir hineingehoben wurden, während er mit einem Pflästerchen am Ohr auf seinen beiden Beinen die Treppe hochkam. Sie werden es nicht glauben, Herr Emser: ein ausgewachsener General. Natürlich hat er mich nicht wiedererkannt. Er saß noch in Cherson, als ich abfuhr, und wartet dort wohl auf ein neues Kommando. Vielleicht hofft er ja auch, dass der Krieg aus ist, bis sich etwas Neues für ihn findet. Die Verluste unter der Generalität sind ja bei Weitem nicht so hoch wie die unter den Landsern, schätze ich. Ich möchte übrigens seinen Namen nicht nennen. Vielleicht sollte man auf keinen, der Stalingrad mitgemacht hat, einen Stein werfen. Die Panik und der Schock waren unbeschreiblich! Da konnte man schon die Nerven und das Rückgrat verlieren. Aber es hat auch solche gegeben, die ihre Haltung bewahrt haben – bis zum Untergang. Ja, sehen Sie, und auf diesen losen Blättern hier habe ich meine Beobachtungen niedergelegt. Vielleicht könnte später einmal ein Erinnerungsbuch draus werden. Wer weiß?«

Leutnant Lemke entkorkte die Kognakflasche, und ich holte von dem Wandbrett über meiner Schlafpritsche zwei von den Gläsern, die ich sorgsam gehütet hatte, als ich noch Regimentsadjutant gewesen war. Es waren die beiden Letzten. Der Kognak stammte aus Frankreich, Marke »Hennessy«, in jeder besseren Wehrmachtsmarketenderei des Hinterlandes zu finden.

Wir stießen miteinander an. »Auf den Kubanbrückenkopf«, sagte Lemke, bevor er trank, »auf dass er wachse und gedeihe!«

Vom Nachbarbunker, in dem der Kompanietrupp untergebracht war, kam Feldwebel Suhrmann. Leutnant Lemke füllte sein Glas erneut und reichte es dem Kompanietruppführer. Doch ehe der Feldwebel das Glas ansetzte, meldete er mit ernster Miene, die Gefechtsvorposten hätten wieder einmal verdächtige Truppenbewegung auf der Straße Krymskaja-Kiewskoje beobachtet. Ich stand auf, ging zum Kompanietrupp und läutete den Artilleriebeobachter an, einen frisch beförderten Wachtmeister, der seit zwei Wochen auf unserer Höhe saß.

»Weiß schon, Herr Oberleutnant«, sagte der vorgeschobene Beobachter am anderen Ende der Leitung. »Leider nichts zu machen. Die Muni-Zuteilung für Störungsfeuer ist bereits verschossen. Fragen Sie doch mal beim Batteriechef an. Vielleicht gibt er im Vorgriff auf morgen ein paar Schuss frei.«

»Besten Dank«, sagte ich. »Und wenn dann morgen früh die Russen angreifen, hat das Sperrfeuer so viele Lücken, dass man drüber lachen kann.«

»Zum Kotzen, Herr Oberleutnant«, gab der Wachtmeister zu. »Aber Munition für die Ari ist nun mal Mangelware.«

Ich hängte ein, läutete ab und ging in meinen Gefechtsstand zurück. Der Feldwebel saß bei Leutnant Lemke am Tisch. Ich setzte mich zu den beiden. Mein Glas war wieder voll.

»Überall ist das Hemd zu kurz«, sagte ich.

»Wie immer«, meinte Feldwebel Suhrmann und lachte. Er war ein Kerl wie ein Baum, hünenhaft und unerschütterlich. Trotz seiner Länge war er noch niemals verwundet worden, obwohl er seit Beginn des Krieges am Feind war.

Lemke und Suhrmann tranken abwechselnd. Der Leutnant mit dem zerstörten Gesicht schien unendliche Mengen vertragen zu können. Suhrmann dagegen wurde sehr rasch blau. Ich bat ihn, sich etwas zurückzuhalten. Mit Betrunkenen ist schlecht Krieg zu führen, und alles deutete darauf hin, dass die Russen zu meinem Abschied noch einmal auf die Pauke schlagen würden.

Suhrmann stand sofort auf. »Sie haben recht, Herr Oberleutnant. Zu tief ins Glas geschaut, kostet mitunter die Haut. Lieber als einen zu heben, bleib ich am Leben.«

Er sprach, wenn er in Stimmung war, gern in Versen, die freilich zuweilen beachtlich unanständige Wendungen brachten.

Er verließ uns, und Leutnant Lemke drückte den Korken in den Flaschenhals. »Wollen wir nicht jetzt gleich mal einen Gang durch die Stellung machen?«, schlug er vor. »Sie können dann, wenn's dunkel wird, Ihr Päckchen nehmen und gehen.«

»Sehr freundlich gemeint«, versetzte ich, »aber ich bleibe doch lieber bis morgen und zeige Ihnen, wie man hier den Laden schmeißt, wenn die Russen kommen.«

Wie jeden Nachmittag gegen fünf Uhr begann auf russischer Seite ein schweres Geschütz zu feuern. Die Landser nannten es aus unerfindlichen Gründen »Frau Stalin«. Die Einschläge hallten, als ob ein gigantischer Vorschlaghammer auf einen Rießenamboss niederfällt. Sie lagen – wie stets – weiter rückwärts auf der Nachschubstraße, auf der allerdings am hellen Tag nur wenig Verkehr war. Die Straße, die man nach dem Kommandierenden General des Jäger-Korps de Angelis benannt hatte, war deutsche Wertarbeit. Baupioniere hatten sie geschaffen, nachdem die Stellungen von Krymskaja auf den westlich davon ansteigenden Höhenzug zurückgenommen worden waren. Es war eine Straße mit festem Unterbau, dem auch keine Regenperiode etwas anhaben konnte. An Regen allerdings herrschte hier ebensolcher Mangel wie an schwerer Munition. Seit vielen Wochen war kein Tropfen gefallen. Staubtrocken wellte sich das Hügelland unter dem strahlenden Sommerhimmel. Es schien völlig unbewohnt. Nur Selbstmörder präsentierten sich hüben und drüben offen in der Landschaft. Alles Leben in der Hauptkampflinie bewegte sich in mannstiefen Laufgräben, von denen Sappen abzweigten, an denen die Bunker angelegt waren. Auch meine Behausung sowie der Unterstand des Kompanietrupps und der Sanitätsbunker lagen an einem solchen Stichgraben.

Zur vordersten Linie waren es kaum mehr als fünfzig Meter. Normalerweise war die Entfernung in Sekunden zu bewältigen. Wenn jedoch die russische Artillerie trommelte, dehnte sich die kurze Strecke ins Endlose. Einmal, zu Beginn eines Überraschungsangriffs, hatte ich eine halbe Stunde gebraucht, bis ich von meinem Bunker in den Kampfgraben gekommen war.

Obwohl der Laufgraben so tief war, dass nicht einmal Feldwebel Suhrmann darüber hinwegschauen konnte, bewegten wir uns geduckt wie Indianer auf dem Kriegspfad. Leutnant Lemke war hinter mir. Als Letzter folgte Suhrmann, auch er mit dem Geländehut, der für seinen großen Kopf zu klein war und draufsaß wie ein Karnevalshütchen.

Ich erklärte Lemke die Gegend: »Wenn Sie den Kopf 'rausstrecken, sehen Sie eine Art Mondlandschaft – Krater an Krater. Auch vorn vor der Stellung hat der Iwan, wie Sie gleich sehen werden, ein Trichterfeld geschossen, das sich wie ein Sturzacker mit Leichenteilen ausnimmt. Nacht für Nacht müssen unsere Pioniere den Draht neu aufrichten, denn auch das Drahthindernis trommelt er in den Dreck. Augenblicklich scheint er es auf uns abgesehen zu haben. Seitdem ihn die 97er Jäger von der Höhe 114,1 wieder 'runtergeboxt haben, versucht er es bei uns. Sie werden bewegte Zeiten vor sich haben, Herr Lemke.«

»Schade«, sagte der Leutnant aus Stalingrad, »und ich dachte, ich käme in eine Sommerfrische. Vielleicht ist das Beste, ich gebe den Russen eins auf die Nase, damit sie sich einen anderen Abschnitt aussuchen.«

»Und wie denken Sie sich das?«, fragte ich belustigt.

»Kleiner Spaziergang hinüber«, sagte er. »Vielleicht mal nachts, wenn ein Wölkchen vor dem Mond schwimmt.«

»Wir haben jetzt Neumond«, warf ich ein.

»Umso besser«, sagte er mit jener Gelassenheit im Tonfall, die nur diejenigen zustande brachten, die hundertfach abgebrüht waren und längst das Fürchten verlernt hatten. Ich konnte ihn mir vorstellen, wie er sich im Frost jenes verdammten Januars zwischen den Trümmern bewegte, die von Stalingrad übriggeblieben waren. MG-Feuer mochte für ihn nicht mehr als ein Platzregen sein. Wäre er nicht in der Geisterstadt auf eine Mine getappt, würde er sicherlich zu denen gehört haben, die sich dann am Schluss doch noch durchgeschlagen hatten – kleine, verlorene Trupps armseliger Gestalten, die sich mit der Verbissenheit versprengter Wölfe den Weg aus dem Massengrab an der Wolga ins Leben gebahnt hatten.

Wir suchten an den Abzweigungen die Mannschaftsbunker auf, in denen die Männer meiner Kompanie – insgesamt drei schwache Züge nebst einem Granatwerfer- und einem SMG-Trupp – auf ihrem Strohlager dösten. Sie standen auf, als wir eintraten. Lemke gab jedem Einzelnen die Hand. Sie musterten ihn mit kalten, prüfenden Blicken. Seine entstellende Verwundung schien sie weder zu stören noch zu beeindrucken. Wichtig war für sie nur, ob er den Ansprüchen genügte, die sie an einen Kompanieführer stellten. Sie waren hart, zynisch und ohne jede Spur von Sentimentalität. Der Begriff Kameradschaft war nur noch bedingt auf das Zusammengehörigkeitsgefühl anwendbar, das sie wie eine eiserne Klammer verband. Ein jeder wusste, dass der Einzelne nichts war, dass sie den verdammten Krieg nicht überleben konnten, wenn sie nicht zusammenhielten. Von den Vorgesetzten, die es im ursprünglichen Sinne gar nicht mehr waren, erwarteten sie, dass sie stets im richtigen Augenblick die einzig mögliche Entscheidung trafen. Ihre Illusionen, die ihnen vielleicht einmal vorgeschwebt haben mochten, waren in den rauen Stürmen des Ostens erloschen wie Kerzenflammen, die noch eine Zeit lang flackern, bis ein allzu heftiger Windstoß sie ausbläst. Sie glaubten nicht mehr an die verschwommenen Ideale, die ihnen in langen Jahren eingetrichtert worden waren. Ihr neues Evangelium war die Feuerkraft des MG 42. Ein schwerer, verlustreicher Rückzug lag hinter ihnen, der Rückzug aus dem westlichen Kaukasus. Und nun hatten sie einen überlegenen Feind vor sich, der alles daransetzte, Malaja Ssemlja – die Kleine Erde, wie die Russen den Kubanbrückenkopf nannten – einzudrücken. Im Rücken aber war ein Streifen Meerwasser – die Straße von Kertsch.

Leutnant Lemke fand zu meiner Genugtuung sofort Kontakt zu den rauen, oftmals bockigen, verschlossenen Landsern. Als wir dem Kampfgraben zustrebten, sagte er: »Ein brauchbarer Verein. Ich seh' schon, mit diesen Burschen kann man den Teufel tanzen lassen.«

Die Prüfung war also von beiden Seiten vorgenommen worden. Ich war zufrieden. Lemkes günstiges Urteil bedeutete, dass er sich schon jetzt nicht mehr als Fremder fühlte.

Der Graben, der sich auf der Höhenrippe hinzog, war tief, aber so schmal, dass jeweils nur ein Mann darin Platz hatte. Selbst bei schwerstem Artillerie- und Granatwerferfeuer bot er ausreichenden Splitterschutz, und gegen Volltreffer war ohnehin kein Kraut gewachsen. An der vorderen Grabenwand waren in kurzen Abständen Stufen in den steinigen Boden geschachtet, die den Posten als Podest dienten und im Gefecht die sonst üblichen hölzernen Sturmleitern ersetzten. Zehn leichte MGs, das SMG und der schwere Granatwerfer waren eingebaut.

Die Posten beobachteten aufmerksam den von Granateinschlägen zerwühlten, leicht abfallenden Hang, der keine Spur von Gras mehr aufwies. Der Hang war bis hinunter zur Niederung Niemandsland. Tote Rotarmisten verwesten in der Sommersonne. Am Saum der Ebene, die sich weit bis zum Kuban und darüber hinaus hinzog, erstreckte sich ein Wäldchen, in dem sich der Gegner oftmals nachts bereitstellte, bevor er im Morgengrauen den Hügel heraufkam. Das Städtchen Krymskaja, in dem im späteren Frühjahr mörderische Kämpfe getobt hatten, war durch einen Vorsprung des Höhenzuges verdeckt.

Der Nachmittag war föhnig klar. Der Himmel, an dem vereinzelte linsenförmige weiße Wolken segelten, leuchtete türkisblau im Sonnenlicht. Ich stieg zu dem Posten hinauf, der am Scherenfernrohr stand. Er überließ mir seinen Platz. Die Straße, die hinter dem Wäldchen hervorkam, zog sich unter einem Staubschleier nach Norden. Der Staub allein bestätigte die Wahrnehmungen, die Feldwebel Suhrmann gemeldet hatte. Welche Frechheit, am hellen Tag vor unseren Augen die Straße zu benützen! Der Nachrichtendienst des Feindes arbeitete verteufelt gut. Die drüben wussten genau, dass unsere Artillerie erst dann Schießerlaubnis erhielt, wenn der Ofen schon beinahe ausgegangen war.

Ich stellte die Gläser etwas höher ein. Im öden graugrünen Brachland der Niederung, das kaum Wald und nur stellenweise kärgliche Büsche trug, sah man einen hellen Streifen, auf dem sich graue Gestalten mit marionettenhafter Betriebsamkeit bewegten. Sie karrten Steine, ebneten sie ein, schleppten Walzen und schwangen Schaufeln und Pickel. Man hörte förmlich das »Dawai! Dawai!«, mit dem die russischen Posten die Gefangenen antrieben, die im Widerspruch zum geltenden Völkerrecht in der Kampfzone eine Straße für Kriegszwecke bauen mussten. Aber was war in diesem Krieg schon noch »Recht«?

Ich trat zurück und winkte Leutnant Lemke an die Schere. »Dort drüben sind sie«, sagte ich. »Es dürften ein paar hundert Mann sein.«

Leutnant Lemke stieg hinauf, spähte eine Zeit lang durchs Scherenfernrohr, wie um sich den Anblick der gefangenen Landser für immer einzuprägen, und beobachtete dann mit bloßem Auge das Vorgelände. In einer Tiefe von etwa zehn Metern war es mit einem unentwirrbaren Geschling von Stacheldraht gesichert. Aber auch das war kaum mehr als eine Illusion. Wenn die Russen zu trommeln begannen, rissen die Granaten breite Breschen in das Drahthindernis.

Schweigend kam Leutnant Lemke herunter auf die Grabensohle, und der Posten nahm wieder seinen Beobachtungsplatz ein. Wir kehrten zum Gefechtsstand zurück. Feldwebel Suhrmann begab sich zum Kompanietrupp, wo gerade der Fernsprecher läutete.

»Das Bataillon«, sagte Suhrmann, indem er mir, als ich hinzukam, den Handapparat reichte. Am anderen Ende der Leitung war Leutnant Stapf, der Adjutant.

»Wie sieht's bei Ihnen aus?«, fragte er.

»Mittelkomisch«, antwortete ich. »Bin gerade mit Leutnant Lemke durch die Stellung gegangen. Aber akut braut sich da wohl nichts zusammen.«

»Dann können Sie ja übergeben«, meinte Stapf. »Die Division hat schon wieder nach Ihnen gefragt. Wenn Sie jetzt losmarschieren, sind Sie in 'ner Stunde bei uns.«

»Herr Stapf«, warf ich ein, »ist es denn wirklich so eilig? Ich habe so ein Gefühl in den Knochen, dass mit Besuch zu rechnen ist. Ein Neuer, der diesen Zinnober noch nicht durchgestanden hat, könnte da leicht in Teufels Küche kommen. Haben Sie was dagegen, wenn ich noch bis morgen früh bleibe, Herr Stapf?«

»Augenblick mal«, sagte der Adjutant, dann meldete er sich wieder. »Der Herr Major ist einverstanden. Wird zwar vermutlich Stunk geben, aber er teilt Ihre Befürchtung, Herr Emser. Ihr Nachbar zur Linken hat auf der Straße nach Kiewskoje Marschkolonnen und Fahrzeugverkehr beobachtet. Die starke Staubentwicklung lässt allerdings keine Einzelheiten erkennen. Da müsste man ein paar Lagen hinüberpfeffern.«

»Müsste man«, bestätigte ich. »Aber ist nun mal nicht, Herr Stapf. Die Ari könnte sich als Sparverein eintragen lassen.«

»Halten Sie uns auf dem Laufenden, Herr Emser«, sagte Leutnant Stapf, ohne auf meine bissige Bemerkung einzugehen. »Wenn erforderlich, durch Funk. Wir gehen für alle Fälle ab sofort auf Empfang. Ende.«

Ich nahm den Stahlhelm ab und betrat den kleinen Bunker, in dem ich lange Zeit zu Hause gewesen war. Leutnant Lemke griff zur Kognakflasche und füllte die Gläser. »Vorzüglicher Anschauungsunterricht«, sagte er. »Hier hat man sozusagen ständig vor Augen, was einem blüht, wenn man sich vom Iwan schnappen lässt. Vielleicht sind die armen Teufel Überlebende von Stalingrad.« Er hob gedankenvoll sein Glas.

»Warum sind Sie eigentlich wieder herausgekommen an die Front?«, fragte ich. »Sie hätten es doch nicht mehr nötig gehabt.«

Er blickte an mir vorbei zum Bunkereingang. »Ja – warum? Denken Sie einmal ein bisschen nach, Herr Emser. Schauen Sie mich doch an! Hätten Sie Lust, mit einem solchen Gesicht nach Hause zu gehen? Ich bin ja – Gott sei Dank – nicht verheiratet. Meinem Mädel habe ich was vorgemacht. Hat keinen Zweck mehr mit uns und so. War sicher ein böser Schlag für sie. Aber was hätte sie erst empfunden, wenn sie mich so gesehen hätte? Mitleid – nein, Mitleid könnte ich nicht ertragen.« Er leerte sein Glas mit einem Schluck, wie um einen bitteren Geschmack hinunterzuspülen. »Ave Adolf«, sagte er ironisch, »morituri te salutant.«

Ich hatte selten einen Offizier getroffen, der mit solchem Freimut lästerte. Auf einmal begann er zu lachen. »Alles Quatsch. Schließlich leben wir ja noch, nicht wahr? Versuchen wir also, das Beste draus zu machen.«

Ich ging hinüber zum Kompanietrupp, um den letzten Schreibkram zu erledigen. Seit September 42 hatte ich die Kompanie geführt, zuerst in den Waldbergen des pontischen Kaukasus, dann auf dem Rückzug durch die teils verschlammte, teils gefrorene Steppe. Die Kompanie hatte ihr Gesicht verändert in dieser Zeit. Viele Gräber hatten wir zurückgelassen auf unserem Weg. Zahlreiche Verwundete waren abtransportiert worden und nie wiedergekehrt. Aber ein großer Teil vom alten Stamm war noch vorhanden. Wir hatten miteinander Weihnachten und Neujahr gefeiert. Die Not hatte uns aneinandergekettet, und nun sollte ich davongehen, während sie alle zurückblieben in der Hauptkampflinie.

Nachdem ich die letzte Unterschrift als Kompanieführer geleistet hatte, fragte Feldwebel Suhrmann: »Soll Sie jemand von uns bis zum Tross begleiten, Herr Oberleutnant?«

»Vorerst bin ich ja noch hier«, entgegnete ich. »Und wenn ich gehe – meinen Rucksack kann ich gut allein tragen.«

»Wollen Sie denn noch bleiben?«, fragte Suhrmann erstaunt.

»Ja«, sagte ich, »wenigstens über Nacht. Sozusagen als Schutzengel.«

Der Feldwebel schüttelte den Kopf. »Das müsste mir mal passieren! Wenn ich mal versetzt werden sollte, dann nichts wie ab durch die Mitte.« Doch nachdenklich fügte er hinzu: »Für die Männer ist es sicher 'ne Beruhigung, Herr Oberleutnant. Nichts gegen Ihren Nachfolger. Er sieht bestimmt nicht so aus, als ob er eine Niete wäre. Aber die Leute kennen Sie schon so lange. Wir haben so viel miteinander durchgestanden. Glauben Sie, dass der Iwan kommt?«

»Ja«, sagte ich, »es ist wohl anzunehmen.«

Bewegung auf der Straße bedeutete Bereitstellung von Angriffstruppen. Günstigsten Falles betraf es einen benachbarten Abschnitt. Doch auch, wenn es so käme, müsste ich zur Stelle sein, um Leutnant Lemke die nötigen Tips zu geben. Hatte er das erst einmal hinter sich, war alles einfacher für ihn.

Als ich in meinen Bunker kam, lag Leutnant Lemke in seinem Schlafsack auf der Krankentrage. Er schlief fest. Der Inhalt der Kognakflasche hatte sich beträchtlich verringert. Wenn der neue Kompanieführer, der so unbekümmert schlief, als befände er sich irgendwo in

Sicherheit und nicht in einem vom Krieg überzogenen, von Granaten zerwühlten Land, von der langen Reise übermüdet war, bestand für mich umso mehr Anlass, auf dem Posten zu bleiben und die Augen offen zu halten. Als ich die Kompanie übernommen hatte, damals, 42, im September, war alles anders gewesen. Mein Vorgänger war gefallen. Oberfeldwebel Schlemm, der dann später während eines Nachtgefechts in den Waldbergen spurlos verschwand, hatte die Kompanie drei Wochen lang geführt und war erleichtert gewesen, die Verantwortung loszuwerden. Ich fragte mich, ob es wirklich die Sorge war, die mich in der Stellung festhielt, oder ob ich mich so sehr an meinen Haufen gewöhnt hatte, dass es mir nun schwerfiel, ihn von einer Stunde zur anderen zu verlassen. Wäre es übrigens nicht diese Kompanie gewesen – wäre ich nach meiner Verwundung bei der Mai-Offensive des Jahres 1942 am Donez zu meinem alten Regiment zurückgeschickt worden, würde vermutlich die letzte Station meiner militärischen Laufbahn Stalingrad geheißen haben. Denn dort war mein altes Regiment mit allen geblieben. Es berührte mich seltsam, dass Leutnant Lemke, mein Nachfolger, ausgerechnet von dort herkam – vom Schlachtfeld an der Wolga, wenn auch auf dem Umweg über das Lazarett und die Führerreserve der Heeresgruppe.

Ein halbes Jahr war seit dem Abschluss der düsteren Tragödie von Stalingrad vergangen, aber noch immer spielte jenes unbegreifliche Geschehen eine beträchtliche Rolle in unseren Gesprächen und Gedanken. Es war, als spürten wir, dass es die große Wende gewesen war, dass es seither trotz scheinbarer örtlicher Erfolge steil abwärtsging mit uns.

Ich war gerade dabei, meinen Rucksack zu packen – für alle Fälle, wie ich mir sagte –, als plötzlich Feldwebel Suhrmanns athletische Gestalt den Bunkereingang verdunkelte. Sein Gesichtsausdruck war ernst.

»Sie haben Geschütze aufgefahren«, stieß er aufgeregt hervor. »Drüben an der neuen Straße, wo die Gefangenen schuften – fünf oder sechs Batterien, dazu Stalinorgeln –, sie stehen offen im Gelände.«

Er drehte sich um, und ich griff zu Stahlhelm und MP und folgte ihm durch den Graben. Der Posten am Scherenfernrohr trat zur Seite. Über der Baustelle draußen im Ödland lag das goldene Licht der Abendsonne. Die feldgrauen Gestalten arbeiteten mit der gleichen Betriebsamkeit wie jeden Tag zu jeder Stunde zwischen Sonnenaufgang und Sonnenuntergang. Hinter dem wie mit der Schnur gezogenen Band der neuen Straße waren in großer Zahl Geschütze aufgereiht, langrohrige Kanonen, gedrungene Haubitzen und die Selbstfahrlafetten der Stalinorgeln. Die Bedeutung dieser Ansammlung schwerer Waffen war leicht zu erraten.

»Verfluchte Hunde«, schnaubte Suhrmann, der hinter mir stand. Er hatte recht. Die offene Auffahrt der Artillerie drüben beim Feind war eine Teufelei, wie sie schlimmer nicht ausgedacht werden konnte. Der Feind benützte die Gefangenen als Deckung und konnte ungestört feuern, ohne einen Gegenschlag unserer Batterien befürchten zu müssen.

Ich wies Suhrmann an, die Kompanie in Alarmbereitschaft zu versetzen, kehrte eilig zum Gefechtsstand zurück und läutete den Artilleriebeobachter an.

»Der neueste Trick«, sagte der Wachtmeister, der seinen Beobachtungsstand auf einer kleinen Kuppe eingerichtet hatte, am anderen Ende der Leitung. »Wenn man da hineinleuchten könnte. Nichts zu machen, Herr Oberleutnant. Wird bald Zunder geben, aber wir können unsere eigenen Leute nicht zusammenschießen.«

Ich fragte ihn, ob er seine Batterie verständigt habe. »Die ganze Abteilung ist feuerbereit«, antwortete er. »Ich brauche nur auf den Knopf zu drücken, dann wird Sperrfeuer ausgelöst. Ob wir den Iwan damit aufhalten, wenn er kommt, ist eine andere Frage. Munition, Herr Oberleutnant – das ist das, was uns fehlt.«

Seitdem wir den Kubanbrückenkopf verteidigten, litt unsere Artillerie unter Munitionsmangel. Jede Granate und jede Kartusche mussten über die Straße von Kertsch herangeführt werden, und nicht alle Fähren und Prähme, die von Kertsch ausliefen, kamen an der Küste von Taman an.

Ich beendete das Gespräch und ging zu meinem Bunker hinüber. Leutnant Lemke saß auf der Kante seines Lagers und kämpfte mit dem Schlafsack, der ihn nicht freigeben wollte. Sein graublondes Haar hing wirr über die von wulstigen Narben durchzogene Stirn.

»Ist was los?«, fragte er blinzelnd, geblendet vom Sonnenlicht, das schräg durch den Bunkereingang hereinfiel.

Ich erklärte es ihm. Er nickte mit grimmig verzogener Miene. »Da sehen Sie's, wie wir dastehen. Was meinen Sie? Großangriff und so – wie?«

»Kann schon möglich sein«, sagte ich. »Vielleicht ist es auch nur ein Täuschungsmanöver. Im Übrigen hat der Feind bisher immer frühmorgens angegriffen. Bis gleich, Herr Lemke. Ich geh' wieder vor zum Scherenfernrohr.«

Im Laufgraben stand Selbmann, einer der MG-Schützen vom ersten Zug. »Dicke Luft, was, Herr Oberleutnant?«, fragte er.

»Scheint so«, sagte ich. »Haben Sie was auf dem Herzen, Selbmann?«

»Jawohl, Herr Oberleutnant«, erwiderte er. »Sie bleiben doch noch, Herr Oberleutnant? Ich dachte nur, wenn der Iwan Theater macht, ist es uns lieber, dass Sie am Drücker sind.«

»Ich bleibe zwar«, sagte ich, »aber das ist Unsinn, Selbmann. Ihr könnt volles Vertrauen zu Leutnant Lemke haben. Er war immerhin in Stalingrad.«

»Jawohl, Herr Oberleutnant«, gab Selbmann, sichtlich erleichtert, zurück. »Sie beide werden das Kind schon schaukeln.«

Einem neuen Offizier gegenüber, selbst wenn er aus Stalingrad oder sonst woher kam, waren die Landser so lange misstrauisch, bis er sich im Gefecht bewährt hatte, auch wenn er ihnen sonst gefiel.

Alles war ruhig. Die vollkommene Stille war so ungewöhnlich, dass ich förmlich zu spüren glaubte, wie sich in aller Heimlichkeit das Unwägbare anbahnte, das jeden Augenblick über uns hereinbrechen konnte. Wieder stand ich an der Schere und spähte durch die Gläser hinüber zu der offenen Ansammlung der feindlichen Artillerie. Auf einmal blitzte es drüben aus allen Rohren auf. Ich zog den Kopf ein und presste mich an den Grabenrand. Rauschend, fauchend und jaulend kam es heran wie der schaurig heulende Atem der Hölle. Der Boden schwankte unter dem Donner der Detonationen. Splitter fegten wimmernd und brummend umher, während schon die nächsten Salven auf uns niederrauschten.

Es war 18.30 Uhr, wie ich mit einem schnellen Blick auf meine Armbanduhr feststellte. Noch eine Stunde bis Sonnenuntergang. Um diese Zeit waren die Russen noch niemals auf dumme Gedanken gekommen, seitdem wir die Höhenstellung besetzt hielten. Dicht an meiner Seite tauchte japsend Feldwebel Suhrmann auf.

»Funkspruch an Bataillon«, brüllte ich ihm ins Ohr. »Hauptkampflinie unter schwerem Artilleriefeuer. Erwarten Feindangriff.«

Mit einem Riesensatz verschwand der Feldwebel im Laufgraben. Als er wenige Minuten später zurückkam, war Leutnant Lemke dicht hinter ihm. Auch er trug Stahlhelm und Maschinenpistole.

Der Feuerschlag verstärkte sich zu unfassbarer Wucht. Die Einschläge rissen nicht mehr ab. Sie deckten unseren Abschnitt und den der linken Nachbarkompanie ein. Beißender Pulverqualm drang in die Lungen. Ein Volltreffer schüttete in einiger Entfernung den im Zickzack angelegten Kampfgraben zu. Irgendwo schrie jemand gellend auf. Ich wusste: Unter der Feuerglocke der pausenlos trommelnden feindlichen Artillerie krochen Panzer aus gedeckten Bereitstellungen hervor, erhoben sich Wellen erdbraun uniformierter Rotarmisten, gefolgt von den von Politruks geführten Sperrabteilungen, deren Aufgabe es war, jeden Stillstand und jede rückläufige Bewegung zu verhindern.

Leutnant Lemke drängte sich zu mir heran und schrie mir ins Ohr: »Müssen den Graben besetzen!«

Ich schüttelte den Kopf. »Noch zu früh!«

Mehrere Dutzend Male hatte ich dergleichen schon hinter mich gebracht. Alles vollzog sich routinemäßig. Befehle waren kaum mehr nötig. Die Landser mussten nur Gewissheit haben, dass man zur Stelle war, wenn sie im letzten Augenblick in den Graben stürmten. Solange die Stellung unter Artilleriefeuer lag, waren sie in den Bunkern sicherer, auch wenn diese natürlich keinen Schutz gegen Volltreffer boten.

Wieder blickte ich auf die Uhr. Seit zehn Minuten krachten ungezählte Granaten rings um uns. Das Trommelfell wurde taub. Erde bröckelte vom Grabenrand.

Feldwebel Suhrmann schob sich heran. »Der schwere Granatwerfer ist weg«, brüllte er mit verzerrtem Gesicht.

»Pfui Teufel«, sagte ich und nickte zum Zeichen, dass ich verstanden hatte.

Leutnant Lemke brachte seine vernähten Lippen an mein Ohr. »Die Kompanie muss 'raus!«

»Immer mit der Ruhe«, gab ich zurück, obgleich ich selbst alles andere als ruhig war. Die lange Dauer des Feuerschlages, das gewaltige Aufgebot an Geschützen – denn es waren weit mehr in Aktion als die an der Straße aufgestellten – und die ungewöhnliche Stunde deuteten mit Sicherheit darauf hin, dass die Russen etwas Besonderes planten. Vielleicht war es der Beginn des großen Sturmes, der unsere Armee vom Kubanbrückenkopf hinwegfegen sollte. Viermal war der Feind bereits in Divisionsstärke angerannt, ohne mehr als geringfügige örtliche Einbrüche zu erzielen. Im Vorfeld waren Hunderte von Toten liegengeblieben. Aber auch unsere Linie war dünner geworden. Wenn der Feind nun stundenlang trommelte, womöglich die ganze Nacht hindurch, würde er morgen durch ein Leichenfeld marschieren, ohne auf nennenswerte Abwehr zu stoßen. Doch diese Gedanken behielt ich für mich, zumal wir seit Langem wussten, dass auch die Russen nur mit Wasser kochten. Munition war bei ihnen ebenso wie bei uns nur in beschränkten Mengen vorhanden.

Feldwebel Suhrmann stieß mich an und sagte etwas, was ich in dem Donnergetöse nicht verstand. Ich folgte seinem Blick. Wie versteinert starrte er zum Einschnitt des Laufgrabens, über dem sich der Pulverqualm wie schmutziger Nebel ballte. Zwischen den hohen Erdwänden taumelte der Gefreite Sandner vom ersten Zug heran. Sein Gesicht war fahl, die Augen weit aufgerissen. Erde und Sand hafteten an den Fetzen seines Tropenhemdes. Blut quoll zwischen seinen Fingern hervor, die er gegen seinen Magen presste. Auch von seinem zerzausten staubgrauen Haar rann es in roten Fäden herab.

»Die Gruppe Stoll«, würgte der Verwundete mit heiserer, versagender Stimme heraus. »Die ganze Gruppe Stoll – nur ich ...« Ächzend brach er ab. Er brauchte nicht mehr zu erklären. Ich wusste genug. Ein Volltreffer hatte die Schützengruppe des Unteroffiziers Stoll ausgelöscht. Sandner war als Einziger aus dem Bunker entkommen, der den Übrigen zum Grab geworden war.

Lautlos sackte der Gefreite zusammen. Seine Gesichtsmuskeln zuckten wie in einer letzten qualvollen Aufwallung des Lebenswillens und erschlafften. Seine Augen wurden starr. Auch der Letzte der Gruppe Stoll war tot.

Ich beugte mich nieder, um ihm die Augen zu schließen. Erst jetzt kam mir zum Bewusstsein, dass die Beschießung nachgelassen hatte und über die Hauptkampflinie hinweg ins Hintergelände übergesprungen war. Doch ein Anlass zum Aufatmen war das nicht. Ich warf einen kurzen Blick über den Grabenrand, hob die Leuchtpistole, die neben dem Scherenfernrohr bereitlag, und schoss in kurzer Folge ein halbes Dutzend roter Leuchtkugeln ab. Rot bedeutete »Feind greift an«. Es war das Zeichen für unsere Artillerie für den Fall, dass der vorgeschobene Beobachter sich nicht bemerkbar machen konnte. Die Fernsprechleitungen waren zweifellos zerschossen, und auf die Funkgeräte war nicht immer Verlass.

Während ich Suhrmann einen Wink gab, die Kompanie zu alarmieren, und dann auf ein Blatt meines Meldeblocks den Text für einen Funkspruch an das Bataillon kritzelte, rauschten die ersten Granatsalven unserer Batterien feindwärts. Werfergeschosse folgten zischend mit feurigen Schweifen der Bahn der Granaten. Sperrfeuer im Vorfeld! Doch allzu rasch brach es ab wie ein müdes Echo der Kanonade, die der Feind geboten hatte und die nun abgeschwächt das Hauptkampffeld abstreute.

Feldwebel Suhrmann hieb wie besessen mit einem Spaten gegen die Kartuschhülse, die wir als Alarmglocke aufgehängt hatten. Der schrille Klang rief die Soldaten aus den Bunkern in den Graben. Drängend, schiebend und stoßend kamen sie unter ihren Stahlhelmen heran und nahmen ihre Plätze an den MGs, an den leichten Granatwerfern, auf den Schützenständen ein. Andere legten Handgranaten bereit, schafften Munition heran, und zwei Mann schleppten den toten Sandner weg, dessen Augen sich wieder geöffnet hatten.

Ich gab den Befehl: »Feuer frei!«

Das schwere MG begann zu hämmern, die leichten fielen ratternd ein. Ich stemmte mich zum Grabenrand hoch. Der Hang, über dem der Pulverdampf in braungrauen Schleiern wogte, war wie von der Pflugschar eines Riesen umgeackert. Die Toten waren verschwunden. Der Drahtverhau, erst in der vergangenen Nacht vom Pionierzug neu verlegt, war stellenweise völlig zerfetzt oder ins Trichterfeld gedroschen. Erdbraunes Gewimmel bewegte sich durch die Pulverschwaden. Stumm wie ein unabwendbares Verhängnis schob sich die Masse der Angreifer bergan. Plötzlich kam mir zum Bewusstsein, dass ich die ganze Zeit über gehandelt hatte, als ob ich noch der Kommandierende wäre. Ich blickte zur Seite. Dicht neben mir war Leutnant Lemkes zerschundenes Gesicht. Unter dem Stahlhelm sah es wie eine schreckliche Fratze aus. Ohne mich zu beachten, feuerte der Leutnant seine Maschinenpistole ab.

Unbeirrt rückten die Angreifer näher. Lücken, die entstanden, schlossen sich wieder wie durch Hexerei. Zur Linken, vor dem Abschnitt unserer Nachbarkompanie, übertönten das Mahlen von Panzerketten und das Aufheulen von Motoren den wild tobenden Lärm der Infanteriewaffen. Dann setzte das scharfe »Ratsch-Bumm« von Kanonen ein.

»Drüben brechen sie mit Panzern durch«, sagte Lemke unversehens im Ton einer sachlichen Feststellung. Er schien recht zu haben. Dem Geräusch nach überrollten die stählernen Kolosse die Nachbarkompanie. Aber das bedeutete nicht viel. In der Tiefe des Hauptkampffeldes waren Panzervernichtungstrupps, Pak und Artillerie bereit. Zur Linken schwoll der Gefechtslärm bedrohlich an. Handgranaten detonierten mit trockenem Bellen. Nahkampf! Demnach war der Feind beim linken Nachbarn bis an den Graben gelangt. Ein Mann vom dritten Zug kam in großen Sprüngen heran. Gellend schrie er: »Er ist drin! Er rollt den Graben auf!«

Das Schnarren russischer Maschinenpistolen bestätigte die alarmierende Meldung.

Ich starrte den Hang hinab. Die erdbraune Woge brandete wie gegen eine unsichtbare Mauer an, zerschellte im rasenden Abwehrfeuer und verschwand, wie von der Erde verschluckt, in den tiefen Schlünden der Trichter. »Machen Sie hier weiter!«, rief ich Lemke zu, der wieder wie entrückt das Magazin seiner MP leerschoss.

Er wandte mir sein schweißnasses Gesicht zu. »Und Sie? Gehen nach Hause – was?«

»Klar«, rief ich lachend, »aber vorher seh' ich zu, dass ich den Iwan aus dem Graben werfe.«

Ich stopfte mir Eierhandgranaten in die Taschen, nahm meine Maschinenpistole und hastete nach links durch den Graben. Schon kamen mir die Ersten vom dritten Zug zögernd entgegen.

»Was ist los?«, fuhr ich sie an.

»Der Iwan rollt die Stellung auf«, antwortete einer.

»Kehrt marsch!«, brüllte ich. »Ran mit euch!«

Sie drehten sich um und folgten mir. Ich stolperte über einen Verwundeten, dann über zwei Tote. Vor einem Knick des Grabens verharrte ich, zog eine Handgranate ab und warf sie vorspringend und rasch in Deckung zurückweichend um den Knick. Als die Detonation verhallte, drang ich wieder vor und gab einen Feuerstoß aus der Maschinenpistole ab. Der Feind antwortete mit zwei Handgranaten. Eine explodierte außerhalb des Grabens, die andere verwundete zwei Mann hinter mir. Mit den Sandsäcken vom Stand eines zerschossenen MGs schuf ich eine Deckung im Graben. Wenn es uns nicht gelang, den Einbruch abzuriegeln, stießen die Russen in die Flanke der Kompanie, die in verzweifeltem Abwehrkampf gegen die frontal angreifenden Kräfte des Gegners stand. Immer wieder versuchte der Feind, um den Knick des Grabens vorzudringen. Immer wieder warfen wir ihn zurück. Mein Vorrat an Handgranaten ging zur Neige. Ich wandte mich ab, um neue Handgranaten anzufordern.

Ein Verwundeter kam schwankend auf mich zu.

»Meldung von Leutnant Lemke«, stammelte er. »SMG ausgefallen. Stellung kann nicht mehr gehalten werden. Bataillon befiehlt zurückzugehen. Kompanie löst sich vom Feind.«

»Was?«, schrie ich außer mir. »Verrückt geworden?«

»Befehl vom Bataillon, Herr Oberleutnant«, antwortete der Verwundete mit weinerlicher Stimme. Im gleichen Augenblick wandte er sich torkelnd um und tappte davon.

Die Leute, die bei mir waren, machten Anstalten, dem Melder zu folgen. Ich sah ein, dass sie nicht zu halten waren, dass es sinnlos wäre, am Riegel weiter Widerstand zu leisten, wenn die Kompanie die Stellung verließ. Als Letzter rannte ich hinter den anderen her.

Ein Verwundeter klammerte sich an mein Bein. »Nicht zurücklassen – bitte nicht zurücklassen!«, jammerte er mit brüchiger Stimme. Es war der MG-Schütze Selbmann, der so sehr darauf bedacht gewesen war, dass ich in der Stellung blieb. Seine Waffe hing schräg oben am Grabenrand.

»Keine Angst, Selbmann«, beruhigte ich ihn. »Wir nehmen Sie mit.«

Als ich ihn unterfasste, um ihn hochzuheben, sank sein Kopf zurück. Sein Blick wurde glasig, und sein Mund klappte auf. Ich nahm sein Soldbuch und seine Erkennungsmarke, ergriff das verwaiste MG, in dem noch ein halb gefüllter Patronengurt hing, und hastete weiter durch den Graben. Von den Leuten, die bei mir gewesen waren, war nichts mehr zu sehen.

Der Gefechtslärm war verstummt. Verhalten näherte ich mich dem Laufgraben, der von der Mitte unseres Abschnitts nach rückwärts führte. Hinter mir hörte ich wirres Durcheinander russischer Stimmen, übertönt von lauten Kommandorufen. Vorsichtig schob ich mich um die letzte Biegung, prallte zurück und nahm das MG fest an die Hüfte. Kaum zwanzig Schritte vor mir, dort, wo der Laufgraben abzweigte, standen mehrere Russen – acht oder neun Mann –, die offenbar soeben in die Stellung eingedrungen waren. Ich feuerte aus der Hüfte, schoss mich zum Laufgraben durch und verschwand in der Sappe, bevor der verwirrte Feind Zeit zur Abwehr fand. Erst als ich schon ein Stück hinter mir hatte, detonierten Handgranaten, doch niemand schien mir zu folgen. Dennoch hatte ich ständig, während ich durch den vielfach gewundenen Laufgraben eilte, das erbärmliche, niederträchtige Gefühl, jeden Augenblick könne mich ein Schuss in den Rücken treffen. Meine längst verheilte Verwundung am linken Bein machte sich mit stechenden Schmerzen bemerkbar.

Als ich um eine der Windungen bog, stand Feldwebel Suhrmann vor mir. Er trug meinen Rucksack. »Wollte grade nach Ihnen sehen, Herr Oberleutnant«, sagte er, nahm mir das MG aus den Händen und lud es sich auf die Schulter. Der Patronengurt war jetzt leer.

»Los«, sagte ich, »weiter!«

»Nach Ihnen, Herr Oberleutnant«, gab Suhrmann gelassen zurück.

Bald erreichten wir die kritische Stelle, wo der Graben, dessen Sohle im letzten Stück immer höher anstieg, zu Ende war. Nun waren 20 Meter einer Grashalde zu überqueren, ehe die tief eingeschnittene Schlucht begann, in der wir eine Quelle zu einer primitiven Duschanlage gefasst hatten. Zuvor waren mehrere Schüsse gefallen. Als wir im Laufschritt den Graben verließen, schnarrte hinter uns ein russisches Maxim, und die Geschossgarben pfiffen nah vorbei. Ein Toter lag am Eingang zur Schlucht. Ich sprang in die schützende Deckung, stand geborgen und atmete tief auf. Suhrmann folgte mir. Auch er war unverletzt.

»Wie hat das nur passieren können, Herr Oberleutnant?«, murmelte er, als erlaube er erst jetzt seinen Gedanken, sich mit dem zu beschäftigen, was soeben geschehen war.

Die Kompanie hat die Höhenstellung verloren, dachte ich und hörte mich sagen: »Wie eben solche Sachen passieren, Suhrmann. Erdrutsch oder Hochwasser – etwas Ähnliches muss es gewesen sein.«

»Ja«, meinte Suhrmann, der Versebastler, »Iwan und Germanski haben beide keinen Platz im Graben.«

Wir kletterten und rutschten den steilen Hang hinunter. Abendschatten füllten die Schlucht, an deren Steilwänden gelb blühende Ginsterbüsche und lichtblaue Glockenblumen wuchsen. Der wolkenlose Himmel glühte im blutroten Schein des Sonnenunterganges. 19.30 Uhr. Vor einer Stunde hatte der Feuerschlag der russischen Artillerie begonnen.

Drunten beim Waschplatz hatte sich die Kompanie gesammelt. Sie standen mit hängenden Köpfen. Auf Krankentragen lagen Verwundete mit ihren Notverbänden. Unverändert rann das Quellwasser durch den durchlöcherten Margarineeimer. Erst am Morgen hatte ich inmitten einer Schar übermütiger nackter Gestalten ein Duschbad genommen. Doch jetzt war keinem zum Scherzen und Lachen zumute.

Leutnant Lemke kam uns entgegen. Sein Stahlhelm hing am Koppel. Das weit vorspringende Schild der Tropenmütze beschattete sein Gesicht.

»Fabelhaft, dass Sie es geschafft haben, Herr Emser«, sagte er. »Denken Sie, ich habe sogar noch meine Aufzeichnungen in Sicherheit bringen können.«

»Das dürfte entschieden die Hauptsache sein«, entgegnete ich. »Wie kam das denn, dass das Bataillon den Befehl zum Absetzen gab? Sonst heißt es doch immer: halten und durchhalten bis zum letzten Schuss und Atemzug.«

»Die Kompanie von Leutnant Fromm ist aufgerieben worden«, erklärte Lemke. »Fromm muss noch ganz zuletzt einen Funkspruch durchgegeben haben. Der Spruch vom Bataillon war der letzte, den wir aufnehmen konnten. Kurz danach ist das Gerät durch einen Treffer ausgefallen. Seither bin ich ohne Verbindung. Glauben Sie, dass die Russen nachstoßen werden?«

»Nein«, sagte ich, »jedenfalls nicht nachts. Ich schlage Ihnen vor, die Podwolnij-Höfe über dem Westausgang der Schlucht zu besetzen. Sind zwar nur noch Mauerreste da, aber Sie haben ausreichendes Schussfeld, falls doch etwas Überraschendes eintreten sollte.« Ich zog die Karte aus meiner Meldetasche und zeigte Leutnant Lemke den Weiler, der schon seit Anfang Juni völlig zusammengeschossen war.

Lemke schien dankbar für meinen Rat. »Sie gehen doch zum Bataillonsgefechtsstand«, sagte er. »Können Sie die gehfähigen Verwundeten mitnehmen und dafür sorgen, dass man Sankas zum neuen Standort schickt?« Er nannte die ungefähre Zahl der Verluste. »Genaue Meldung kann ich noch nicht machen.«

»Klar«, sagte ich, »es tauchen ja auch nachträglich meistens noch Vermisste auf.«

Bevor ich aufbrach, gab ich allen zum Abschied die Hand. Suhrmann reichte mir meinen Rucksack, den er für mich geborgen hatte. Die gehfähigen Verwundeten – ein halbes Dutzend niedergedrückter Gestalten – folgten mir.

Leutnant Lemke begleitete mich ein paar Schritte. »Dass das ausgerechnet heute Abend kommen musste«, sagte er. »Ich glaube, die 17. Armee hat auf ihrem Rückzug zu früh haltgemacht.«

Ich gab ihm im Stillen recht. »Machen Sie's gut, Herr Lemke«, sagte ich. »Nehmen Sie's nicht zu schwer. Wir können's ja nicht ändern.«

Er ging zurück zur Kompanie, die er nun an meiner Stelle führte. Wir durchschritten die Schlucht. Im Westen verglomm das letzte verblassende Rot. Der Abendstern leuchtete schon strahlend hell. Man hörte keinen Gefechtslärm mehr. Die Artillerie von drüben schoss ihr übliches Störungsfeuer. Unsere Geschütze dagegen schwiegen.

Es wurde rasch dunkel. Am hohen rauchigen Himmel blinkten die sommerlichen Sternbilder des Ostens auf. Von Süden wehte ein warmer Wind. Als wir die

Schlucht verlassen hatten und den Weg zum Kompanietross einschlugen, wo sich auch der Truppenverbandsplatz befand, tauchten plötzlich Schatten vor uns auf. Ich brachte die Maschinenpistole in Anschlag und rief: »Halt! Wer da?«

Die Schatten verschwanden im Gebüsch. Schüsse krachten. Wir warfen uns in Deckung und feuerten auf die Mündungsblitze. Geraschel, russische Flüche, dann wurde es still.

Wir warteten eine Weile, ehe wir unseren Weg fortsetzten. Ich nahm an, dass wir der Besatzung eines abgeschossenen feindlichen Panzers oder einem Spähtrupp der Russen begegnet waren. Das Brummen einer Polikarpow U-2, »Nähmaschine« genannt, wurde laut. Das Flugzeug zog hoch am nächtlichen Himmel weite Kreise. Ein Leuchtfallschirm pendelte herab. Zwei, drei Bomben detonierten mit laut dröhnendem Schall.

Beim Überqueren eines Hügels sahen wir weit zur Rechten Feuerschein. Es war wohl einer der durchgebrochenen Panzer, den eine Pak in Brand geschossen hatte. Unweit der Schlucht, in der der Kompanietross hauste, rief uns ein Posten an. Ich nannte die Parole. Sie hieß an diesem Tag groteskerweise »Ladenschluss«.

Befehl von oben

Die Stimme, die mich angerufen hatte, war fremd. Sie gehörte, wie ich sogleich feststellte, einem Mann vom Bataillonsstab, der mit vier anderen zur Sicherung über der Schlucht lag. Ein MG war schussbereit nach Osten gerichtet.

»Was habt denn ihr vor?«, fragte ich.

»Vorgeschobener Bataillonsgefechtsstand«, erklärte der Führer des kleinen Trupps. »Der Tross ist zurückverlegt worden.«

Ich lief, so schnell ich konnte, den Trampelpfad hinunter. Die Verwundeten, die bei mir waren, trotteten langsam hinter mir her. Vor dem Bunker, den sich unser Hauptfeldwebel eingerichtet hatte, stand ein Posten mit Stahlhelm und Maschinenpistole. Er erkannte mich und sagte, auf die Tür weisend, die aus einem zerstörten Dorf stammte: »Der Herr Major ist drinnen, Herr Oberleutnant.«

Ich öffnete die Tür, trat ein und schloss sie rasch hinter mir, da eine Petromaxlampe hellen Lichtschein in dem geradezu wohnlich ausgestatteten Bunkerraum verbreitete. Major Wilhelmi stand vor einer auf einem Tisch ausgebreiteten Karte. Mit einer Hand hielt er den Hörer des Feldfernsprechers ans Ohr, die andere bedeckte den von uns aufgegebenen Abschnitt auf der Karte. Neben ihm stand Leutnant Stapf, der Adjutant. Der Bataillonskommandeur nickte mir flüchtig zu.

Stapf gab mir die Hand. Es war eine Geste stummer Anteilnahme, als hätte ich den Verlust eines nahen Angehörigen zu beklagen.

Major Wilhelmi sagte mehrmals »Jawohl, Herr Oberst«, dann legte er auf und läutete ab.

Ich begann auf einmal zu zittern wie unter heftigem Schüttelfrost und fühlte, wie es mir heiß in die Augen schoss. Nervenkollaps! Ich hatte es schon erlebt, dass standhafte Männer wie Kinder losheulten, wenn die Reaktion überwundener Schrecken sie überkam.

Major Wilhelmi, ein kleiner, untersetzter Herr mit breitem Brustkasten und rundem Kopf, packte mich an beiden Armen. »Beruhigen Sie sich, Emser«, sagte er. »Schöner Schock. Kann mir's denken. Brauchen nicht drüber zu reden. Weiß schon alles. Fromm hat noch einen Funkspruch durchgegeben, als er schon von den Panzern überrollt war. ›Sie sind im Graben‹, waren seine letzten Worte, dann war die Verbindung abgerissen. Sieht böse aus. Rechts hat die ›Spielhahnfeder‹ mit 'ner verstärkten Kompanie abgeriegelt. Links ist es noch unklar. War ja nicht gerade ein freundlicher Empfang für Leutnant Lemke. Ist er unverletzt?«

»Jawohl, Herr Major«, antwortete ich, wieder gefasst. »Er besetzt mit dem Rest der Kompanie die Podwolnij-Höfe. Was ist mit den Panzern, Herr Major?«

»Vier sind abgeknallt. Einer muss sich verschossen haben. Die Besatzung hat ihn gesprengt. Der Letzte kurvt noch irgendwo 'rum. Egal – einer allein kann nichts ausrichten. Wie steht's mit den Verlusten? Hoch?«

Ich teilte ihm die von Leutnant Lemke angegebenen Zahlen mit. Sechs Unteroffiziere und 22 Mann hatten am Sammelplatz gefehlt. Die Mehrzahl von ihnen war gefallen oder schwerverwundet in die Hand des Feindes geraten. Der Rest galt als vermisst.

»Ich schicke Sie mit einem Kradmelder zurück«, sagte Major Wilhelmi. »Lasse Sie ungern gehen – gerade jetzt. Aber die Division schreit nach Ihnen. Beim Regiment ist Hochbetrieb, wie Sie sich vorstellen können. In zwei Stunden soll ein Gegenangriff anlaufen. Vom Führer persönlich befohlen. Morgen früh muss die Stellung wieder in unserem Besitz sein. Vollzugsmeldung morgen früh fünf Uhr. Der General soll über diese Einmischung außer sich sein. Habe gerade mit dem Regimentskommandeur gesprochen. Die Division hat bei ihm einen vorgeschobenen Gefechtsstand eingerichtet. Sie können ja versuchen, sich beim General zu melden. Weiß nicht, ob er Zeit für Sie hat. Wenn nicht, fahren Sie gleich weiter nach Pokrowskaja. Den Kradmelder schicken Sie mir sofort zurück. Vielleicht brauche ich ihn heute Nacht.«

Bevor ich mich abmeldete, bat ich den Major, für die Verwundeten zu sorgen, die ich mitgebracht hatte.

»Machen wir«, sagte Major Wilhelmi. »Ich habe einen Doktor hier. Krankenwagen sind im Anrollen. Wird allerhand fällig werden heute Nacht, schätze ich.«

Leutnant Stapf hatte sich entfernt, um den Kradmelder zu mobilisieren. »Na ja, Herr Emser«, sagte Major Wilhelmi zum Abschied. »Nehmen Sie's nicht so schwer. Hat ja einmal so kommen müssen. Eins gegen vier kann auf die Dauer nicht gut gehen. Wird im Übrigen bereinigt werden.«

Ich verließ den Bunker. Vor der Tür traf ich mit Leutnant Stapf zusammen. »Diesmal werden wir Zuschauer sein«, sagte er. »Die Kompanie Fromm ist aufgerieben.

Mit Ihrer ist ja derzeit auch nichts auszurichten. Und die 12. haben wir abgegeben. Mal was anderes, sich den Zauber vom Feldherrnhügel aus anzusehen. Das dritte Mal jetzt, dass die Wolfsschanze einen Nachtangriff befiehlt. Im Juli war's bei den 97er Jägern genauso. Nachts mussten sie die verlorene Höhe wieder holen. Und sie haben es geschafft.«

Der Motor des Krads knatterte schon. Ich nahm auf dem Soziussitz Platz. Wie eine Rakete schoss die Maschine los. Der Fahrer schien Gelände-Virtuose zu sein.

Mit Vollgas ratterte er durch die Schlucht und dann am Westausgang den steilen Hang hinauf. Erst als wir die gut ausgebaute De-Angelis-Straße erreichten, wurde mir wohler. Wir fuhren natürlich ohne Licht. Schwere Lkws, dicht mit Mannschaften besetzt, kamen uns entgegen, eine Batterie 8,8-Flak, eine Batterie Kanonen und eine lange Reihe kettenrasselnder Sturmgeschütze. Ich fragte mich, wo man das alles so schnell hergenommen hatte. Uns vorn in der Hauptkampflinie hatte man immer gesagt, wir seien auf uns gestellt und dürften mit nichts anderem rechnen.

Der Kradfahrer bog zum Regimentsgefechtsstand ab, der sich ebenfalls in einer der zahlreichen Schluchten befand, wo man halbwegs sicher vor Artilleriebeschuss war. Vor den Stabsbunkern wimmelte es von fremden Offizieren. Geländegängige Kraftwagen warteten mit laufenden Motoren. Einer davon führte den schwarz-weiß-roten Divisionsstander am Kotflügel.

Gefolgt von unserem Regimentskommandeur trat der General aus einem Bunker. Ich war vom Krad abgestiegen und ging auf den General zu. Er hatte uns mehrmals in der Stellung besucht. Oberst Staufer, unser Regimentskommandeur, winkte ab, doch der General hatte mich schon bemerkt. Straff aufgerichtet kam er heran.

»Da sind Sie ja«, sagte er. Das goldene Eichenlaub am Kragen seiner Tropenfeldbluse gab seinen Rang zu erkennen. Am Hals schimmerte matt das Ritterkreuz. Ich meldete mich vorschriftsmäßig.

»Waren Sie schon unterwegs, als der Schlamassel anfing?«, fragte der Divisionskommandeur. Sein scharf geschnittenes, schmales Gesicht war dunkel gebräunt. Die grauen Augenbrauen wirkten wie weiße Striche.

»Nein, Herr General«, antwortete ich. »Ich bin vorn geblieben, weil ich mit einem Angriff rechnete, allerdings erst morgen früh.«

Er nickte. »Fahren Sie nach Pokrowskaja, Emser. Werde mal sehen, was sich da oben machen lässt. Ich habe eine Mitteilung für Sie. Aber nicht jetzt. Wir sprechen uns morgen.«

Er grüßte kurz und begab sich zu seinem Kübelwagen. Der Regimentskommandeur stieg nach ihm ein. Die beiden schienen es äußerst eilig zu haben.

Als ich knapp eine halbe Stunde später in dem auf einer Höhe gelegenen Trümmerdorf Pokrowskaja ankam, standen Hauptmann Scheffler, der Ic, und Hauptmann Peterhans, sein Dolmetscher-Offizier, vor der Ruine, unter der die Quartier- und Diensträume der Abteilung Ic lagen. Der Kradmelder riss seine Maschine herum und stob frontwärts davon.

»Bleiben Sie gleich hier, Herr Emser«, sagte Hauptmann Scheffler, mein neuer Vorgesetzter, nachdem ich mich gemeldet hatte. »Es wird bald losgehen. Von hier aus haben wir einen ausgezeichneten Überblick.«

Ich legte meinen Rucksack ab und lehnte meine Maschinenpistole neben den Eingang zu meiner künftigen unterirdischen Behausung. Hauptmann Scheffler, Reservist, im Zivilberuf Rechtsanwalt, war einmal im Juli mit dem Dolmetscheroffizier vorn in meiner Stellung gewesen, als wir einen schwerverwundeten russischen Major bei uns hatten, der sich, wie viele von der anderen Seite, als Gegner Stalins bezeichnete und wichtige Aussagen machen wollte. Er war vor der Ankunft der beiden gestorben.

»Ich habe dauernd gewarnt«, sagte der Ic. »Hauptmann Lutz, der Ic beim Jäger-Korps, war einer Meinung mit mir. Nichts zu wollen. Jetzt ist das eingetreten, was zu erwarten gewesen war. Und die Folge: ein verlustreicher Nachtangriff, der womöglich nicht einmal zum Ziel führen wird.«

»Ich bin dem Herrn General begegnet«, sagte ich.

»Er will den Angriff persönlich führen«, bemerkte Hauptmann Scheffler. »Oberstleutnant Frisch, unser Ia, hat versucht, es ihm auszureden. Natürlich ohne Erfolg. Diese neue Art der Befehlsgebung kann einen Divisionskommandeur zur Weißglut bringen. Überall mischt man sich hinein, und das Bedenkliche dabei ist, dass seit Stalingrad der Einzelne seinen Wert verloren hat. Bolschewistische Menschenverachtung, krass gesagt. Und was heißt denn überhaupt Kubanbrückenkopf? Wieder so ein Mythos, in Wirklichkeit aber eine Verlegenheitslösung, die uns vom Gegner aufgezwungen worden ist. Wären wir im März über die Straße von Kertsch zurückgegangen, anstatt uns hier festzubeißen, hätte die 17. Armee nicht die Hälfte ihres Bestandes verloren. Die Zangenbewegung hat sich ja in Noworossijsk und im

Norden schon deutlich abgezeichnet. Unsere Infanteristen, Jäger und Gebirgsjäger haben die Lage gemeistert – nicht die Zentrale, die weit vom Schuss große Bogen spuckt.«

»Das Lieblingsthema von Hauptmann Scheffler«, warf Hauptmann Peterhans spöttisch ein. Er war der Aussprache nach Österreicher und sah wie ein uniformierter Schauspieler in einem Kriegsstück aus. Im Ersten Weltkrieg war er lange in Sibirien gefangengehalten worden. Dort hatte er auch sein Russisch gelernt.

In der Nähe begann unvermittelt eine Batterie schwerer Haubitzen zu feuern. Grell flammten die Mündungsblitze in der Dunkelheit auf, und der Paukenwirbel der Abschüsse hallte in lang rollendem Echo durch die hügelige Weite.

»Ich glaube, der Nachtangriff ist notwendig«, sagte ich. »Es ist doch anzunehmen, dass die Russen jetzt droben an der Einbruchstelle hineinpumpen, was sie haben. Morgen früh wäre es vielleicht schon zu spät.«

Die beiden Hauptleute, mit denen ich fortan als O3, als dritter Ordonnanzoffizier, zusammenarbeiten sollte, entgegneten nichts. Sie lauschten auf das sich zusehends verstärkende Artilleriefeuer. Oder war es der Hufschlag mehrerer Pferde, der plötzlich in der Nähe zu vernehmen war, was ihre Aufmerksamkeit erregte?

Ein in zwei Rotten geteilter Reitertrupp kam in Sicht. Die Reiter waren mit Karabinern bewaffnet. Auf ihren Köpfen saßen hohe schwarze Fellmützen. Zwischen den beiden Gruppen tappten im Laufschritt drei Zivilisten, zwei Männer und ein Mädchen mit offenem dunklem Haar. Der Trupp hielt an. Einer der Reiter saß ab, trat vor Hauptmann Peterhans hin, hob die Rechte an die Fellmütze und meldete etwas auf Russisch. Peterhans antwortete, indem er auf die Zivilisten deutete, die mit trotzig erhobenen Köpfen zwischen den unruhig tänzelnden Pferden standen. Schließlich verschwanden der Hauptmann und drei der Reiter, die jeder einen der Gefangenen, auch das Mädchen, vor sich herstießen, durch den Eingang, der zum Quartier der Abteilung Ic führte. Die übrigen Reiter trabten mit den ledigen Pferden davon.

»Das sind unsere Kosaken«, erklärte Hauptmann Scheffler. »Wir verwenden sie als Partisanenjäger. In diesem Fall allerdings scheint es sich um Fallschirmspringer, also vermutlich um Agenten, zu handeln, soviel ich verstanden habe.«

Er brach ab. Das Artilleriefeuer vor uns verdichtete sich zu einer donnernden Kanonade, die sich immer mehr verstärkte. Im Osten, wo die Höhe, die wir verloren hatten, sich schattenhaft abzeichnete, sprühten die Explosionsblitze der Einschläge. Weiße Leuchtkugeln stiegen hoch, gleich darauf grüne, ein Zeichen, dass der Gegenangriff angelaufen war. Die roten Schnüre der Leuchtspurgeschosse woben ein sich ständig veränderndes gespenstisches Muster durch die Nacht. Wenn man selbst mittendrin steckte, sah das alles ganz anders und viel weniger eindrucksvoll aus. Das war nun für mich der Krieg, den ich vor Kurzem noch einmal in seiner grausigen Bitterkeit erlebt hatte: Zuschauer aus der Ferne, aus der – wie ich annahm – Sicherheit des Stabsquartiers.

Doch wie es um die Sicherheit bestellt war, sollte ich sogleich erfahren. Feindliche Ferngeschütze griffen in das Gefecht ein. Auf der Nachschubstraße detonierten ihre schweren Koffer. Dann krachten die ersten Einschläge in Pokrowskaja, und die weit fliegenden Splitter trieben uns in Deckung.

Ich folgte Hauptmann Scheffler eine Treppe hinunter, deren Stufen aus den Schwellen einer abmontierten Bahnlinie bestanden. Wir gelangten in einen Raum, in dem elektrisches Licht brannte, das von einem Aggregat mit Strom versorgt wurde. Die Decke des Raumes war aus Beton und mit mächtigen Pfosten abgesteift. An einem Tisch unter der nackten Glühbirne saß Hauptmann Peterhans. Er hatte die Mütze abgenommen. Sein ergrautes Haar bildete einen Kranz um eine runde Glatze, die wie die Tonsur eines Kapuziners aussah. Vor dem Tisch standen das Mädchen und die beiden Männer, dahinter die drei Kosaken, die Karabiner im Anschlag.

Ich verstand kaum Russisch. Während des ganzen Feldzuges war ich nur selten mit der Bevölkerung in Berührung gekommen. Aber aus dem Ton, in dem das Mädchen soeben eine Frage des Hauptmanns beantwortete, hörte ich trotz aller Schärfe die Todesangst. Das mitunter zuckende Licht fiel auf ein bleiches, angespanntes Gesicht. Die dunklen Augen, unter langen schwarzen Wimpern halb verborgen, starrten zu Boden. Sie trug ein schäbiges graues Kleid, das eng ihren festen, runden Busen umspannte. Barfuß stand sie wie ihre beiden Genossen auf dem festgestampften Lehm des Unterstandes.

Hauptmann Scheffler gab mir einen Wink. Ich folgte ihm durch einen mit Bohlen verstärkten Türausschnitt, der mit einer Decke verhängt war, in den Nebenraum. Dort standen drei Holzpritschen, ähnlich jener, auf der ich droben in der Hauptkampflinie in meinem Bunker geschlafen hatte. Auch im Schlafraum gab es elektrisches Licht.

Der Ic wies auf eine Pritsche. »Das Bett Ihres Vorgängers, Herr Emser. Sie können die Decken übernehmen. Der arme Kleinmüller braucht ja keine mehr.«

»Wie ist das eigentlich passiert?«, fragte ich.

Hauptmann Scheffler zuckte die Schultern. »Tiefflieger. So ein dummer Zufallstreffer.«

»Und wie sind Sie ausgerechnet auf mich gekommen?«

Hauptmann Scheffler warf mir einen kurzen Blick zu. »Da hat wohl Verschiedenes mitgesprochen. Sie waren doch früher Regimentsadjutant. Im Übrigen sind Sie im Osten mehrfach verwundet worden. Der General war der Meinung, Sie hätten einmal einen ruhigeren Posten verdient. Ich glaube aber, er hatte noch einen besonderen Grund. Ist Ihnen wohl ziemlich nahegegangen – die Geschichte heute? Als ob die drüben gewusst hätten, dass gerade für Sie die Ablösung kam.«

»Es war wohl schon länger vorbereitet, Herr Hauptmann«, entgegnete ich.

»Natürlich war es vorbereitet«, bestätigte Hauptmann Scheffler. »Wir haben es erwartet, nur wussten wir nicht, wo der Gegner den Hauptstoß ansetzen würde. Er möchte hier aufräumen, verstehen Sie. Wir binden hier Kräfte, die er dringend weiter oben benötigt. Morgen zeige ich Ihnen die Feindkarte. Es wird eine Ihrer Aufgaben sein, sie jeweils auf den neuesten Stand zu bringen – keine reine Freude zur Zeit, Herr Emser.«

Aus dem größeren Raum drangen russische Flüche. Es war die Stimme von Hauptmann Peterhans. Dann hörte ich Rufe »Dawai!« – und »Bystra!« und Getrampel von schweren Stiefeln. Die Kosaken trieben die drei Gefangenen die Treppe hinauf.

Hauptmann Peterhans schob die Decke zur Seite. »Hat heut keinen Zweck mehr«, sagte er. »Sind halt verstockt. Wir wären's auch. Die Kosaken haben ein Funkgerät sichergestellt. Wär nicht schlecht, wenn man die drei umdrehen könnt.«

»Das sind Fanatiker«, versetzte Hauptmann Scheffler. »Mit denen werden Sie kein Glück haben.«

»Kommt drauf an«, meinte der alte Dolmetscher. Er schien noch etwas hinzufügen zu wollen, doch in diesem Augenblick läutete im dritten Raum der unterirdischen Behausung ein Fernsprecher. Ein Unteroffizier mit glattem, gescheiteltem Haar erschien und meldete dem Ic, er werde dringend vom vorgeschobenen Gefechtsstand verlangt.

Hauptmann Scheffler entfernte sich durch einen Stollengang, der so niedrig war, dass man nur gebückt gehen konnte. Er blieb einige Minuten aus. Als er wiederkam, zeigte sein kluges, rundes Gesicht einen tief betroffenen Ausdruck. »Meine Herren«, sagte er mit nur mühsam beherrschter Stimme. »Ich habe Ihnen eine erschütternde Mitteilung zu machen: Soeben habe ich die Nachricht erhalten, dass Herr General von Mahler, unser Divisionskommandeur, an der Spitze der stürmenden Truppe gefallen ist. Herr Oberst Staufer führt jetzt den Angriff, der zügig an Boden gewinnt.«

Ich dachte an meine kurzen Begegnungen mit dem General und an alles, was ich als kleiner Frontoffizier von ihm wusste. Er war ein Kavalier gewesen und zugleich ein vorbildlicher Truppenführer. »Wir sprechen uns morgen«, waren seine letzten Worte gewesen. Was mochte es wohl sein? Auch Hauptmann Scheffler hatte so eine Andeutung gemacht. Würde ich es nun nicht mehr erfahren? Ich wollte etwas sagen, aber ich brachte kein Wort hervor. Schon einmal hatte ich einen gütigen, väterlichen Vorgesetzten verloren. Immer waren es die Besten, die der Krieg verschlang.

Hauptmann Scheffler nahm seinen Stahlhelm und seine Maschinenpistole von einem Wandhaken. »Ich fahre nach vorn«, sagte er. »Sie halten einstweilen die Stellung, meine Herren.«

Der neue General

Der Friedhof unserer Division lag in der Niederung unweit der Rollbahn, die von Taman, dem Hafen am Südausgang der Straße von Kertsch, über Starotitarowskaja nach Osten führte. In dem Riesendorf Starotitarowskaja hatte das Oberkommando der 17. Armee sein Hauptquartier aufgeschlagen. Das Generalkommando des Jäger-Armeekorps befand sich nördlich der Rollbahn in Bolschoj Rasnokol, einem idyllisch am Schilfufer einer Lagune gelegenen kleinen Nest, über dem Schwärme von Reihern und Kranichen friedlich schwebten. Ich war vom Divisionsstab als Vertreter der Abteilung Ic zur Teilnahme an der Beerdigung von General von Mahler abkommandiert worden und sollte anschließend nach Starotitarowskaja fahren, um den neuen Divisionskommandeur nach Pokrowskaja zu begleiten. Der Divisionsstab arbeitete seit jener Nacht, in der unser General gefallen war, mit höchster Anspannung. An der ganzen Front war eine neue, die fünfte Abwehrschlacht, mit ungeheurer Wucht entbrannt. Zwar war der feindliche Einbruch zur Linken der 97. Jägerdivision in blutigem nächtlichem Kampf bereinigt worden, aber die Russen rannten seither mit einem Kraftaufwand an, als habe die erlittene Schlappe ihren Angriffswillen erst zu voller Stärke entfacht.

Hauptmann Scheffler war im vorgeschobenen Ge-fechtsstand bei Oberstleutnant Frisch, dem Ia, geblieben. Auch Hauptmann Peterhans war unabkömmlich. Es war ihm nach seinen Angaben tatsächlich gelungen, die von seinen Kosaken eingebrachten feindlichen Agenten »umzudrehen«. Das Funkspiel, das er mit den dreien, dem dunkelhaarigen Russenmädchen und den beiden Männern, betrieb, konnte von entscheidender Bedeutung sein, wenn es die Absichten und Pläne des Feindes ans Licht brachte.

Auch Major Urban, der Ib der Division, der für die Versorgung der kämpfenden Truppe verantwortlich war, konnte in dieser Zeit höchster Not seinen Posten in Pokrowskaja nicht verlassen und ebensowenig Hauptmann Kundt, der Kommandant des Stabsquartiers. Major Schmeller, der Adjutant der Division, war schon in aller Frühe von Pokrowskaja abgefahren, um dem toten General das Geleit zum Friedhof zu geben. Es wunderte mich, dass nicht er von Oberst Staufer, der die Division einstweilen führte, beauftragt worden war, den neuen Divisionskommandeur in Empfang zu nehmen.

Ich war in Feldgrau, in meiner guten Uniform. Der Gepäcktross meiner früheren Kompanie hatte meine Feldkiste gerade noch zur rechten Zeit beim Divisionsstab abgeliefert. Für die Fahrt stand mir ein Kfz 17 zur Verfügung. Es war mein erster Ausflug ins Hinterland des Kubanbrückenkopfes. Über die in weiten Schleifen durch sommergrüne Wälder angelegte De-Angelis-Straße ging es in sanfter Neigung bergab. Das Grollen der Front blieb zurück wie ein böser Traum. Der Fahrer neben mir, ein Obergefreiter, pfiff vor sich hin, als habe er den Anlass unserer Fahrt vergessen.

In Bolschoj Rasnokol, dem Hauptquartier des Korps, meldete ich mich bei Hauptmann Lutz, dem Ic.

Die Dörfer in Frontnähe waren längst entvölkert, in Bolschoj Rasnokol dagegen lebten die altansässigen Bewohner, vollbusige junge Mädchen und Frauen aller Altersstufen, zahlreiche Kinder und patriarchalisch würdevolle, zumeist langbärtige Greise, in nachbarlicher Gemeinschaft mit den Angehörigen des Stabes.

Während ich auf Hauptmann Lutz wartete, der noch ein Ferngespräch führte, wurde eine Herde schwerer rotbrauner Rinder zur Tränke in die Lagune getrieben. Die Sonne brannte heiß vom wolkenlosen Himmel. Das Schilf am Ufersaum war gelbgrau verdorrt.

Hauptmann Lutz erschien allein. Auch der Korpsstab setzte mit fieberhafter Anstrengung alles daran, den feindlichen Großangriff abzuwehren. Der Kommandierende General befand sich an der Front. Oberst Malchow, der Chef des Stabes, sollte ihn beim Begräbnis vertreten. Als wir den Friedhof erreichten, parkte bereits in dem angrenzenden Wäldchen eine große Anzahl von Kraftfahrzeugen. Der Ehrenzug, der von einem vielfach dekorierten jungen Leutnant kommandiert wurde, trat soeben an. Die anwesenden Offiziere formierten sich zum Trauerzug. Vier Unteroffiziere trugen den Sarg, der mit der Reichskriegsflagge bedeckt war. Das Musikkorps der Division intonierte einen Trauermarsch und dann »Ich hatt' einen Kameraden«. Dumpfer Trommelwirbel löste die getragenen Töne der blitzenden Blasinstrumente ab. Langsamen Schrittes bewegte sich der Zug zwischen dichten Reihen von Gräbern und Kränzen hindurch zu der offenen Grube, die den toten General aufnehmen sollte. Ich dachte an einen anderen, einen Mann, der seines Ranges und seiner Ehre beraubt, in einem Massengrab vermoderte.

Der katholische Divisionspfarrer mit Kreuz und violetter Stola hielt die Grabrede, dann sprachen der Kommandeur unserer Nachbardivision und Oberst Malchow, unser »Chef«. Doch seine Worte gingen unter im Motorengedröhn eines Bombergeschwaders, das sich von Nordosten her bedrohlich näherte. Hinter dem Wäldchen hervor kamen die in dichter Formation fliegenden Russenbomber in Sicht. Sie sahen wie schwarze Drachen aus, die den Sümpfen am Kuban entstiegen waren, und schienen den Glanz des seidigen, südlich blauen Sommerhimmels weithin zu trüben.

»Wenn die jetzt abladen«, flüsterte Hauptmann Lutz mir zu.

Doch mit wild anschwellendem Brummen flog das Geschwader über den Friedhof hinweg. In der Nähe begann eine Flakbatterie zu feuern. Sprengwölkchen entstanden am Himmel wie graue Tupfen. Die Ehrensalven verhallten ungehört über General von Mahlers Grab. Einer der feindlichen Bomber ging im Sturzflug nieder und explodierte unter schauerlichem Krachen.

Wir kehrten zu den Fahrzeugen zurück. Ich verabschiedete mich von Hauptmann Lutz und fuhr über die Rollbahn nach Westen. Dem Obergefreiten war das Pfeifen vergangen. Zu beiden Seiten der Rollbahn war grünes Land. Der Mais stand schon mannshoch. Sonnenblumen nickten im leichten Wind mit ihren gelben Köpfen. In ausgedehnten Weinfeldern spritzten dralle junge Mädchen die grünen Reben. Sie winkten mir lachend zu. Viele waren nur mit Büstenhaltern und kurzen Röcken bekleidet. Ihre Körper waren goldbraun getönt. Sie erinnerten mich an eine andere, an das Mädchen, das unter der Aufsicht von Hauptmann Peterhans und seinen Kosaken an einem Funkgerät die Rote Armee täuschte, in deren Auftrag sie mit dem Fallschirm abgesprungen war.

In Starotitarowskaja, einem unübersehbar riesigen Dorf, wurde ich von einem der Feldgendarmen, die das Hauptquartier bewachten, zum Gästehaus der Armee verwiesen. Ein Feldwebel erwartete mich vor dem einstöckigen, mit Schilf gedeckten Haus.

»Da sind Sie ja, Herr Oberleutnant«, sagte er. »Der General ist schon ganz nervös. Möchte wohl Pulverdampf riechen. Na ja, Führerreserve der Heeresgruppe in Cherson – für so einen General nicht das Richtige.«

»Ja«, entgegnete ich kurz, »mag sein. Bitte melden Sie mich.«

Der Feldwebel ging, sichtlich gekränkt, ins Haus. Cherson am Unterlauf des Dnjepr, dachte ich. Von dorther kam also unser neuer General. Er hatte dort einige geruhsame Wochen oder Monate verbracht – als Einziger seines Ranges. Ich dachte an Leutnant Lemke, der jetzt mit meiner früheren Kompanie bei Anapa an der Schwarzmeerküste in Ruhe lag, und an das, was er mir an jenem Nachmittag in der Hauptkampflinie erzählt hatte. Unser neuer General war ja ein alter Bekannter von ihm. Lemke hatte ihn in einem Flugzeug, einer Ju 52, kennengelernt, das an einem eisigen Januartag aus den Brandwolken von Stalingrad zum Flug nach Westen gestartet war.

In der Tür des Gästehauses erschien General Scheufele, kaum mittelgroß und schmalschultrig, in feldgrauer Uniform mit den breiten roten Streifen an den Reithosen und dem goldenen Eichenlaub auf den roten Kragenspiegeln. Auch er trug das Ritterkreuz und eine

Reihe anderer Orden. Sein schmales, feines Gesicht war rotbraun verbrannt von der Sonne Südrusslands. Ein Ausdruck von Strenge und Verschlossenheit stand in seinen wasserblauen Augen. Die Wimpern und die Augenbrauen waren weißblond wie sein Haupthaar unter der Schirmmütze.

Ich stand stramm und hob die Hand zum Mützenschild. »Oberleutnant Emser, wie befohlen, zur Stelle.«

General Scheufele erwiderte meinen Gruß mit betonter Exaktheit. »Danke, Emser. Dann kann's also losgehen.«

Ich trat an den Wagen und öffnete den Schlag, während der Fahrer den Divisionsstander in den Halter steckte. Er kam mit straffen Schritten heran und streckte mir seine Hand entgegen.

»Kuban«, sagte er, »ganz wundervolle Gegend. Stehen Sie doch bequem, Emser!«

Ich setzte den linken Fuß zur Seite wie ein Rekrut beim Kommando »Rührt euch!«

»Danke gehorsamst, Herr General.«

Er lächelte verhalten, und sein Blick verlor die abweisende Strenge. »Menschenskind, seid ihr am Kubanbrückenkopf alle so förmlich?«

Gegen meinen Willen musste auch ich lächeln. »Nicht immer, Herr General«, sagte ich.

Er nickte mit einer schrägen Kopfbewegung. »Verstehe, Emser. Heute Vormittag wurde Ihr bisheriger Divisionskommandeur begraben. Wollen sehen! Na, also los!«

Er stieg in den Wagen. Der Feldwebel brachte sein Gepäck, eine Feldkiste und einen vollgestopften Sack aus Segeltuch, dazu ein ledernes Degenfutteral. General

Scheufele bot mir aus einem Silberetui eine Zigarette an. Ich nahm sie dankend und setzte mich neben den Fahrer. Das Kfz 17 fuhr zur Rollbahn. Wir fuhren nach Osten, der schmutziggrauen Wolkenwand entgegen, die wie eine Anhäufung giftiger Dämpfe den Horizont verhüllte.

Wenn man, wie der neue General, aus Cherson unweit der Dnjepr-Mündung kam und wie er die heitere Landschaft der Krim und der Tamanhalbinsel mit mäßiger Reisegeschwindigkeit im niedrig fliegenden Fieseler-Storch überquert hatte, musste der jäh auftauchende Anblick des Ruinendorfes Pokrowskaja den Eindruck hervorrufen, als sei man an der Grenze einer Zone angelangt, in der nur noch der Tod regierte. Aus schattigem, vom Krieg unberührtem Laubwald hervortretend, senkte sich die Straße in leichter Schleife und sanfter Neigung dem Areal zu, in dem einst dörfliches Leben in seiner Mannigfaltigkeit sich geregt hatte, während jetzt Stille über den Mauerresten lastete, aus denen rußige Kaminstümpfe wie düstere Mahnmale aufragten. Längst hatten die in Pokrowskaja ansässigen Russen mit Sack und Pack das Weite gesucht. Die neuen Bewohner führten unter den Trümmern der einstigen Wohnstätten ein Höhlendasein. Ihr Tagewerk bestand nicht in bäuerlicher Arbeit, sondern in angewandter Taktik und Strategie. Mit dem Rechenschieber, mit Fernsprecher und Funkgerät führten sie den Krieg, der sich acht oder neun Kilometer weiter ostwärts in seiner krassesten, nackten und blutigen Form vollzog.

Als das Kfz 17 mit dem Divisionsstander den Wald verließ, drehte ich mich zu General Scheufele um. »Pokrowskaja, Herr General – das Stabsquartier.«

Der General nickte mit knapper Kopfbewegung. »Ruinen habe ich schon größere gesehen.«

Ich wusste, was er meinte: Stalingrad. Aber er hatte dort nicht das Ende abgewartet wie die 100 000 Überlebenden der 6. Armee. Wir näherten uns den ins goldene Licht des Nachmittags getauchten Schuttgebilden, zwischen denen die Eingänge zu den unterirdischen Quartieren ausgeschachtet waren.

Kaum 50 Meter vor dem Dorf bremste der Fahrer mit scharfem Ruck. Die russische Fernkampfbatterie, die Pokrowskaja immer wieder mit ihrem Segen bedachte, meldete sich donernd zu Wort. Qualmpilze wuchsen über den Ruinen auf. Müde Splitter klapperten in der Nähe zu Boden.

Der General stieg mit herausfordernder Bedächtigkeit aus. »Fahren Sie den Wagen in Deckung«, befahl er dem Obergefreiten. »So ein Kfz 17 ist heutzutage eine Kostbarkeit. Mein Gepäck können Sie später in mein Quartier bringen.«

Ich hatte eine andere Reaktion erwartet, den Befehl zu eiliger Umkehr oder etwas Unbesonnenes. Stattdessen forderte der General mich ruhig auf, ihm den Weg zur Führungsabteilung zu zeigen. Nur wenn es in bedenklicher Nähe einschlug, hielt er kurz inne. Ich leistete ihm im Stillen Abbitte für meine Voreingenommenheit, die eine Folge von Leutnant Lemkes Anspielung war. Etwas Zwingendes, das nichts mit einem Mangel an persönlichem Mut zu tun hatte, musste den General bewogen haben, das Flugzeug in Gumrak zu besteigen.

Der Beschuss, der mir wie ein höllischer Salut zum Empfang des neuen Divisionskommandeurs vorkam, ließ nach und hörte schließlich auf, als wir das Trümmerdorf erreichten. Ich führte den General in den von elektrischem Licht erhellten Bunkerraum, dessen Wände mit Karten von großem Maßstab bekleidet waren. Hauptmann Lipsch, der Erste Ordonnanzoffizier, war anwesend, auch Major Schmeller, der IIa, und Hauptmann Kundt, der Kommandant des Stabsquartiers. Major Urban, der Ib, trat soeben aus dem benachbarten Raum ein und grüßte wie die anderen mit straff gerecktem rechtem Arm. Der General gab jedem die Hand, wobei er es mit der Rangordnung nicht genau nahm.

»Auf gute Zusammenarbeit, meine Herren«, sagte er.

Mir dankte er freundlich für die Begleitung. Ich zog mich zurück und begab mich zur Höhle der Abteilung Ic. Hauptmann Peterhans saß mit gefurchter Stirn vor dem Empfangsgerät und hörte wie gewöhnlich um diese Zeit »Freund Rot« aus Moskau ab. Er vertrat die These: Wenn man von den Berichten der Oberkommandos der Wehrmacht und der Roten Armee die Hälfte abzog und den Rest addierte, erhielt man ein halbwegs zutreffendes Bild der »großen Lage« an der Ostfront. Ich vernahm die martialische russische Stimme, deren Wortschwall ich nicht verstand, und dachte mir, dass die Abwehrarbeit nicht ohne Tücken war. Die Abteilung Ic kam so oft und vielfältig mit der Feindseite in Berührung, dass die Gefahr, die klare Sicht zu verlieren, äußerst naheliegend schien.

Hauptmann Peterhans schaltete das Gerät ab und machte sich einige Notizen für den Vortrag, den er in unregelmäßigem Turnus zu halten hatte.

»Wie war die Beerdigung?«, fragte er mich. »Und wie ist der Neue?«

»Die Beerdigung war sehr feierlich«, sagte ich. »Sogar ein russisches Bombengeschwader machte einen Paradeflug. Ja, und der neue General. Eine Mischung zwischen zugeknöpft und liebenswürdig. Weiche Schale mit eisernem Kern, wie mir scheint.«

»Wissen Sie, wo er herkommt?«, fragte Hauptmann Peterhans.

»Aus Cherson, von der Führerreserve«, antwortete ich.

Der Hauptmann wiegte bedächtig das grau umkränzte Haupt. »Schon, schon. Aber vorher? Vorher war er nämlich in Stalingrad. Mit unserem neuen Armee-Oberbefehlshaber hat er das gemeinsam, dass beide im Januar, grad noch vor Torschluss, das rettende Ufer erreicht haben – ich meine den Flugplatz von Nowotscherkassk nördlich vom Don, wo die Maschinen auf dem Rückflug von Stalingrad gelandet sind.«

»Das ist interessant, Herr Hauptmann«, warf ich ein. »Auch der Oberbefehlshaber ist ausgeflogen?«

Hauptmann Peterhans nickte. »Vermutlich arbeitslos und überflüssig oder für neue Aufgaben vorgesehen. Die militärische Sprache kennt da viele Varianten. Wer durchschaut in solchen Fällen die Hintergründe?«

»Ein Hasenfuß ist er jedenfalls nicht«, sagte ich.

Hauptmann Peterhans blickte auf. »Wer? Der O. B.?«

»Nein. General Scheufele natürlich.«

»Ach, Scheufele. Wie kommen Sie auf eine solche Idee, Emser? Der Mann hat doch schließlich das Ritterkreuz, soviel ich weiß. Im Übrigen muss ein General nicht das Herz eines Grabenkämpfers haben. Was hilft ein Draufgänger mit roten Biesen an den Hosen, der seine Aufgabe aus dem Blickwinkel des Infanteriesoldaten sieht!«

»Wie geht es eigentlich Ihrem Fallschirmmädchen, Herr Hauptmann?«, fragte ich, um das Gespräch in andere Bahnen zu lenken.

Peterhans lachte seltsam. »Sie arbeitet für mich. Das Weitere hängt von der Entwicklung ab – und von ihr selbst.«

»Und was wäre mit ihr geschehen, wenn sie nicht mitgemacht hätte?«

Die Miene des Hauptmanns wurde abweisend. »Dann wäre sie mit ihren beiden Genossen in die Fänge der Geheimen Feldpolizei geraten. Muss ich noch deutlicher werden, Herr Emser?«

Eine Ordonnanz kam die Treppe herunter. »Herr Hauptmann und Herr Oberleutnant möchten zum Essen ins Kasino kommen.«

Im Kasinobunker speiste sonst nur der engere Führungsstab. Auch Hauptmann Scheffler war dort im Allgemeinen nicht zugelassen, da auch er als Reservist nicht zum Clan der »Rothosen«, der Generalstabsoffiziere, gehörte. Hauptmann Peterhans verschwand, um sich »in Gala zu werfen«, wie er sagte. Als er wieder erschien, trug er den feldgrauen Waffenrock.

»Kommen S', Herr Emser«, sagte er. »Gehn wir in die Höhle unseres neuen Löwen. Mal schauen, wie er brüllt.«

Von Brüllen freilich konnte nicht die Rede sein, als wir uns im Kasinobunker einfanden. General Scheufele sprach maßvoll, fast bescheiden und dann wieder dozierend mit den anwesenden Offizieren. Als Hauptmann Peterhans sich bei ihm meldete, sagte er: »Sie sind der

Dolmetscher. Ich habe von Ihnen gehört. Eine wichtige Aufgabe – eminent wichtig. Ich beneide Sie darum, dass Sie Russisch können. Es wäre für jeden von uns notwendig. Ohne Sprachkenntnisse vermag niemand ins Wesen eines Landes einzudringen. Das Rätsel Russland. Haben Sie es gelöst, Hauptmann?«

»Ich glaube, schon anno achtzehn in Sibirien«, antwortete Peterhans.

Der General wandte sich zu mir. »Oberleutnant Emser, nach dem Essen sehe ich Sie in meinem Quartier.« Mit einem Blick zu Major Schmeller, dem Adjutanten, fügte er hinzu: »General von Mahler hatte es sich doch selbst vorbehalten?«

Der schwarzhaarige Major drückte die Brust heraus und legte die Hände an die karmesinroten Hosenstreifen. »Jawohl, Herr General. Der gefallene Herr Divisionskommandeur hat ausdrücklich gewünscht, Oberleutnant Emser selbst zu verständigen.«

Betroffen sagte ich mir, es müsse etwas vorliegen, wohl etwas Schwerwiegendes, das mich persönlich anging. General von Mahler hatte vor seiner Fahrt zur Front, die seine letzte wurde, die Absicht geäußert, nach seiner Rückkehr mit mir zu sprechen. Und hatte nicht Hauptmann Scheffler erklärt, der General habe aus besonderen Gründen meine Versetzung zum Divisionsstab befohlen? Ich war unruhig, aber ich fand keine Erklärung für die Beklommenheit, die mich auf einmal überkam.

Wir nahmen an der langen Tafel Platz. General Scheufele präsidierte unter der Reproduktion eines Gemäldes, das Hitler in Feldgrau zeigte. Das Gesicht des Obersten Befehlshabers drückte Grimm und Weltverachtung aus. Unter der Nase sträubte sich die dunkle Bürste. Die beiden Ordonnanzen trugen »Brathuhn à la Pokrowskaja« auf, wie Major Schmeller mit kargem Lächeln erläuterte. Jetzt leuchtete es mir ein, warum er vom Friedhof sofort zurückgefahren war. Er hatte das Empfangsessen organisiert. Als Getränk gab es Wein von der Schwarzmeerküste. Die Trinksprüche jedoch fielen nur kurz aus und beschränkten sich auf den Austausch militärisch knapp gehaltener Höflichkeiten.

General Scheufele trank nur mäßig. Die von Major Schmeller dargebotene Zigarre lehnte er ab. Ein Schatten schien über der Tafel zu lasten. War es der Schatten des Kavaliers in Uniform, der bisher an diesem Tisch den Vorsitz innegehabt hatte? Der Nachtisch wurde gereicht: früh gereifte Trauben von der »Kleinen Erde«.

Der General erkundigte sich nach den Weinbaugebieten an der Schwarzmeerküste. »Dieses Riesenland«, sagte er. »Wüste, Steppe, fruchtbare Paradiese und dort unten im Süden Eis und Schnee. Haben Sie den Elbrus gesehen, meine Herren?«

»Nein, Herr General«, antwortete Major Schmeller für uns alle. »Dieses Erlebnis blieb der 1. und 4. Gebirgsdivision vorbehalten. Unsere Division hat nach einigen trockenen Spätsommer- und Herbstwochen im Morast regentriefender Wälder gekämpft. Über den westlichen pontischen Kaukasus sind wir nicht hinausgelangt.«

»Der Rückzug war eine enorme Leistung«, sagte der General mit einer angedeuteten Verbeugung, als wolle er schweigend die hohen und kleinen Truppenführer und die Tausende von Landsern ehren, die im vergangenen Winter die 17. Armee und die 1. Panzerarmee vor der Vernichtung bewahrt hatten, während sich im Nordosten zwischen Don und Wolga das düstere Schicksal der 6. Armee erfüllte.

»Es hing oft am seidenen Faden«, bemerkte Major Schmeller, doch das naheliegende Wort »Stalingrad« sprach er nicht aus. Auch in der folgenden Zeit wurde die Stadt an der Wolga niemals im Beisein des Generals erwähnt, als sei es ein Tabu, das alle wie in stiller Vereinbarung achteten.

Der General klappte sein Etui auf und nahm sich eine Zigarette. Die Ordonnanz brachte Bohnenkaffee.

»Sie bewirten mich geradezu friedensmäßig, meine Herren«, sagte der General anerkennend.

»Ich hatte noch etwas anderes vorgesehen«, erklärte Major Schmeller. »Kaviar aus Temrjuk. Er ist leider nicht rechtzeitig eingetroffen.«

Der General hob abwehrend seine schmalen, gebräunten Hände, an denen kein Ring zu sehen war. »Nur keine Schlemmerei, meine Herren! Dafür sind die Zeiten zu ernst.«

»Kaviar wird demnächst für die ganze Division als Abendverpflegung ausgegeben, Herr General«, sagte Major Urban, der dürre und schon fast kahlköpfige Ib, der mit geringer Verspätung an der Tafel Platz genommen hatte. Der General wollte etwas erwidern, wurde jedoch durch das Eintreten des Nachrichtenoffiziers abgelenkt, der an diesem Abend Dienst hatte.

Der Leutnant baute sich vor General Scheufele auf. »Ein Anruf vom Korps, Chef des Stabes. Es ist dringend, Herr General.«

General Scheufele stand auf und glättete mit der rechten Hand sein dünnes weißblondes Haar. »Auf einmal ist man wieder mittendrin«, murmelte er. »Das tut richtig gut.«

Er folgte dem vorauseilenden Leutnant durch den Höhlengang, der das Kasino mit dem Führungsbunker verband. Hauptmann Lipsch, der O1, heftete sich geschäftig an seine Fersen.

Major Schmeller hob die Tafel auf. »An die Arbeit, meine Herren«, sagte er. »Ich schätze, es wird wieder mal eine Nacht mit wenig Schlaf geben.«

Wie zur Bekräftigung seiner Worte brachte ein schwerer Einschlag das Licht in der Glühbirne zum Flackern. Auf dem Tisch klirrten Geschirr und Gläser.

Ich stieg hinter Hauptmann Peterhans die Treppe hinauf. Draußen war es schon dunkel. Im Osten zuckte fahler Schein wie Wetterleuchten. Jaulend fegte es von Neuem heran und zerplatzte mit laut hallendem Krachen.

»Sprung auf, marsch, marsch!«, rief Hauptmann Peterhans und jagte mit ungeahnter Behendigkeit zum Eingang unserer Bunkerbehausung. Ich warf, bevor ich ihm folgte, einen Blick auf das zerstörte Pokrowskaja. Vom sternenübersäten Himmel ging ein mildes Leuchten aus. Bleich erhob sich der Mauerschutt der niedergestampften Häuser vom dunklen Erdreich der Gärten ab, in denen keine Blume mehr wuchs.

Im Kartenraum ging ich zu dem Tisch, der für mich zur Erledigung von Schreibarbeiten bestimmt war. Der Tisch stammte aus dem Haus des Starosten von Pokrowskaja, der von einer Granate getötet worden war. Auf der rissigen Platte, die eingetrocknete Tintenkleckse aufwies, lag ein Flugblatt. Die Überschrift lautete: »Taman ist euer sicherer Tod!« Die Unterschrift:

»Nationalkomitee Freies Deutschland. Wilhelm Pieck, Walter Ulbricht, Erich Weinert.« Dazwischen wurde den Kämpfern des »sogenannten Kubanbrückenkopfes« mit demagogischer Eindringlichkeit dargelegt, wir alle würden ein schreckliches Ende in den Fluten der Straße von Kertsch finden, wenn wir nicht Vernunft walten ließen. Vernünftig war es nach der Vorstellung der Unterzeichner des Aufrufes, vorliegendes Flugblatt als Passierschein zu verwenden und sich damit beim nächsten Kommando der Roten Armee zu melden. Für gute Unterbringung und Verpflegung sowie für rasche Heimkehr nach Kriegsende werde garantiert.

Was es mit dieser Garantie auf sich hatte, wussten alle diejenigen am besten, die wie ich Gelegenheit hatten, die graue Arbeitskolonne deutscher Gefangener beim Straßenbau zu beobachten. Ich nahm den Rotstift, schrieb quer über die Einladung das Wort »Feindpropaganda« und heftete das Flugblatt zu zahlreichen anderen ab.

Das Telefon läutete. Hauptmann Peterhans hob den Handapparat ans Ohr. Sekunden später sagte er: »In Ordnung, Herr Scheffler«, legte auf und kurbelte ab.

Er drehte sich zu mir um. »Hauptmann Scheffler. Er kündigt ein paar Gefangene an, die vom Regiment Staufer eingebracht worden sind. Es handelt sich um einen Stoßtrupp, also vermutlich gewaltsame Aufklärung. Demnach geht der Tanz wieder los. Major Schmeller hat recht. Scheint wieder einmal eine bewegte Nacht zu geben. Ich glaube, Herr Emser, wir legen die kommodere Montur an. Nix Gewisses weiß man nie in diesem kreuzverdammten Orlog.«

Ich stimmte ihm zu. Im Schlafraum wechselten wir die Uniform. In der Brusttasche meiner Khakifeldbluse, die inzwischen gesäubert und ausgebügelt worden war, knisterte unter dem Soldbuch Inges letzter Feldpostbrief. Ich brauchte ihn nicht mehr zu lesen. Jedes Wort des Inhalts kannte ich auswendig. Der Brief war in Oberstdorf aufgegeben worden, wo Inge sich aufhielt, seitdem unsere kleine Wohnung ausgebrannt war. Er enthielt die Mitteilung, Frau Metzelbrod, die Witwe meines einstigen Regimentskommandeurs, und deren Schwiegertochter, die schon seit Januar 42 verwitwet war, hätten Inge aufgefordert, sie in Duisburg zu besuchen.

»Ich fahre heute«, schrieb Inge. »Ich weiß, es ist in Deinem Sinn. Die beiden haben es so schwer ...«

Ich tastete nach dem Brief, aber etwas Unbestimmtes, eine unerklärliche Scheu, hielt mich davon ab, das engbeschriebene Blatt aus der Tasche zu ziehen. Bei den letzten Gefechten war der Brief wie ein schützender Talisman bei mir gewesen.

Eine Ordonnanz erschien im Bunker. »Herr Oberleutnant Emser zum Herrn General!«

Ich stand von dem wackeligen Stuhl auf. Auf einmal wurden mir die Knie weich. In der Narbe an meinem linken Bein stach es wie ein Dutzend Nadeln. Der Gefreite von der Registratur führte mich zum Wohnbunker des Divisionskommandeurs. Ich betrat den kleinen Raum, der mit seiner dürftigen Einrichtung an eine Zelle in einer Kasematte erinnerte.

Der General empfing mich stehend. »Emser«, sagte er, »Oberleutnant Emser, es fällt mir schwer, bei Antritt meines Kommandos einem verdienten Offizier Schmerz zu bereiten. Es liegt ein Fernschreiben vom Personalamt vor. Haben Sie dort Verbindungen, Emser?«

»Nein, Herr General«, antwortete ich. Meine Kehle war trocken, und meine Stimme kam mir fremd und verzerrt vor. Die wasserblauen Augen des Generals waren mit einem Ausdruck auf mich gerichtet, der nur kummervolle Anteilnahme bedeuten konnte.

»Ja, Emser«, sagte er zögernd. »Ihre Frau, Frau Ingeborg, nicht wahr, ist Ende Juli nach Duisburg gefahren, um die Familie Ihres ehemaligen Regimentskommandeurs zu besuchen.«

»Ist das denn nicht erlaubt, Herr General?«, fragte ich, steif vor innerer Abwehr. »Herr Oberst Metzelbrod ist zwar – es war da etwas – Kriegsgericht –, aber was haben seine Witwe und die Witwe seines Sohnes damit zu tun?«

Der General wehrte mit einer kurzen Handbewegung ab. »Darum handelt es sich nicht, Emser.« Er richtete sich straff auf, kam einen Schritt näher und legte mir die Rechte auf die Schulter. »Herr Oberleutnant Emser, ich habe die schwere Pflicht, Ihnen zu sagen: Ihre Frau ist bei einem feindlichen Luftangriff getötet worden.«

Ich fühlte, wie mein Blut dort zusammenströmte, wo mein Herz wie ein Hammer schlug. »Nein«, stammelte ich, »ich bitte gehorsamst – bitte gehorsamst, Herr General, nein!«

Auch seine Linke legte sich schwer auf ein zerfranstes, mit dem Silberstern versehenes Schulterstück, das einem zu gehören schien, der neben mir stand. Der General war dicht vor mir, aber ich sah ihn nicht. Ich sah Inge, wie blutverschmierte Hände sie unter qualmendem Schutt hervorzogen, ein lebloses Etwas, das nicht mehr lieben, nicht mehr weinen und nicht mehr lachen konnte.

Auf einmal fand ich meine Stimme wieder. »Und Frau Metzelbrod?« fragte ich. »Und Anneliese Metzelbrod? Auch tot, Herr General?«

»Nein. Verletzt, aber am Leben. Emser, was kann ich für Sie tun? General von Mahler hatte die Absicht, Sie mit dem Flugzeug nach Duisburg zu schicken. Dafür ist es wohl zu spät.«

»Jawohl, Herr General«, sagte ich tonlos, »zu spät.«

In Duisburg, einer Stadt, die sie zum ersten Mal in ihrem Leben besucht hatte, war Inge beerdigt worden, vielleicht in einem Massengrab mit ungezählten anderen Bombenopfern.

»Ich melde mich zurück an die Front, Herr General«, sagte ich entschlossen.

Er schüttelte den Kopf. »Emser, wir müssen die Verfügung eines Toten respektieren. Es war der ausdrückliche Wunsch meines Vorgängers, Sie beim Stab zu haben. Gehen Sie jetzt, Oberleutnant Emser. Ich muss zum Korps. Es hat nicht weit von hier einen vorgeschobenen Gefechtsstand eingerichtet. Mag sein, dass sich schon in kurzer Zeit das Schicksal des Kubanbrückenkopfes entscheiden wird. Diese Nacht wird auch Ihnen Arbeit bringen! Gehen Sie an Ihren Dienst, Oberleutnant Emser!«

Ich war wie ein Schlafwandler, einer, der mechanisch den Arm zum Gruß hob, sich militärisch stramm zum Gehen wandte, eine Treppe hinauftappte, über Schutt und Balken stolperte und eine andere Treppe hinunterstieg.

»Um aller Heiligen willen!«, hörte ich jemanden ausrufen, der mir verschwommen wie Hauptmann Peterhans vorkam.

»Es ist aus«, sagte meine Stimme, ohne dass ich ihr den Befehl dazu gab, »alles ist aus – aus – aus.«

Der Hauptmann schloss mich wie ein Vater in seine Arme, er drückte mich an sich. »San S' g'scheit – san S' g'scheit! Was hat's denn 'geben? So reden S' doch, Herr Emser!«

»Meine Frau ist tot«, stammelte ich und fühlte, wie es mir nass über die Wangen rann.

Der Hauptmann führte mich zu meinem Stuhl, drückte mich nieder wie ein Kind und entfernte sich mit den Worten: »Gleich – gleich bin ich wieder da.« Er kam zurück, stellte zwei Gläser und eine angebrochene Kognakflasche auf den Tisch, schenkte hastig ein und murmelte: »Trinken S' – um Gottes willen, trinken S', mein Lieber! Sie san ja ganz grau im G'sicht.«

Vielleicht war es das anheimelnde Tirolerisch, das mich wieder zu mir brachte. Ich sah die Berge vor mir, die ich im Sommer und Winter mit Inge bestiegen hatte. Diese Bilder gaben mir Trost. Dort war die Welt unserer gemeinsamen Erinnerungen – nicht in Duisburg, wo grausame Mächte ihr junges Leben ausgelöscht hatten, und nicht am Kubanbrückenkopf.

Plötzlich musste ich an das Flugblatt denken, an die Worte: »Taman ist euer Tod!« Vielleicht waren es doch nicht pure Demagogie und Feindpropaganda, sondern das Wissen um Vorbereitungen zu einer Vernichtungsschlacht, von der wir nichts ahnten. Vielleicht war uns auf dem Kubanbrückenkopf, der im Norden, Westen und Süden vom Meer umspült wurde, das gleiche Schicksal bestimmt, das die 6. Armee in Stalingrad erlitten hatte. Womöglich waren überhaupt alle zum Untergang verurteilt, die unter dem Oberbefehl des Gefreiten mit der Generalsmütze standen, dessen Bild an der Bohlenwand des Stabskasinos hing. Dessen wahnwitzige, selbstzerstörerische Strategie bot dem Feind immer neue Gelegenheit zu Gegenschlägen, die einen anderen als den deutschen Soldaten längst zermürbt haben würden. Und war nicht er es, der die feindlichen Luftflotten gerufen hatte, die den Tod in die Heimat trugen? Saß nicht er als unsichtbarer Bombenschütze in jeder der Maschinen, die Nacht für Nacht ihre vernichtende Fracht über den deutschen Städten abluden?

Von Bitterkeit, Zorn und Trauer erfüllt, nahm ich das Glas, das Hauptmann Peterhans mir reichte, und leerte es in einem Zug. Er füllte es sofort von Neuem. Um mich zum Trinken zu ermuntern, hielt er eifrig mit. Wie oft bewahrte der Alkohol uns damals vor der Verzweiflung.

Als die Flasche bis auf den letzten Tropfen geleert war, vertiefte ich mich, eine Zigarette nach der anderen qualmend, in das, was der General als meinen Dienst bezeichnet hatte. Die Ic-Meldungen der letzten Tage mussten in eine klar verständliche Form gebracht werden. Hauptmann Scheffler hatte nur fragmentarische Informationen vom vorgeschobenen Gefechtsstand durchgegeben, und die Weisungen vom Korps waren seit Tagen nicht ausgewertet worden.

Bei der Durchsicht des Materials fiel mir auf, dass Hauptmann Peterhans nirgends die Ergebnisse seines angeblich so erfolgreichen Funkspiels mit der Russin und deren beiden Genossen vermerkt hatte. Ich fragte ihn danach. Über sein an Mimik reiches Schauspielergesicht glitt ein melancholisches Lächeln. »So einfach ist das alles nicht, hören S'«, sagte er ausweichend. »Die drüben kommen ja auch nicht vom Mond.«

»Das verstehe ich schon«, gab ich zu. »Aber wir brauchen doch etwas Greifbares, das den Einsatz der Agenten rechtfertigt.«

»Kriegen S' ja«, sagte Hauptmann Peterhans. »Kriegen S' alles. Warten wir ab, was ich aus den Gefangenen heraushole, die bald hier sein müssen.«

»Um es dem russischen Funker-Trio zuzuschreiben?«, warf ich fragend ein.

Anstelle einer Antwort meinte der Hauptmann: »Brächten Sie es denn fertig, das Mädel und die beiden Burschen ans Messer zu liefern?«

Was sollte ich darauf sagen? Mit Problemen dieser Art war ich niemals belastet worden, weder als Adjutant im Regiment von Oberst Metzelbrod noch als Kompanieführer im Bataillon von Major Wilhelmi. Ich fragte mich, wie Hauptmann Peterhans das gefährliche Spiel, in das er sich offenbar eingelassen hatte, auf die Dauer durchhalten wollte. Und was mochte Hauptmann Scheffler, der erfahrene Jurist, dazu sagen? Das Ic-Geschäft war offenbar erheblich vielschichtiger, als ich es mir vorgestellt hatte. Wie unkompliziert war dagegen das Dasein des Infanteristen! Er hatte den Feind vor Augen, den es abzuwehren galt, wenn man nicht selbst dran glauben wollte.

Hauptmann Peterhans deutete mein Schweigen falsch. »Vergessen Sie 's«, sagte er. »Sie brauchen Ihr Gewissen nicht mit dem zu beschweren, was ich da vorhin angedeutet hab. Die Verantwortung trag' ich allein. Ich lass mich nicht zum Barbaren umschulen. Ich bin ein Mensch – auch in Uniform.«

Ein Mensch in Uniform! Ich hatte den Vormarsch im Sommer und Herbst 41 und den Winterkrieg am Donez an der Seite eines Mannes erlebt, der dem gleichen Grundsatz bis zum bitteren Ende treu geblieben war. Im Juli, als ich nach kurzer Ruhezeit mit meiner Kompanie nach vorn in die Stellung gerückt war, hatte ich diesen Mann, meinen einstigen Kommandeur, wiedergesehen – auf einer Totenbahre, das Gesicht grau und verfallen, ein Ausgestoßener, der mit ungezählten anderen vom Bewährungsbataillon als wertloses Kanonenfutter »verheizt« worden war.

»Sie haben sich viel vorgenommen, Herr Hauptmann«, sagte ich.

Hauptmann Peterhans lächelte nachsichtig. »Meinen Sie, junger Kamerad? Ich glaub', im Prinzip denken Sie nicht anders.«

Schwere Schritte polterten die Treppe herunter. Ein Landser erschien, stoppelbärtig, mit ausgezehrten Wangen. Zu seinen Knobelbechern trug er speckige Tropenshorts. Seine Rommelbluse war an mehreren Stellen eingerissen. Der Stahlhelm, den er in den Nacken geschoben hatte, war mit eingetrocknetem Lehm beschmiert. Der Mann blinzelte ins Licht, während er den Kolben seines Karabiners lässig an die Fußspitze heranzog.

»Gefangenentransport zur Stelle«, meldete er.

Hauptmann Peterhans nickte. »Schön. Nur 'runter mit dem Volk! Wie viele sind's, Gefreiter?«

»Fünf – ein Leutnant und vier Mann, Herr Hauptmann. Zuerst waren's sechs. Aber einer hat nicht mehr mitkönnen, war am Bein verwundet, ein Loch bis zum Knochen.«

»Wo habt ihr den gelassen?«, fragte Hauptmann Peterhans.

»Ja, das war nämlich so, Herr Hauptmann! Der Iwan war schon beinah ausgeblutet. Wir dürfen uns nicht unnötig aufhalten. Müssen morgen früh wieder in der Stellung sein. Er hätte es doch nicht mehr lange gemacht, Herr Hauptmann.« Der Landser grinste verlegen.

Hauptmann Peterhans winkte ab. »Ich weiß genug. Also 'runter mit den Gefangenen!«

Während der Landser die Treppe hinaufstieg, sagte der Mann, der auch in Uniform ein Mensch bleiben wollte: »Ist das nicht grauenvoll, Herr Emser? Dieser Gefreite ist vielleicht ein braver Familienvater, der sehnsuchtsvolle Briefe nach Hause schreibt.«

Ich wusste, dass niemand sich zum Gefangenentransport drängte. Sobald sich der Landser von seiner Einheit entfernte, fühlte er sich ausgesetzt und verlassen. Jedes Mittel war ihm recht, wenn es ihm nur dazu verhalf, rasch zu seiner Kompanie zurückzukommen. Vom Divisionsstab aus betrachtet, sah der Krieg anders aus. Im Stab wusste man nicht, wie mörderisch er war und was das Handwerk des Tötens aus Männern machte, die es auf Befehl betrieben.

Hauptmann Peterhans kurbelte aufgebracht am Fernsprecher. Als die Vermittlung sich meldete, ließ er sich mit der Stabswache verbinden und gab Befehl, den Führer des Kosakenzuges mit zwei Mann zur Abteilung Ic zu schicken.

»Die Bolschewikenfresser sind recht brauchbar bei den Verhören«, sagte er, nachdem er aufgelegt hatte. »Natürlich ist's ein Einschüchterungsmittel, aber entschieden harmloser als die viehischen Foltermethoden, wie SD und Geheime Feldpolizei sie anwenden.«

Der Landser, der die Ankunft der Gefangenen gemeldet hatte, erschien wieder auf der Treppe. Ihm folgten der russische Leutnant und die vier Rotarmisten. Der Offizier, klein, dunkelhaarig, mit einem flachen, plattnasigen Gesicht und schrägen Schlitzaugen, trug eine gut sitzende erdbraune Uniform mit den wieder eingeführten breiten Schulterstücken der alten kaiserlich russischen Armee. Es war eines der Zugeständnisse, mit denen Stalin die vaterländischen Gefühle des russischen Volkes anzufachen versuchte. Auf dem Rundschädel des Leutnants saß die rot eingefaßte Offiziersmütze mit Sowjetstern und waagrecht vorspringendem Lackschild. Alles war sauber und neu. Ich fragte mich, ob der Stoßtruppführer über die Trichter des Vorfeldes hinweggeschwebt war. Die vier Soldaten dagegen in ihren fahl ausgeblichenen Kittelblusen, derben Spaltlederstiefeln und windigen Krätzchen auf den kahlgeschorenen Schädeln erweckten den Eindruck, als habe man sie aus einem Schlammloch gezogen und längere Zeit in die Sonne zum Trocknen gelegt. Ein Ausdruck dumpfer Schicksalsergebenheit lag auf ihren bäuerlichen Gesichtern. Wenn sie in Massen auftraten, dicht bei dicht und ihr kehliges »Urrraa« brüllend, waren die gleichen Gestalten, die als Einzelwesen armselig und mitleiderregend wirkten, furchterweckende Dämonen, bei deren Anblick beherzte Männer die Nerven verlieren konnten.

Der Gefreite machte wieder die Andeutung einer Ehrenbezeugung und zog sich gemächlich zurück. Hauptmann Peterhans und ich waren mit den fünf Russen allein. Der Leutnant blickte mit hochmütig verschlossener Miene in einen Winkel, während die vier

Soldaten mit kläglichem Grinsen Sympathie und Milde zu erregen suchten. Als die drei Kosaken sich hackenknallend meldeten, erstarrten ihre Gesichter in ängstlicher Spannung.

Hauptmann Peterhans gab den Kosaken auf Russisch einen Befehl. Zwei von ihnen trieben daraufhin die vier Rotarmisten, die aufdringlich nach Schweiß, Machorka und säuerlichem Brot rochen, durch unseren Schlafraum in den angrenzenden Stollengang. Der Führer des Kosakenzuges blieb zurück. Er war kaum größer als der Leutnant der Roten Armee, hatte ein kühn geschnittenes Piratengesicht mit grauen Raubvogelaugen und krumme Reiterbeine. Zur schwarzen Lammfellmütze trug er über der grauen Feldbluse einen rotseidenen kapuzenartigen Baschlik. In seinem Koppel steckte neben der Pistolentasche ein langer Krummdolch mit ziselierter Silberscheide. Wortlos stand er, die Arme vor der Brust gekreuzt, neben Hauptmann Peterhans und musterte den Gefangenen mit finsterem Blick. »Bolschewikenfresser« schien mir die richtige Bezeichnung für ihn zu sein.

Bevor Hauptmann Peterhans mit dem Verhör begann, sagte er, zu mir gewandt: »Gehen Sie schlafen, Herr Emser. Sie haben heut genug mitgemacht. Wer weiß im Übrigen, was die Nacht noch bringt.«

Nur allzu gern folgte ich der Aufforderung. Ich hatte immer ein ungutes, bedrückendes Gefühl gehabt, wenn wehrlose Gefangene ausgefragt wurden. Im Nebenraum legte ich meine Feldbluse und die Stiefel ab und streckte mich auf dem Bett meines Vorgängers aus, der bei einem Tieffliegerangriff getötet worden war. Während ich mit halbem Ohr den russischen Stimmen lauschte, die nebenan eine friedliche Unterhaltung zu führen schienen, überkam mich wieder der Schmerz, den ich eine Zeit lang hatte betäuben können. Ich schloss die Augen und presste beide Fäuste gegen die Ohren. Mir war es, als neige sich Inges Antlitz blutüberströmt zu mir nieder. Ich warf mich herum, doch das Bild wich erst von mir, als der Schlaf mich hinwegführte aus einer trostlosen Gegenwart, in der es nur noch Leid und Tod und Tränen gab.

Meldung für die Front

Ein markerschütternder, schwerer Schlag weckte mich. Etwas polterte hart auf den festgestampften Lehmboden des Bunkers. Gleichzeitig hörte ich im Dunkeln die Stimme von Hauptmann Peterhans.
»Emser, Sie schlafen wie ein Toter. Sie verschlafen den Weltuntergang.«
Von Neuem dröhnte es über unseren Köpfen. Ich tastete nach meiner Taschenlampe. In meinem Gefechtsstand hatte ich sie beim ersten Griff zur Hand gehabt. Endlich fand ich die Lampe und knipste sie an. Alles war unverändert. Eine abgestützte Höhle, in der drei Feldpritschen mit Wehrmachtsdecken standen. Zwei davon waren nicht benützt. Demnach hatte Hauptmann Peterhans die ganze Nacht gewacht. Ein Blick auf meine Uhr zeigte mir, dass es vier Uhr morgens war. In 20 Minuten musste die Sonne aufgehen.
Die schweren Schläge hielten an. Der Bunker zitterte wie bei einem Erdbeben. Die mächtigen, roh behauenen Stützpfosten ächzten, als pressten Tonnengewichte sie zusammen. Ein großer Betonbrocken war aus der Decke gebrochen. Trockenes Erdreich rieselte herab. Ich fuhr in meine Stiefel und zog die Khakibluse über.
 Wieder folgte der Krach einer ungeheuren Detonation. Ich duckte mich unwillkürlich. Mit solchem Kaliber hatten die Russen im Februar Krymskaja beschossen. Damals waren es weittragende Schiffsgeschütze

gewesen. Als ich die Decke beiseiteschob, die den Schlafraum abschloss, erblickte ich Hauptmann Peterhans im schwachen zuckenden Schein eines Hindenburglichtes. Sein Gesicht unter dem Kranz aus grauen Haarbüscheln war bleich und übernächtig.

»Ich ruf' Sie schon die ganze Zeit«, sagte er. »An der Front ist seit ein Uhr früh die Hölle los. Der General war auf dem vorgeschobenen Korpsgefechtsstand und ist von dort nach vorn gefahren. Alle Leitungen sind zerschossen. Die Störungssucher sind seit Stunden unterwegs. Und die Funkverbindung klappt natürlich nicht, wie immer, wenn's brennt. Ich weiß nicht mehr, wo mir der Kopf steht, Emser. Jetzt ist auch noch das Stromaggregat ausgefallen.«

»Wo sind denn die Gefangenen?«, fragte ich, noch leicht benommen vom tiefen Schlaf der Erschöpfung. »Das ist's ja«, versetzte der Hauptmann und fuhr sich nervös mit den Fingern durch sein spärliches Haar. »Die Gefangenen sind weg, längst zur Sammelstelle transportiert. Wichtig ist das, was der Leutnant ausgesagt hat. Ein Turkmene – Moslem. Kommt aus Tiflis. Eine neu aufgestellte Schützendivision, die vorgestern in Krasnodar ausgeladen worden ist, steht seit gestern vor unserem Abschnitt. Der Leutnant hat sich zu dem Stoßtruppunternehmen gemeldet, weil er zu uns 'rüber wollte. Hasst aus Religionsgründen die Bolschewiken. Hat ganz nett ausgepackt. Müssen es melden, Emser. Aber wie, verdammter Saustall, wie?«

»Haben Sie's dem Korpsstab berichtet?«, fragte ich in dem Bewusstsein, dass das Auftauchen einer neuen feindlichen Division für unsere dünn besetzte Front eine tödliche Bedrohung bedeutete.

»Ja«, sagte Hauptmann Peterhans, »längst! Oberst Malchow hat es an die Armee weitergegeben. Aber in erster Linie muss es unsere Führung wissen. Wenn der Stoß kommt, muss er von uns aufgefangen werden, nicht vom Armeeoberkommando in Starotitarowskaja.«

»Glauben Sie, dass ein Kradmelder durchkommt?«, fragte ich.

Der Hauptmann schüttelte den Kopf. »Alles schon versucht. Zu zweit sind sie losgefahren. Der eine ist verwundet zurückgekommen, der andere liegt tot unter der Maschine.«

»Haben Sie die Meldung schriftlich?«, fragte ich.

Er wies auf einen Zettel, der mit eingetrocknetem Blut bespritzt war. »Der Verwundete hat's wieder abgeliefert.«

»Geben Sie es her«, sagte ich. »Will sehen, dass ich es zu Fuß schaffe.«

Der Hauptmann hob entsetzt beide Hände. »Unmöglich, Emser. Hören Sie's denn nicht? Wie wollen Sie aus diesem Höllennest hinauskommen?«

»Versuchen muss man's«, entgegnete ich.

Hauptmann Peterhans zuckte resigniert die Schultern. »Wenn Sie's riskieren wollen?«

Ich holte im Schlafraum Stahlhelm und Maschinenpistole. Den Zettel, der die Angaben des turkmenischen Leutnants enthielt, schob ich unter mein Soldbuch in die Tasche, in der Inges letzter Brief steckte.

»Hals- und Beinbruch, Emser«, murmelte Hauptmann Peterhans. Ich habe ihn nicht wiedergesehen. Ich stieg die Treppe hinauf und gelangte durch den Ausgang, der im toten Winkel angelegt war, ins Freie. Sogleich zwang mich ein naher Granateneinschlag zu

Boden. Bevor ich mich aufrichtete, blickte ich zum Himmel hoch. Er verhieß, wie seit Wochen, sonniges Sommerwetter. Nur vereinzelt trieben rosig angehauchte Wölkchen über das zarte Blau der Morgenfrühe.

»Auf!«, befahl ich mir, sprang hoch und jagte in großen Sätzen durch das Trümmerdorf, in dem es nichts mehr zu zerstören gab. Wieder fauchte es und schlug mit Donnergetöse ein. Schutt wurde hochgewirbelt und prasselte als Steinregen herab. Als der Splitterhagel sich gelegt hatte, war ich schon wieder auf den Beinen. Ich pumpte Luft wie ein Skiläufer, dem bei einer rasenden Schussfahrt der Atem wegbleibt. Diesmal schaffte ich es bis zum Ortsrand des toten Dorfes. Die Beschießung der Trümmerstätte mutete wie Leichenschändung an. Schrilles Jaulen – dumpf dröhnendes Bersten. Vor mir, neben mir, hinter mir.

Beim nächsten Sprung erreichte ich den Wiesenhang, auf dem einmal das Vieh von Pokrowskaja geweidet hatte. Die grüne Fläche war mit Trichtern übersät. Aber die Trichter boten Deckung und zugleich ein Gefühl der Geborgenheit. Ein jeder von uns glaubte an das Märchen, dass dort nichts mehr hinkam, wo es schon einmal eingeschlagen hatte.

Die erste Atempause gab es in der Balka, der Schlucht, die sich unterhalb von Pokrowskaja hinzog. An ihrem Grund war ein halb versickerter Bach. Ich warf mich nieder, tauchte mein Gesicht in das kühle Nass einer kleinen Gumpe, stand auf und kletterte die jenseitige Böschung hinan. Ein Hain von Nussbäumen, der fast unversehrt war, nahm mich auf. Der düstere Trommelwirbel des Artilleriekampfes begleitete meine

Schritte. Als die schwer mit grünen Nüssen beladenen Bäume zurückblieben, öffnete sich vor mir der Blick auf den kahlen Höhenzug, auf dessen Kamm unsere Hauptkampflinie entlanglief. Wie graue Bäume mit breiten Kronen wuchsen die Qualmfontänen pausenloser Granateinschläge aus dem Hang hervor, ein sich ständig verändernder, verwehender und neu entstehender Gespensterwald, der sich schließlich zu einer schmutziggrauen Wolkenwand verdichtete, hinter der die Sonne, die soeben emporgekommen war, verschwommen flammte. Träg stiegen die grauen Schwaden auf und verschleierten das flimmernde, lichte Blau des Himmels. Ein lauer Wind wehte beißenden Pulvergeruch vom Gefachtsfeld heran.

Plötzlich sah ich rote Leuchtkugeln hochschießen. »Feind greift an!« Jetzt sprangen die Landser in den Kampfgraben, soweit er noch bestehen mochte, und begannen in einen Menschenhaufen zu feuern, der mit der gleichen Absicht zu töten heranrückte.

Ein schwingendes Brummen und Röhren ließ mich aufblicken. Von Westen zogen neun Stuka in raschem Flug über den Himmel. Sie flogen über mich hinweg. Es waren deutsche Maschinen des Typs Ju 87, aber die Piloten waren Rumänen. Über der Hauptkampflinie kippten sie ab zu heulendem Sturzflug. Donner schwoll an, riesige schwarze Pilze quollen hoch. Die Leuchtkugeln wechselten die Farbe. Die Hauptkampflinie schoss Grün, ein Zeichen, dass die Bomben zu nah niedergegangen waren. Grün hieß: »Hier sind wir!«

Die Flugzeuge stiegen empor und wandten sich in einer Schleife zurück nach Westen, während die russische Flak den Himmel grau betupfte.

Ich ging so schnell es mein verletztes Bein erlaubte und gönnte mir keine Atempause mehr. Womöglich war es, wenn ich den vorgeschobenen Gefechtsstand der Division erreichte, schon zu spät. Ein Hügel reihte sich an den anderen. Es gab keinen Weg, aber dafür wurde das Zwischengelände auch nicht unter Feuer genommen. Die Nachschubstraße dagegen, deren Kehren ich zeitweilig erblickte, war das Ziel immerwährender, bald da, bald dort niedergehender Granatüberfälle. Die Hitze nahm zu. Schweiß rieselte mir über das Gesicht, über Brust und Rücken, aus den Achselhöhlen und über die Schenkel hinab.

In der Deckung eines steil abfallenden Hanges war ein Halteplatz für Krankenwagen. Die Fahrer und Krankenträger schlenderten rauchend umher. Einer der Wagen stand mit laufendem Motor. Die Besatzung war schon aufgesessen.

»Wohin?«, fragte ich den Fahrer.

»Zum alten Gefechtsstand von Herrn Oberst Staufer«, sagte er mit ernstem Gesicht. »Wollen Sie mitkommen, Herr Oberleutnant? Wird allerdings 'ne Himmelfahrtsfuhre werden. Von hier bis zur Balka gibt's mächtig Zunder.«

Ich stieg auf das Trittbrett und hielt mich mit beiden Händen fest. Der Wagen mit dem Roten Kreuz schaukelte über freie, leicht ansteigende Hänge. Von Zeit zu Zeit rauschte ein Koffer über uns hinweg.

»Heut gibt's für uns Hochbetrieb«, sagte der Fahrer. »Sicher gehen wieder 'n paar von unseren Kästen drauf.«

Als er dies sagte, ahnte er wohl nicht, dass sein eigener »Kasten« als Erster zusammengeschossen werden würde. Es kam schneller, als ein Gedanke entsteht. Ich hörte ein Rauschen, ließ mich fallen, kam auf meine rechte Hand auf und spürte einen schneidenden Schmerz im Handgelenk. Als ich den Kopf hob, brannte der Wagen, dessen Vorderteil nicht mehr vorhanden war. Zwei Mann sprangen hinten ab und rannten schreiend davon. Der Fahrer und der Beifahrer waren nur noch eine einzige blutige Masse, die zwischen dem Gewirr von Blech und verbogenen Eisenteilen hing.

Die Balka, in der bis vor vier Tagen unser Regimentsstab gelegen hatte, war nah. Als ich sie erreichte, hatte ich mich halbwegs wieder gefasst. Aber meine rechte Hand baumelte wie ein Fremdkörper am Gelenk. In Wellen durchfuhr mich flaue Übelkeit. Vor einem der Bunker sah ich den Divisionsstander. Mit einem Satz rettete ich mich vor einer heranjaulenden Granate in die mit Bohlen verschalte Schleuse, die als Eingang diente.

Mit der Linken grüßend trat ich vor den General, der neben Oberstleutnant Frisch, dem Ia, am Kartentisch stand. Rotblonde Bartstoppeln bedeckten sein Kinn. Auch der Ia war unrasiert.

»Emser«, rief General Scheufele aus, »wie kommen Sie hierher?«

»Größtenteils zu Fuß, Herr General«, antwortete ich. »Es war der sicherste Weg.«

Unbeholfen zog ich mit der linken Hand den Zettel mit der Meldung aus der Tasche. Dabei glitt Inges Brief heraus und fiel zu Boden. Ich bückte mich danach, aber wohl etwas ungeschickt, denn Oberstleutnant Frisch kam mir zuvor. Dabei fiel sein Blick auf meine rechte Hand. »Um Gottes willen, Mensch«, rief er aus. »Was haben Sie mit Ihrer Hand gemacht? Verwundung?«

»Nein, Herr Oberstleutnant«, erwiderte ich. »Diesmal ist's wohl nur ein Bruch. Bin etwas heftig von einem Sanka abgesprungen, der auf der Fahrt hierher einen Volltreffer abbekommen hat.«

Ich überreichte dem General das blutbespritzte Blatt. Er blickte darauf und nickte bedächtig: »Also doch. Wie wir vermutet haben, eine nagelneue Division.«

Anstelle einer Antwort winkte der Ia den Unteroffizier heran, der im Hintergrund des Bunkers an einem Funkgerät hantierte.

»Funkspruch ans Korps«, befahl Oberstleutnant Frisch scheinbar unbewegt. »Erbitten nochmals Bereitstellung von Sturmgeschützen und Reserven. Bei Eingreifen von neu festgestellter Feinddivision eigene Kräfte nicht ausreichend.«

Der Unteroffizier wiederholte den Spruch, ging an sein Gerät und drehte an den Knöpfen, bis er die Frequenz der Korps-Funkstelle bekam.

Der Oberstleutnant wandte sich wieder zu mir. »Schöne Geschichte, Emser. Wo hat es Sie eigentlich noch nicht erwischt? Sie kennen ja den Sanitätsbunker. Lassen Sie sich erst mal verarzten.«

General Scheufele beachtete mich nicht mehr. Durch eine goldgefasste Lesebrille starrten seine wasserblauen Augen auf die Karte, als sei sie ein Orakel, das ihm Sieg oder Niederlage voraussagen könne. Was er sah, war dürftig genug. Die Einzeichnungen von ein paar ausgebluteten Bataillonen, unter denen sich auch das Bewährungsbataillon 500, die Sammelzelle der Ausgestoßenen, befand. Als ich den Befehlsbunker verließ, hörte ich ihn murmeln: »Nur zu hoffen, dass die Ersatzkompanie bald eintrifft ...«

Der geräumige Sanitätsunterstand, an dessen Eingang eine Rot-Kreuz-Fahne hing, war mit Verwundeten voll belegt. Einige lagen auf Stroh, andere hockten trübselig auf leeren Munitions- und Verpflegungskisten. Ein junger Assistenzarzt arbeitete, von einem Sanitätsunteroffizier und einem Gefreiten unterstützt, in aufgekrempelten Hemdsärmeln. Seine Hände waren rot von Blut. Über sein Gesicht rann Schweiß. Der Tisch, an dem er gerade einen Unterschenkel-Schussbruch verband, bestand aus einer Tür, die auf vier Holzpfählen ruhte. Der Mann, der darauf lag, knirschte vor Schmerzen mit den Zähnen.

Der Arzt blickte kurz auf, als ich eintrat. »Was gibt's?«

Ich wies wortlos meine gebrochene Hand vor.

»Feindeinwirkung?«, fragte er.

»Ja«, sagte ich. »Ein Krankenwagen, der vermutlich zu Ihnen gehört, ist auf der Strecke geblieben. Ich bin rechtzeitig abgesprungen.«

»Schwein gehabt«, brummte der Arzt, gab dem Sanitätsgefreiten einen Wink und wandte sich wieder dem Verwundeten zu.

Der Gefreite legte mir eine Drahtschiene und eine Bandage an. »Bis zum Hauptverbandsplatz kommen Sie damit, Herr Oberleutnant«, sagte er und händigte mir den Krankenzettel aus. Damit war ich abgefertigt. Ich kehrte zum Befehlsbunker zurück.

»Na also«, sagte Oberstleutnant Frisch. »Wollen Sie was futtern, Emser?« Er wies auf ein paar mit Wurst belegte Brote. »Nehmen Sie sich ruhig davon!«

Ich folgte seiner Aufforderung und merkte erleichtert, wie das flaue Gefühl verschwand.

Der General lag auf dem schmalen Lehmsockel, der bis vor Kurzem Oberst Staufers Bunkerbett gewesen war. Es sah aus wie ein Sarkophag. Oberstleutnant Frisch gab mir eine Zigarette. »Der Feind bohrt wieder an derselben Stelle wie neulich«, sagte er. »Unsere Verluste sind enorm. Aber vorerst wird die Stellung noch gehalten, wie ich aus der letzten Funkmeldung entnehme. Fragt sich nur, wie lange das gut geht, wenn der Druck in gleicher Stärke wie bisher anhält.«

Das Licht, das spärlich von draußen in den Bunker fiel, wurde durch eine Gestalt verdunkelt, die zögernd nähertrat. Es war ein Infanteriefeldwebel im Stahlhelm. An seiner rechten Schulter hing die Maschinenpistole. Im Koppel steckten Stielhandgranaten. Sein erhitztes, schmales Gesicht wirkte verstört, als sei er soeben einer Katastrophe entronnen.

»Was ist los? Wer sind Sie?«, fragte Oberstleutnant Frisch, der seinem Namen alle Ehre machte. Ermüdung und Erschöpfung schien er nicht zu kennen.

Der Feldwebel richtete sich auf. »Dritte Kompanie, Feldersatz-Bataillon 347«, meldete er.

Der General sprang von seinem Lehmsarkophag auf. »Endlich!«, rief er mit sichtlichem Aufatmen aus. »Wo steckt denn Ihr Kompaniechef, Feldwebel?«

Der Feldwebel zuckte mit einer hilflosen Gebärde die Schultern. »Herr General«, stammelte er, »Herr General – Herr Hauptmann Wellhoff und sieben Mann – Granatvolltreffer, Herr General.«

General Scheufele fuhr sich mit der schmalen Rechten über die faltenreiche hohe Stirn. »Sie führen die Kompanie, Feldwebel? Kennen Sie den Weg zur vorderen Linie?«

»Nein, Herr General«, antwortete der Feldwebel. »Bin erst vor acht Tagen mit einem Marschbataillon zum Kuban gekommen.«

»Keine Fronterfahrung im Osten?«, fragte der Ia.

»Nein, Herr Oberstleutnant«, antwortete der Feldwebel. »Ich war bisher in Norwegen.«

»Es ist zum Aus-der-Haut-Fahren!«, rief der General aus. »Diese Widerstände, diese Anhäufung von Widerständen! Wie soll man da noch führen?«

»Wenn Herr General gestatten, ich kenne den Weg«, sagte ich und trat einen Schritt vor.

General Scheufele musterte mich mit einem befremdeten Blick, als argwöhne er, ich sei plötzlich irrsinnig geworden. »Nein«, sagte er, »nein, Emser. Wer könnte Ihnen das zumuten?«

»Immer noch besser, als dass die Russen durchbrechen, Herr General«, bemerkte ich. Es war in diesem Augenblick meine volle Überzeugung.

»Herr General«, warf Oberstleutnant Frisch ein, »wenn wir die Kompanie nach vorn bringen wollen, müssen wir wohl oder übel auf Oberleutnant Emser zurückgreifen. Ich wüsste nicht, wer es sonst übernehmen sollte.«

Der General besann sich nur kurz. »Gut«, sagte er schließlich und wies auf die Karte. »Sie führen die Kompanie in die Hauptkampflinie, Emser. Sie berühren auf dem Weg den Gefechtsstand von Major Wilhelmi. Der Bataillonskommandeur soll entscheiden, wem die Kompanie unterstellt wird. Sie jedenfalls kommen zurück, sobald es die Verhältnisse erlauben!«

»Jawohl, Herr General«, sagte ich, »ich komme zurück.«

Wenn es gut geht, auf einer Krankentrage, dachte ich, aber es beunruhigte mich nicht. Ich hob die Linke grüßend an den Stahlhelm und wandte mich zum Gehen. Der Feldwebel folgte mir. Vermutlich war er zufrieden, dass einer ihm die Verantwortung abgenommen hatte.

Die dritte Kompanie des Feldersatzbataillons 347 lag in Deckung an einem Hang jenseits der Balka, in der sich der vorgeschobene Gefechtsstand befand. »Gefechtsstände näher am Feind« lautete die neueste vom Führerhauptquartier ausgegebene Devise, als ob man das Schicksal der Ostfront dadurch hätte wenden können, dass man die Arbeit der Stäbe behinderte.

Die Ersatzkompanie, die zur Verstärkung der dezimierten Grabenbesatzung dienen sollte, war ein zusammengewürfelter Haufen aus erfahrenen Fronthasen und zahlreichen Neulingen, die von dem, was unterwegs geschehen war, sichtlich beeindruckt waren.

»Alles hört auf mein Kommando!«, rief ich. »Waffen und Gerät aufnehmen! Stahlhelm auf! Ohne Tritt marsch!« Ich stieg den Hang hinan. In langer Reihe folgte mir die Kompanie, die nahezu die vorgeschriebene Gefechtsstärke aufwies. Nur Hauptmann Wellhoff, der Chef, und sieben Landser fehlten. Die russische Artillerie, die immer noch auf die Frontlinie trommelte, streute willkürlich und völlig unberechenbar Einzelschüsse ins Gelände, die unversehens von massierten Feuerüberfällen abgelöst wurden. Ohne Artilleriebeobachtung konnten sie nur nach der Karte schießen.

Im Juli war ich nach kurzen Ruhetagen den gleichen Weg gegangen. Damals hatte ich meine eigene Kompanie geführt, die jetzt unter Leutnant Lemke in »Krasnaja Swesda«, dem Erholungslager der Division an der

Schwarzmeerküste, Sonne und Wasser genoss, um nach der vom General verordneten Auffrischungszeit neu gestärkt wieder dort einzurücken, wo der Tod seit Wochen und Monaten immer neue Ernte hielt. Mit dem an der Ostfront erworbenen sechsten Sinn führte ich die Ersatzkompanie, auf die der General so große Hoffnung setzte, durch das von der Sonne vergoldete Hügelland der grauen Wand aus Pulverschwaden entgegen. Ohne Ausfälle gelangten wir in die Schlucht, in der Leutnant Lemke nach der Preisgabe unserer Stellung die Reste der Kompanie gesammelt hatte. Der von uns angelegte Duschplatz war von einer Granate zerstört worden. In dem tiefen Trichter bildete das aus dem Hang sprudelnde Quellwasser einen kleinen Teich.

Major Wilhelmi trat aus seinem Unterstand, der in die Steilwand der Schlucht gegraben worden war. In den wenigen Tagen seit meinem Abschied vom Bataillon schien er erschreckend gealtert. Über Funk war er bereits von meinem Kommen unterrichtet worden.

»Spaßiges Wiedersehen, was, Emser?«, rief er mir zu. »Aber bis hierher und nicht weiter! Wir übernehmen hier die Kompanie, und Sie hauen schleunigst ab!«

Er musste sich heftig anstrengen, um seiner Stimme in dem Brüllen und Getöse, das von vorn kam, Gehör zu verschaffen. Ich widersprach ihm nicht. Übertrieben zur Schau getragenes Heldentum war diesem im Feuer gehärteten Mann ein Greuel. Zudem war ein Gefühl völliger Apathie über mich gekommen. Während die Ersatzkompanie unter der Führung von Leutnant Stapf, dem Bataillonsadjutanten, in die bedrohte Stellung rückte, trat ich den Rückweg an. Ohne zu überlegen ging ich in Deckung, wenn es erforderlich war, nur dem gleichen Trieb gehorchend, der auch dem Schlafwandler vorschreibt, wie er seine Schritte lenken muss, um nicht vom Dach zu fallen. Ich merkte nicht einmal, dass das feindliche Artilleriefeuer zusehends nachließ, nachdem die Stuka einen neuen Angriff geflogen hatten.

Als ich im Befehlsbunker des vorgeschobenen Divisionsgefechtsstandes ankam, sah ich an der entspannten Miene des Generals, dass das Schlimmste wieder einmal abgewandt worden war. Oberstleutnant Frisch ruhte jetzt auf dem Sarkophag aus getrocknetem Lehm.

»Da sind Sie ja wieder, Emser«, sagte der General. »Sie gehen nach ›Krasnaja Swesda‹ und kommen erst zurück, wenn Ihre Hand ausgeheilt ist. Das ist ein Befehl. Ihr Gepäck wartet bereits bei der Quartierabteilung auf Sie. Kopf hoch und Gott befohlen!«

Mir war es bei den letzten Worten, als durchfahre mich ein Schlag. Den frommen Gruß hatte ich einmal in einem verschneiten Dorf am Donez gehört. Mein Regimentskommandeur hatte ihn ausgesprochen in einer Stunde, in der er sein eigenes Urteil gefällt hatte. Der General wandte sich wieder der Karte zu, die auf dem Feldtisch ausgebreitet lag. Ich trat hinaus ins grelle Mittagslicht, das wie eine Botschaft aus einer fernen, heiteren Welt in die Schlucht fiel, die am Morgen noch schattendüster gewesen war. Nach »Krasnaja Swesda«, dachte ich. »Krasnaja Swesda« hieß zu deutsch »Roter Stern«. Bis zu Beginn des zweiten deutschen Vormarsches im Sommer 1942 war der Badeort am Schwarzen Meer ein Ferienparadies für gehobene Chargen der Roten Armee gewesen. Nun war er, nächst dem spärlich bemessenen Urlaub, das Sehnsuchtsziel aller Angehörigen meiner Division. Doch ich versprach mir nichts davon.

Roter Stern am Schwarzen Meer

Auf dem Weg zur Quartierabteilung der Division kam ich am vorgeschobenen Gefechtsstand vorbei, den sich das Generalkommando des Jägerkorps auf einem Höhenrücken im Westen von Pokrowskaja eingerichtet hatte. In tiefen Erdgruben standen getarnte Zelte. Trotz der Frontnähe hatte sich in dem Zeltlager ein erstaunliches Freiluftleben entwickelt. Man sah nur entblößte, braungebrannte Oberkörper, Shorts und unbekleidete, behaarte Männerbeine. Auch Hauptmann Lutz, der Ic, bei dem ich vorsprach, um mich abzumelden, empfing mich in diesem unvorschriftsmäßigen Kostüm, zu dem sich als Einzige der Kommandierende General und Oberst Malchow, der Chef des Stabes, nicht entschließen konnten.

Der Hauptmann saß auf einem Feldstuhl vor seinem Zelt. Er stand auf, als ich näherkam, und ging mir einige Schritte entgegen.

»Ich habe es schon gehört«, sagte er zur Begrüßung. »Sie haben es nicht lange bei Hauptmann Scheffler ausgehalten.«

Er blickte nach Osten. Dort war jetzt alles ruhig. Nur von Zeit zu Zeit ertönte das Schnarren eines MG, das aus der Ferne wie blechernes Spielzeuggeräusch klang. »Uff«, meinte Hauptmann Lutz, »das wäre also für den Augenblick geschafft. Aber wir sind schon wieder am Drücker. Nach Gefangenenaussagen wird es morgen bei der 125. Infanteriedivision losgehen.« Er wies mit einer weit ausholenden Geste auf das sommerliche Land. »Geschändetes Arkadien – wenn es vielleicht auch geographisch nicht ganz zutrifft. Ich bin überzeugt, der Hirtengott Pan war hier zu Hause. Aber der Geschützdonner hat den genius loci vertrieben.«

»Sie haben wohl heute Ihren elegischen Tag, Herr Hauptmann«, warf ich ein.

Er lachte und fuhr sich über sein kurzgeschnittenes blondes Haar. »Das liegt daran, dass man mal das preußische Korsett losgeworden ist. Man kommt sich wie in der Sommerfrische vor. Nur dass es eben manchmal kracht.« Da ich nichts erwiderte, setzte er hinzu: »Also, Herr Emser, erholen Sie sich gut! Man hätte doch auch einen Urlaub für Sie herausschinden können. Es ließe sich noch machen. Ich brauche dem Kommandierenden nur ein Wort zu sagen.«

»Ich wüsste nicht, wohin, Herr Hauptmann«, entgegnete ich leise.

Er nickte. »Ach ja, ich weiß, Herr Emser. Es tut mir sehr leid.«

»Ich danke Ihnen, Herr Hauptmann«, sagte ich, verabschiedete mich und setzte meinen Weg fort.

Die Quartierabteilung der Division war in einer von dichtem Laubwald beschatteten Mulde untergebracht. Nicht weit davon hatte eine Sanitätskompanie unserer Division ein großes Zelt aufgeschlagen. Es war einer der drei Hauptverbandsplätze, die gegenwärtig in Betrieb waren. Eine Schlange gehfähiger Verwundeter wartete vor dem Zelt, neben dem ein Friedhof angelegt war. Ich setzte mich auf einen Baumstumpf, zündete mir mit der Linken eine Zigarette an und richtete mich aufs Warten ein. Von Zeit zu Zeit kam ein Sanitätssoldat in blutbesudelter Uniform aus dem Zelt und warf einen Arm, ein Bein, eine Hand oder einen Fuß in eine offene Grube. Einer von ihnen, ein junger Mensch, fiel mir deshalb auf, weil er die amputierten Glieder mit großer Behutsamkeit in die Grube versenkte. Der Junge begegnete meinem Blick und kam heran.

»Was soll's denn sein, Herr Oberleutnant?«, fragte er mit einer leisen, sanften Stimme, die die eines Priesters hätte sein können.

Ich wies meine geschiente Hand vor. »Ich glaube, ich muss einen Gipsverband bekommen.«

»Da sind Sie hier nicht richtig, Herr Oberleutnant«, sagte der junge Sanitäter bedauernd. »In Stoßzeiten arbeiten unsere Ärzte nicht mit Gips. Sind die Schmerzen schlimm? Wollen Sie eine Tablette? Die kann ich Ihnen geben.«

»Danke, mein Junge«, sagte ich. »Heben Sie Ihre Tabletten für andere auf, die sie nötiger brauchen.«

Ich verließ den Hauptverbandsplatz und begab mich zur nahen Quartierabteilung. Ein Leutnant von der Abteilung Divisions-Nachschub-Führer empfing mich. Er war von Hauptmann Scheffler, der während meines Aufenthaltes im vorgeschobenen Divisionsgefechtsstand gerade beim Regiment Staufer gewesen war, durch den wiederhergestellten Draht instruiert worden.

»Sie kommen zur richtigen Zeit, Herr Emser«, sagte der Leutnant. »Können noch einen Bissen essen. Dann fährt ein LKW nach ›Krasnaja Swesda‹ ab. Ihr Gepäck ist schon verladen. Oder brauchen Sie noch etwas?«

»Nein«, sagte ich. »Oder ist's dort so stinkvornehm, dass ich mich in dieser Kluft nicht zeigen kann?«

Der Leutnant lachte. »Ach wo! In ›Rot-Stern‹ läuft jeder 'rum, wie es ihm passt.«

Die offizielle Essenszeit war schon vorbei. Der Leutnant führte mich zur Feldküche, die sich im Freien etabliert hatte. Der Koch machte mir einen Teller zurecht und schnitt mir das Fleisch. Dann stellte er mir ein Glas Rotwein auf den aus Kistenbrettern gezimmerten Tisch. Der Leutnant hatte sich entfernt. Als ich mir nach dem Essen gerade eine Zigarette anzündete, kam er wieder und begleitete mich zu dem LKW. Ich nahm neben dem Fahrer Platz, einem alten Knochen, der, wie das schwarz-weiße EK-Band mit der Spange verriet, schon am Ersten Weltkrieg teilgenommen hatte.

»Wohl froh, dass Sie aus der Mühle draußen sind, Herr Oberleutnant?«, fragte er beim Anfahren.

»Ist doch überall der gleiche Mist«, antwortete ich.

»Könnten Sie recht haben«, meinte der alte Stabsgefreite und versank, eine klobige Pfeife schmauchend, in Schweigen.

Die holperige Straße, die er einschlug, war offensichtlich nur selten befahren. Sie schlängelte sich in südwestlicher Richtung durch bewaldetes Hügelland, das sich in friedlicher Stille unter der südlich heißen Sonne wellte. Von Zeit zu Zeit öffnete sich eine Lichtung, eine Siedlung tauchte auf, in der sich russische Zivilisten und ein paar müßig umherstehende Landser zeigten, die allem Anschein nach in bester Eintracht mit der Bevölkerung lebten. Die Sonne wanderte vor uns nach Westen. Der Stabsgefreite hielt mitunter an, verschwand im Wald, kam wieder und fuhr weiter. Allem Anschein nach hatte er reichlich Wein getrunken. Einmal sagte er: »Nur noch zwanzig Kilometer, Herr Oberleutnant.«

»Sie bringen Verpflegung zum Lager?«, fragte ich.

»Das weniger«, entgegnete er. »Ich hole ein paar Abgebräunte, die wieder an die Spritze müssen. Eigentlich ist's ja egal, ob man noch im Meer gebadet hat, bevor man ins Gras beißt.«

Es war eine sinnige Philosophie. Doch mehr davon ließ er sich nicht entlocken. Die zwanzig Kilometer waren etwa zur Hälfte zurückgelegt, als halb zur Rechten die Sonne blutrot unterging. Die Schatten der Dämmerung verdichteten sich über dem schweigenden Land. Der weite Himmel färbte sich violett. Wolken in rauchigem Rot schwammen darüber. Dann kam in einem Hain aus schirmartigen Pinien und hohen Zypressen das Ferienparadies »Krasnaja Swesda« in Sicht.

Die ganze Zeit hatte ich mich schon gefragt, ob ich Leutnant Lemke, Feldwebel Suhrmann und die anderen noch antreffen würde, die ich kurz zuvor beim Waschplatz hinter der Hauptkampflinie verlassen hatte. Der LKW fuhr vor einem Gebäude vor, an dessen Eingang ein Komsomolzen-Mädchen und ein Jüngling, beide aus Gips und sittsam mit Sporttrikots bekleidet, Wache hielten. Ein Witzbold hatte dem Jüngling einen durchlöcherten Stahlhelm aufs Haupt gesetzt.

Ich bedankte mich bei dem Fahrer und stieg aus. Ringsum verstreut standen kleine Bungalows mit grünen Blechdächern. Der ehemals weiße Anstrich war mit Tarnfarbe überschmiert. Auf einer runden Säule aus Gips erblickte ich einen großen roten Stern, das Wahrzeichen des Lagers. Das nahe Meer ließ sich nur durch leises Rauschen und Salzgeruch ahnen.

Ein Unteroffizier näherte sich mir mit der Beflissenheit eines Empfangschefs. »Alles ist vorbereitet, Herr

Oberleutnant«, sagte er. »Die Offiziersunterkünfte sind zweizimmerig. Ihr Quartiernachbar ist Herr Oberstleutnant im Generalstab Schwartau-Zistig. Eine Ausnahme. Der Herr ist divisionsfremd – kommt aus Noworossijsk.«

»Ist Leutnant Lemke mit seiner Kompanie noch hier?«, fragte ich.

»Jawohl, Herr Oberleutnant«, antwortete der Unteroffizier. »Sie bleiben voraussichtlich noch drei Tage. Ein lustiger Herr, Leutnant Lemke, trotz seiner schrecklichen Verwundung. Aber wie ich sehe, sind auch Herr Oberleutnant frisch verbunden. Benötigen Sie den Arzt, Herr Oberleutnant?«

»Heute nicht mehr«, gab ich zurück.

Der Übereifer des Unteroffiziers befremdete mich. Vorn an der Front war man derlei Mätzchen nicht gewöhnt. Der Unteroffizier nahm mein Gepäck und ging vor mir her zu dem Bungalow, den ich mit dem Oberstleutnant aus Noworossijsk teilen sollte. In dem Zimmer, das für mich hergerichtet war, gab es elektrisches Licht. Das Fenster war sorgfältig verdunkelt. Am erstaunlichsten aber war für mich das weißbezogene Bett, neben dem ein Nachttisch mit einer Leselampe stand. Der Unteroffizier stellte mein Gepäck ab, knallte die Hacken zusammen und zog sich zurück. Sicherlich beabsichtigte er, sich durch seine Beflissenheit den Posten in »Rot-Stern« möglichst lange zu erhalten. Ich kämmte mich gerade vor dem Waschtisch, als an die Zimmertür geklopft wurde. Das ist Lemke, dachte ich und rief: »Herein mit Ihnen!«

Die Tür ging auf. An der Schwelle stand der Oberstleutnant im Generalstab. Ich erkannte ihn sofort. Er war in der Kriegsgerichtsverhandlung gegen meinen Regimentskommandeur als Ankläger aufgetreten.

»Wollte mich bekannt machen«, sagte er mit schnarrender Stimme, hielt inne und fügte hinzu: »Sie sind das! Kennen uns ja, was?«

»Jawohl, Herr Oberstleutnant«, antwortete ich unwirsch. Diesen Herrn hatte ich am allerletzten zu sehen gewünscht.

»Noch mal was gehört von diesem – diesem Metzelbrod?«, fragte Oberstleutnant Schwartau-Zistig.

»Jawohl, Herr Oberstleutnant«, gab ich abweisend zurück. »Herr Oberst Metzelbrod ist im Juli gefallen. Er war beim Bewährungsbataillon 500.«

»Er hat es nicht besser verdient. Missachtung eines Führerbefehls«, schnarrte der Oberstleutnant. »Wo kämen wir da hin?«

Ich richtete mich straff auf. »Herr Oberstleutnant beleidigen einen Toten, einen Offizier, der nach meinem Dafürhalten zu Unrecht verurteilt worden ist.«

Schwartau-Zistig stieß sein schmales, vorspringendes Gesicht ruckartig vor. »Ich habe Sie schon damals erkannt«, krähte er. »Wenn es Ihresgleichen nicht gäbe, hätte der Führer den Krieg schon längst gewonnen.«

»Es ist gut, dass er ihn nicht gewonnen hat«, sagte ich, weil ich nicht anders konnte.

»Was?«, schrie Oberstleutnant Schwartau-Zistig. »Sie verdammter Kommunist!«

Ich ging zur Tür. »Bitte vorbeigehen zu dürfen.«

Er trat verwirrt zur Seite. Ich verließ den Bungalow. Draußen war es unterdessen völlig dunkel geworden. Ich sah einen Landser, ging auf ihn zu und fragte ihn, ob er wisse, wo Leutnant Lemke im Quartier liege.

»Jawohl, Herr Oberleutnant«, sagte der Landser. »Ich zeige Ihnen die Bude.«

Während ich dem Landser folgte, der nicht wusste, was mir widerfahren war, rekapitulierte ich in Gedanken die Grundregeln, die in der Schrift »Wahrung der Ehre« enthalten waren. Der Ausdruck »verdammter Kommunist« hatte mich weniger getroffen als die Schmähung, die der Oberstleutnant dem toten Oberst zugefügt hatte, der als Bewährungssoldat vor dem Feind gefallen war.

Leutnant Lemke empfing mich, als ich bei ihm eintrat, mit mächtigem Hallo, verstummte jedoch sofort.

»Menschenskind«, rief er, »was ist denn mit Ihnen?«

Ich erzählte es ihm mit knappen Worten und bat ihn, dem Oberstleutnant meine Forderung zu überbringen und mir bei einem Zweikampf als Sekundant zur Seite zu stehen.

»Ich geh' sofort zu dieser NS-Tüte«, erklärte Lemke aufgebracht. »Der Mann irritiert mich schon die ganze Zeit mit seinen blöden Durchhaltesprüchen. Warten Sie hier, Herr Emser. Ich sorge auch dafür, dass Sie ein anderes Quartier bekommen. Hier im Haus sitzt leider schon ein Zahlmops. Mal sehen, ob er mit Ihnen tauscht.«

Er schnallte um, setzte die Mütze auf und suchte aus seinem Rucksack seine Handschuhe hervor. Sein zerrissenes Gesicht glühte vor Empörung.

Als er draußen war, zündete ich mir eine Zigarette an. Es dauerte eine Weile, bis es mir gelang, da ich immer noch vor Erregung zitterte.

Kaum zwanzig Minuten später kam Leutnant Lemke, scheinbar völlig ruhig, zurück. »Die Quartierfrage ist geregelt«, sagte er. »Der Zahlmops kommt zum Schwartau.«

»Und das andere?«, fragte ich.

»Nix Duell«, sagte Lemke mit schiefem Mund. »Ich habe mit dem Herrn deutsch gesprochen und bin beauftragt, Ihnen mitzuteilen, dass er seine beleidigenden Äußerungen mit dem Ausdruck des tiefsten Bedauerns zurücknimmt.«

»Wie haben Sie das fertiggebracht, Herr Lemke?«, fragte ich verwundert. Er lachte kurz auf. »Ich bin Frontoffizier, Herr Emser, kein Tintenkleckserheini. Ich habe dem Mann erklärt, dass er den Kubanbrückenkopf nicht überlebt, wenn er sich nicht entschuldigt und wenn er nicht das Maul hält.«

»Um Gottes willen!«, rief ich. »Mann, wissen Sie, was Sie sich da eingebrockt haben? Das wollte ich nicht, Herr Lemke.«

»Vergessen Sie nicht, ich war in Stalingrad«, entgegnete Lemke gelassen. »Dort ist mancher u. V., mancher unerwünschte Vorgesetzte, über die Klinge gesprungen, noch ehe der Iwan ihn geschnappt hat. Ich sage Ihnen nur, der weiß, dass ich es ernst gemeint habe. Im Übrigen habe ich ihm nahegelegt, seine Parteiparolen einzupacken, weil sie mir auf die Nerven gehen. Ich bin zur Erholung hier und nicht, um mich über eine solche Figur zu ärgern. Sie werden sehen, der Knabe spurt von jetzt an. Wissen Sie , weshalb er hier ist? Nervenzerrüttung nach einem Bombenangriff auf sein Stabsquartier in Noworossijsk. Auch das habe ich ihm hingerieben. Es war erfrischender als ein Bad im Schwarzen Meer!«

Er bückte sich, holte unter seinem Bett einen Wasserbehälter hervor, in dem eine Sektflasche zur Kühlung stand, und sagte: »Dieser Pulle brechen wir jetzt den Hals. Es gibt noch viel mehr davon. In einem Felsenkeller am Abrau-See hat man Tausende von diesen Flaschen gefunden. Champagner von der Schwarzmeerküste. Kann beinah mit dem aus Reims konkurrieren.«

»Herr Lemke«, sagte ich, »da ist noch etwas. Ich habe meine Frau verloren. Sie ist bei einem Luftangriff ums Leben gekommen.«

»Ja, Donner und Teufel!«, rief er aus. »Was ist das für ein gemeiner Krieg! Trotzdem, Herr Emser, trotzdem, bitte leisten Sie mir Gesellschaft! Allein trinkt sich's schlecht. Hab sogar schon den Zahlmops 'rangeholt. Übrigens ein ganz nettes Haus. EK zwo und so. Keiner von denen, die beim Rückzug die Verpflegungslager lieber dem Iwan überlassen, als den Plunder an die Landser auszugeben. Nein, Kamerad, Sie dürfen sich nicht fallen lassen! Das Leben ist für uns so kurz. Machen wir was draus! Morgen wird's ohnehin hier rundgehen. Wissen Sie, was morgen los ist? Der Fronttheaterzug kommt mit lauter hübschen Mädels.«

»So«, sagte ich, »wirklich allerhand. Wohl die neue Geheimwaffe von Goebbels?«

»Ursprünglich steckt natürlich der Giftzwerg dahinter«, räumte Lemke ein. »Nackte Beinchen und ein bisschen was fürs Herz – das stärkt die Kampfmoral. Aber das Gastspiel in ›Krasnaja Swesda‹ hat kein Geringerer als der Ic, Ihr werter Vorgesetzter, organisiert.«

Er ließ den Korken der Sektflasche knallen und füllte zwei Wassergläser mit dem schäumenden Getränk.

»Prost, Herr Emser! Lassen Sie den Kopf nicht hängen! Dieses Leben ist eins der schwersten, aber es hat auch lichte Momente. Prost!«

Wir leerten im Handumdrehen die Flasche und brachen eine zweite an, die Lemke von irgendwoher holte.

»Herrlich ist's draußen«, schwärmte er. »Mondschein über Pinien und Zypressen und dazu noch das Meer – einfach grandios. Erinnert mich an Feodosia auf der Krim. Bemerkenswerter Ort übrigens. Sind mal von Cherson aus auf 'ner Rundfahrt dort gewesen. Sehenswert ist vor allem das Denkmal, das sich der GRÖFAZ dort gesetzt hat.«

»Wer ist GRÖFAZ?«, fragte ich, weil ich diesen später oft gebrauchten Ausdruck zum ersten Mal hörte.

»Der größte Feldherr aller Zeiten«, grinste Lemke. »Dienstgradmäßig ist er Gefreiter. Soll ich noch deutlicher werden?«

»Nein«, entgegnete ich, »durchaus nicht. Aber was meinen Sie mit dem Denkmal?«

Lemkes Blick verdüsterte sich. »Feodosia ist ein bezaubernder Ort. Flachgedeckte, schon beinahe orientalisch wirkende Häuser mit ockerfarbenem Anstrich. Zypressen von feierlichem Schwarzgrün, Weingärten, Oleander – ein Paradies. Auch der große Friedhof ist paradiesisch angelegt. Ein paar hundert Kreuze unter Blumen und blühenden Sträuchern. Aber das Fatale, Herr Emser, das Fatale ist, dass auf einem großen Teil der exakt ausgerichteten Kreuze Schilder mit Mädchennamen angebracht sind – mit den Namen deutscher Mädchen. Sie werden sich erinnern, dass im vergangenen Winter die Russen überraschend in Feodosia landeten. Man hatte dort eine Anzahl Lazarette eingerichtet, und man hatte zur Betreuung der Verwundeten Rot-Kreuz-Schwestern herangeholt. Aber an einen ausreichenden Küstenschutz hatte unser genialer Führer, der sonst sogar den Bataillonskommandeuren dreinredet, nicht gedacht. Die Russen spazierten fast ungehindert an Land, schmissen die Verwundeten ins eisige Meer und warfen die armen Schwestern hinterher, soweit sie nichts anderes mit ihnen anstellten.«

»Hören Sie auf, Herr Lemke!«, rief ich entsetzt.

Leutnant Lemke verzog höhnisch sein entstelltes Gesicht. »So zart besaitet? Ich stelle fest, Sie sind zu empfindsam für einen Offizier der großdeutschen Wehrmacht. Wir müssen über Leichen gehen, Herr, freiweg über Leichen – wie damals im Kessel von Stalingrad.« Plötzlich jedoch schwenkte seine Stimmung um. »Trinken Sie!« rief er. »Auf das, was wir lieben! Immer hoch die Tassen! Es ist genügend da.«

Wir tranken die zweite Sektflasche leer. Anschließend tischte Lemke französischen Kognak auf, den er aus seinem Spind hervorholte.

Am nächsten Morgen erwachte ich in dem Zimmer gegenüber mit völlig klarem Kopf, allerdings ohne zu ahnen, wie ich ins Bett gekommen war. Ich ließ das Verdunklungsrollo hochschnellen und blickte in eine sonnige, in südländischen Farben prangende Welt. Hinter der steil abfallenden Küste, die sehr nahe war, sah ich den Streifen des blauen Schwarzen Meeres und darüber den fast ebenso blauen wolkenlosen Himmel. Dann hörte ich das Plätschern einer Dusche. Leutnant Lemke sang dazu mit schauerlicher Stimme »Heimat, deine Sterne ...«

Ich packte aus meinem Rucksack die Khakishorts und das einzige noch saubere Tropenhemd aus und betrat mit beidem den Duschraum. Lemke stellte das Wasser ab.

»Sie sind da – lalala«, sang er, »sie sind da!«

Sein kräftiger, muskulöser Körper war dunkel gebräunt. Nur sein zerstörtes Gesicht, in das nasse Haarsträhnen hingen, nahm die Sonne nicht an.

»Wer ist da?«, fragte ich.

»Die süßen Puppen«, sang Lemke, doch auf einmal brach er ab. »Ich dämlicher Narr! Immer wieder vergesse ich, dass ich nicht mehr der alte Adonis bin.«

»Die Mädels schauen nicht nur aufs Äußere«, warf ich ein.

Er grinste. »Zugegeben. Aber nicht solche Tanz- und Singpüppchen. Die haben keine langfristigen Ambitionen. Ist ja egal. Ich werd mich schon amüsieren. Jetzt machen Sie ein bisschen fix, Emser! Die Herren Offiziere treffen sich zu den Mahlzeiten gemeinsam im Kasino. Wann haben Sie zuletzt Bohnenkaffee getrunken?«

»Beim Einstandsessen für den neuen General. Sie kennen ihn übrigens. Er ist aus Cherson gekommen.«

»So«, sagte Lemke trocken. »Scheufele, nicht wahr? Bin gespannt, was wir mit dem erleben.«

»Bis jetzt kann ich nur das Beste von ihm sagen«, versetzte ich.

»Ja, bis jetzt«, meinte Lemke gedehnt. »Aber warten wir erst mal ab, bis es zappenduster ist wie im Januar.«

»Haben Sie eigentlich den Vorfall von gestern Abend schon aufgeschrieben?«, fragte ich.

»Wird heute nachgeholt«, antwortete Lemke. »Schwartau-Zistig bekommt 'ne Sonderseite in meinen Aufzeichnungen.«

Ich trat unter die Dusche. Den rechten Arm streckte ich zur Seite, damit der Verband nicht nass wurde. Die überfällige Rasur nahm ich mit der Linken vor, nachdem Lemke mich eingeseift hatte. Nur mit Khakihemd, Shorts und Sportschuhen bekleidet, begaben wir uns zum Kasino von »Krasnaja Swesda«. Es war unverändert erhalten geblieben, wie es Ende Juli 1942 von unseren russisch sprechenden Vorgängern übernommen worden war. Lediglich das Bild des Generalissimus Stalin war durch das des »Gröfaz« ersetzt worden, wie Lemke den »Führer« Adolf Hitler nannte. Farbige Fresken an den Wänden mit Szenen aus dem Winterkrieg des Jahres 1812 veranschaulichten, wie es fremden Eroberern letzten Endes in Russland ergehen konnte.

Die Kasinoordonnanz war ein russischer Hiwi in weißer Servierjacke, der früher mit gleicher Aufmerksamkeit die Towarischtschi mit dem roten Stern an der Mütze bedient hatte. An der langen, weißgedeckten Tafel sprachen, als ich mit Lemke eintrat, sechs erholungsbedürftige Herren dem fast friedensmäßig üppigen Frühstück zu. Die Offiziere erhoben sich, und Lemke stellte mich vor. Außer dem jungen Zahlmeister, den ich schon am Vorabend flüchtig gesehen hatte, waren es ein älterer Pionierhauptmann, der eine Gelbsucht überstanden hatte, ein Panzerjägerleutnant, der eine Malaria auskurierte, ein Oberleutnant der Artillerie, ein zerknitterter Rittmeister von der Divisions-Aufklärungsabteilung und Stabsarzt Dr. Pohl, der zwar selbst Rekonvaleszent war, aber zugleich die Aufgabe hatte, die Lagerinsassen ärztlich zu betreuen. Oberstleutnant Schwartau-Zistig dagegen war nicht anwesend.

Beim Anblick meiner geschienten Hand sagte der Stabsarzt: »Kommen Sie nach dem Frühstück gleich mit. Ich lege Ihnen die Pfote in Gips. Drei Wochen. Dann sind Sie wieder kv.«

Er schnitt beim Sprechen zuweilen wunderliche Grimassen. Später erfuhr ich von Lemke, dass er auf seinem Verbandsplatz einen Nervenschock erlitten und diese Zuckungen davon zurückbehalten hatte.

Wir nahmen an der Tafel Platz. Die unterbrochenen Gespräche wurden fortgesetzt. Während der Pionierhauptmann von jungen Schildkröten zu schwärmen begann, die er vor Kurzem seinen Kindern per Feldpost geschickt hatte, versuchte der Rittmeister dem Artilleristen darzulegen, wohin der Stoßkeil eines künftigen Vormarsches zielen müsse. Lemke unterhielt unterdessen den Zahlmeister und mich mit politischen Witzen.

Als das Geschirr abgeräumt war, reichte die Ordonnanz Zigaretten Marke »Jalta« von der Krim. Lemke zündete sich eine an und stand mit den Worten »Wir sehen uns nachher« auf. Die Übrigen folgten seinem Beispiel. Ich schloss mich dem Stabsarzt an. Das Krankenrevier des Lagers war vortrefflich eingerichtet. Ein russischer Hiwi assistierte dem Stabsarzt beim Anlegen des Gipsverbandes. Das Personal von »Krasnaja Swesda« bestand größtenteils aus Russen. Hätten sie gewollt, wäre es ein Leichtes für sie gewesen, uns nachts kaltzumachen.

»Tadellos geschient«, meinte Dr. Pohl anerkennend und fuhr Grimassen schneidend fort: »Schwimmen kommt natürlich für Sie nicht infrage, junger Kamerad. Aber ich gebe Ihnen 'nen Tip. Wenn Sie ein Stück nach links an der Steilküste entlanggehen, finden Sie 'nen Steig, der zu 'ner kleinen, seichten Bucht hinunterführt. Dort sind Sie ungestört, auch weitgehend vor den Tiefliegern sicher, die hin und wieder das Badeleben unliebsam beeinträchtigen.«

Auf dem Weg zu meinem Quartier kam ich an einer der Mannschaftsunterkünfte vorbei. In der Tür erschien Feldwebel Suhrmann.

»Ach, Herr Oberleutnant«, rief er. »Ich wusste ja, dass Sie Sehnsucht nach Ihrer alten Kompanie haben. Habe gerade nachgesehen, ob alle aus den Betten sind. Angenehmer Krieg hier. Die paar Flieger zählen nicht. Manchmal macht der Iwan von See her mit Schiffsgeschützen Schießübungen. Aber hierher schießt er nicht. Wäre ja auch schade um den schönen Ferienplatz. Man muss sich nur vom Iwan aus der Stellung hinausboxen lassen, dann finden die morschen Knochen endlich mal Sonnenschein und Ruhe.«

»Ihr habt es redlich verdient, Suhrmann«, sagte ich.

»Verdient«, wiederholte der Feldwebel. »Wenn es danach ginge, müssten sie uns alle nach Hause schicken und mal die anderen Pulver schmecken lassen.«

»In der Heimat ist es auch nicht mehr so rosig«, sagte ich im Weitergehen.

Suhrmann kam an meine Seite. »Wissen Sie schon, dass heute in aller Frühe der Fronttheaterzug angekommen ist, Herr Oberleutnant? Ein Omnibus voller Mädchen. Jetzt schlafen sie wohl. Sie sind die Nacht durchgefahren. Die Vorstellung heute Abend – die Landser sind schon ganz verrückt.«

Er verließ mich und strebte mit großen Schritten dem Saum der Steilküste zu. Sanftes Brandungsrauschen verschmolz mit dem trillernden Zirpen ungezählter Grillen zu einer Melodie von beruhigendem Wohlklang. Ich begegnete dem Unteroffizier, der mich am Abend in Empfang genommen hatte. Er grüßte zackig wie auf dem Kasernenhof. Ich fragte ihn, ob Oberstleutnant

Schwartau-Zistig abgereist sei, da er sich nicht zum Frühstück im Kasino eingefunden habe.

»Herr Oberstleutnant sind unpässlich«, antwortete der Unteroffizier und fügte, mit einem Auge zwinkernd hinzu: »Haben wohl etwas tief ins Glas geguckt. Vertragen wohl nicht ganz so viel wie Herr Oberleutnant und Herr Leutnant Lemke.«

»Sie müssen's ja wissen«, sagte ich und ließ den unterwürfig erstarrten Korporal stehen.

Leutnant Lemke war nicht im Quartier. Ich zog das Khakihemd aus und suchte draußen den am Rand der Küste entlangführenden Pfad, den Stabsarzt Dr. Pohl mir empfohlen hatte. Das sanft bewegte Meer dehnte sich zur Rechten im gleißenden Sonnenlicht. Am Fuß des steil abfallenden Hanges breitete sich ein mit Feldbrocken durchsetzter Sandstrand aus. Nackte, braune Körper aalten sich in der Sonne oder tummelten sich in den leuchtend blauen Fluten. Leutnant Lemke und der Hüne Suhrmann waren darunter. Auch den dürren Rittmeister erkannte ich sowie den jungen Zahlmeister, der wegen tapferen Verhaltens während eines Bombenangriffes für acht Tage ins Ferienparadies geschickt worden war.

Die Küste beschrieb einen Bogen. Der Strand blieb zurück. Wenig später entdeckte ich den Steig, der im Zickzack zu der geschützten Bucht hinabführte. Durch das niedrige, glasklare Wasser sah man bis auf den Grund. Fische huschten umher. Eine Felsklippe mit abgestufter Oberfläche ragte beim Eingang der Bucht wie eine natürliche Treppe hervor. Ich stieg hinunter, legte Shorts und Schuhe ab und watete zu der Klippe. Das Wasser reichte mir bis zu den Hüften. Auf der untersten Felsstufe legte ich mich in die Sonne und blinzelte aufs Meer hinaus. Einmal jagten zwei Schnellboote hinter hoch aufschäumenden Bugwellen nach Süden. Am Heck der Boote wehte die Reichskriegsflagge.

Nach einer Stunde unbeschwerten Dösens richtete ich mich auf, ließ die Beine ins Wasser gleiten und schickte mich an, ans Land zurückzukehren. Als ich hinter der Klippe hervorkam, erblickte ich drüben auf der schmalen Sandrampe ein Mädchen in einem Sommerkleid aus großgeblumtem, leichtem Stoff. Die Fremde hielt die Arme hoch und die Hände hinter dem Nacken verschränkt. Ihr Haar, das in losen Wellen bis zum Nacken herabfiel, hatte die Farbe von reifem Weizen. Ihre Augen waren geschlossen, die klaren, jugendlichen Züge gelöst und glücklich.

Ich regte mich nicht, um die hübsche Erscheinung, die auf schlanken, gebräunten Beinen im Sand stand, nicht aus ihrer stummen Verzückung zu reißen. Unversehens jedoch öffnete sie die Augen, die blau waren wie das Meer, fuhr leicht zusammen und streckte die Hände wie abwehrend vor.

»Sie müssen wegschauen!«, rief ich. »Ich hab' nichts an.«

Ich rief es auf Deutsch, als hätte ich vergessen, dass ich mich tief in Russland befand.

»Ach«, rief sie zurück, »Gott sei Dank. Ich dachte schon, Sie wären ein russischer Froschmann.«

Die eingegipste Hand erhoben, bewegte ich mich auf den Sandstreifen zu. »Schauen Sie weg!«, wiederholte ich. »Nur solange, bis ich angezogen bin!«

Sie stemmte die Hände in die Seiten, als wolle sie einer Herausforderung begegnen. Ihre großen, blauen Augen musterten mich belustigt. »Seien Sie nicht albern! Denken Sie, ich hätte noch nie einen nackten Mann gesehen? Außerdem möchte ich selbst hier ›ohne‹ baden.«

»Baden Sie immer ›ohne‹, wenn Männer dabei sind?«, fragte ich.

Sie stutzte und sagte mit verlegenem Lächeln: »Nein, natürlich nicht. Aber Sie haben wohl nichts dagegen, wie? Der Wagen mit unserem Gepäck ist nämlich noch nicht angekommen.«

Ich blieb im Wasser stehen und wusste nicht, was ich sagen sollte. Doch ohne meine Antwort abzuwarten, zog sie sich das Kleid über den Kopf und streifte das bisschen rosa Seide ab, das sie darunter trug. Ihr Körper, schlank, und doch wohlgerundet mit festen, reifen Formen, war goldbraun getönt. Nur flüchtig erblickte ich sie in ihrer Nacktheit, dann plantschte sie mit hellem Auflachen in die laue Flut und tauchte unter bis zum Kinn. Im nächsten Augenblick schoss sie wieder hoch, warf die Arme hoch und rief begeistert: »Das Leben ist herrlich!«

»Es könnte schön sein«, sagte ich unsicher, wie benommen von dem ungewöhnlichen Erlebnis, »wenn – ja, wenn …«

»Wenn?«, fragte sie mit ihrer hohen Stimme, die zeitweilig zu schwingender Tiefe absank.

»Ach, nichts«, sagte ich. »Es war nur so ein Gedanke. Sie gehören zu den Theaterleuten, nicht wahr?«

»Ja«, bestätigte sie. »War nicht schwer zu erraten, wie? Oder gibt es außer uns noch andere deutsche Mädchen hier?«

Ich schüttelte den Kopf. »Sicher nicht. Und wenn es wirklich welche gäbe, vielleicht Blitzmädels beim

Armeestab, ich weiß es nicht, wäre wohl keine so schön wie Sie.«

Sie hob drohend einen Finger.»Das ist verboten, unbekannter junger Mann. Schmeicheleien sagt man fremden Damen nur, wenn sie angezogen sind. Was haben Sie eigentlich an Ihrer Hand? Verwundet?«

»Nein, ausnahmsweise nicht.«

»Wieso ausnahmsweise? Haben Sie hier einen Posten als Zielscheibe?«

»Nicht freiwillig. Es trifft einen nur manchmal.«

»Was haben Sie denn für einen Rang?«, fragte sie. »Ohne Uniform sieht man es ja den Männern nicht an, wie weit sie es in der glorreichen deutschen Wehrmacht gebracht haben.«

»Dreimal dürfen Sie raten«, sagte ich. »Mit ›Ober‹ fängt es an.«

»Obergefreiter?«

»Nein.«

»Oberfeldwebel?«

»Nein, aber Sie sind schon näher dran.«

Sie zog wie in angestrengtem Nachdenken die Stirn kraus, doch im nächsten Augenblick stieß sie einen Schrei aus. Ihre Augen weiteten sich vor Entsetzen. Von See her brausten drei Flugzeuge wie riesige Raubvögel im Tiefflug heran. In ihr plötzlich einsetzendes wildes Bordwaffenfeuer mischte sich sogleich das metallische Hämmern unsichtbarer Flakgeschütze. Auf einmal hing der zitternde Körper des fremden Mädchens an mir.

»Helfen Sie!«, stammelte sie außer sich. »Bitte, helfen Sie mir!«

Ich zeigte auf die Klippe.»Rasch! Dort haben wir Deckung.«

Ich zog sie mit mir zu dem Felsen. Eng aneinandergeschmiegt duckten wir uns dahinter, bis die gepanzerten IL II, die immer wieder niederstießen, nach einem letzten heftigen Angriff abdrehten und pfeilschnell davonflogen. Die Gefahr, soweit sie in der Bucht überhaupt bestanden hatte, war vorüber, aber unsere Körper lösten sich nicht voneinander.

»Wie heißt du?«, fragte ich die Fremde.

»Marianne – und du?«

»Hans.«

»Und was bist du nun wirklich?«

»Ist das so wichtig? Nur ein kleiner Oberleutnant beim Stab einer Division. Und du?«

»Nur eine kleine Sängerin und Tänzerin beim Fronttheaterzug, derzeit am Kubanbrückenkopf.«

»Es war Wahnsinn, euch hierherzuschicken«, sagte ich.

Sie lachte spöttisch. »Warum? Wir haben doch den totalen Krieg. Wer von uns nicht an die Front will, muss in die Munitionsfabrik. Wir leben jetzt alle gefährlich. Aber diese Flugzeuge machen mich verrückt. Ich sterbe vor Angst, wenn sie kommen. Auf der Krim haben wir zwei Bombenangriffe mitgemacht. Es war nicht so furchtbar wie diese Tiefflieger.«

»Bist du eigentlich zu allen so nett wie zu mir, Marianne?«, fragte ich mit leise sich regender Eifersucht.

Sie schüttelte den Kopf, so dass von ihrem nassen Haar die Tropfen flogen. »Nein, bei dir ist es etwas Besonderes. Du hast mir auf den ersten Blick gefallen, und dann – dann habe ich gemerkt, dass du einsam bist. Ist es nicht so?«

»Ja«, sagte ich, »ich war sehr allein.«

»Du hast jemanden verloren«, sagte sie mit seltsamen Ahnungsvermögen.

»Ja, ich habe jemanden verloren.«

Eine Sekunde lang schien es mir, als verdunkle sich die Sonne, doch schon strahlte sie wieder mit ihrer ganzen südländischen Kraft. Wir wateten Seite an Seite zum Strand und legten uns dicht nebeneinander in den weichen heißen Sand. Mariannes Hand tastete nach der meinen, der gesunden Linken, die auf die Berührung wartete.

»Solange ich bei dir bin, darfst du nicht traurig sein. Versprichst du mir das?«, sagte sie leise. Ich versprach es ihr, und sie rückte noch näher zu mir heran.

Ratas und geborgte Stunden

Als wir das Lager erreichten, trennte ich mich von Marianne, nachdem ich ihr mein Quartier gezeigt hatte, das halb versteckt zwischen Pinien, Zypressen und hohem Gras zu erkennen war. Ich ging ins Quartier und kleidete mich zum Mittagessen an. Von Marianne wusste ich, dass das Künstlerensemble sich zur gemeinsamen Mahlzeit im Kasino einfinden würde. Die unerwartete Begegnung in der verschwiegenen Bucht, die mir in der Erinnerung fast unwirklich erschien, hatte mich wohl versöhnlich gestimmt, denn auf einmal kam mir der Gedanke, ich sollte Oberstleutnant Schwartau-Zistig aufsuchen, um durch ein gutes Wort den hässlichen Zusammenstoß mit ihm aus der Welt zu schaffen. Am Abend hatte ich mir eingebildet, der Ankläger im Kriegsgerichtsprozess gegen Oberst Metzelbrod sei schlechthin die Verkörperung eiskalter unmenschlicher Niedertracht. Jetzt sah ich es mit anderen Augen. Ich wollte mit Schwartau-Zistig Frieden schließen, vor allem auch im Hinblick auf Lemke, und hoffte, er werde mich nicht abweisen. In der Tür seines Bungalows kam mir der Oberstleutnant in einem grünen Bademantel entgegen, offenbar im Begriff, zum Strand zu gehen.

»Auf ein Wort, Herr Oberstleutnant«, sagte ich.

Er maß mich mit erstauntem Blick. »Sie, Emser? Was wünschen Sie nach dem gestrigen Vorfall?«, schnarrte er. »Die Sache ist meines Erachtens erledigt.«

»Herr Oberstleutnant«, sagte ich. »Der Auftritt gestern Abend ...«

Er winkte ab und entgegnete weniger schroff: »Contenance verloren. Scheußlich. Zu lange frontentwöhnt. Habe nachgedacht. Beklemmende Perspektive. Soll denn alles Irrtum gewesen sein? Wäre nicht zu fassen. Schwere Entscheidung damals, gegen Offizierskameraden zu plädieren. Wenn Ihr Kommandeur nun doch äh, nun doch im Recht gewesen sein sollte, müsste der Fall anders beurteilt werden. Gäbe die Möglichkeit posthumer Rehabilitierung.«

»Herr Oberstleutnant«, sagte ich überrascht. »Wenn Sie das durchsetzen könnten!«

Auf einmal wurde Schwartau-Zistigs Blick eisig.

»Dieser Lemke – Leutnant Lemke – wüster Bursche.«

»Ein tapferer Offizier, der allzuviel geopfert hat«, warf ich ein.

»Ja«, meinte der Oberstleutnant, »ich weiß: Stalingrad. Muss man ihm zugute halten. Bin selbst im Zweifel, ob es nicht ein schwerer Führungsfehler war. Aber dieser Lemke – völlig unmöglich.«

»Unmögliche Menschen halten die Front«, sagte ich.

Wie Lemke hatte auch ich die Schattenlinie überschritten. Schwartau-Zistig dagegen stand davor und kam nicht hinüber. In dem Zwiespalt, in den er geraten war, erschien er mir bedauernswert, ein Mann mit geflochtenen Schulterstücken, der seiner selbst nicht mehr sicher war.

»Wollen Herr Oberstleutnant nicht zum Essen kommen?«, fragte ich. »Wir haben heute nette Gesellschaft. Die Mädchen vom Fronttheater.«

Er blickte mich argwöhnisch an, als wittere er eine Falle. »Nein«, sagte er, »kein Bedürfnis. Werde vielleicht später etwas zu mir nehmen. Gehe zum Strand. Habe über einiges nachzudenken. Lassen Sie sich nicht aufhalten, Herr Emser. Geschichte von gestern ist begraben. Einfach Contenance verloren.«

In seinem Bademantel ging er an mir vorbei. Ich grüßte ihn stumm und schlug die entgegengesetzte Richtung zum Kasino ein. Auch die übrigen Herren, sogar Lemke, der »wüste Bursche«, hatten sich in Erwartung unserer Tischgäste in volle Uniform geworfen. Stabsarzt Dr. Pohl hatte lederbesetzte Breeches und seinen feldgrauen Extrarock mit weißem Kragenspiegel angelegt. Wir gruppierten uns beim Eingang des Saales, von dessen Stirnwand die stechenden Augen des Mannes herabblickten, der uns allen den Marschbefehl nach Russland gegeben hatte. Lemke hasste diesen Mann. Ihm schrieb er die Schuld an seiner Verunstaltung zu, unter der er mehr litt, als er zugeben wollte. Er drängte sich neben mich.

»Wo waren Sie eigentlich die ganze Zeit?«, fragte er.

»Ich hatte ein Stelldichein mit einer Nixe«, antwortete ich.

Er grinste mit schief gezogenem Mund. »Sie spinnen also auch schon. Nette Aussichten. Demnächst wird die Wehrmacht ein Club von Geisteskranken sein.«

»Oder von Oppositionsgeistern«, sagte ich. »Jetzt scheint sogar unser Schwartau-Zistig in sich zu gehen.«

»Nicht möglich«, versetzte Lemke erstaunt, verstummte jedoch, da sich in diesem Augenblick die beiden Türflügel öffneten. Die Angehörigen des Fronttheater-Ensembles hielten ihren Einzug, angeführt von einem alten Schauspieler in hellem Zweireiher, der eine gewisse Ähnlichkeit mit Hauptmann Peterhans aufwies. Die Mädchen, die ihm folgten, wirkten in ihren bunten Sommerkleidern wie eine lebendige Absage gegen das Grau des Krieges. Marianne war unter ihnen. Sie nickte mir kaum merklich zu. Mariannes Kolleginnen waren sechs lebhafte, gut gewachsene, hübsche und attraktiv zurechtgemachte Vertreterinnen der leichten Muse, die den Umgang mit mehr oder weniger rauen Kriegern gewohnt schienen.

Wir nahmen in bunter Reihe an der Tafel Platz. Marianne verstand es so einzurichten, dass sie den Stuhl neben mir bekam. Zu ihrer Rechten saß Lemke. Er hielt eine Hand vor sein Gesicht, als trachte er, es vor unseren reizvollen Tischgefährtinnen zu verbergen. Der alte Schauspieler, der Direktor der munteren Schar, war uns allen durch seine Chargenrollen aus zahlreichen Filmen bekannt. Sein Name war Friedrich Stahl-Trettow. Sein Anekdotenschatz aus der Welt des Theaters und des Films war unerschöpflich.

»Ist er eigentlich der einzige Mann unter euch?«, fragte ich heimlich Marianne.

»Nein«, gab sie ebenso leise zurück. »Wir haben zwei Kraftfahrer, einen Requisiteur und drei Musiker bei uns. Sie essen in der Unteroffizierskantine.«

»Also auch bei euch strenge Rangeinteilung?«

»Natürlich«, antwortete sie mit spöttischem Lächeln. »Wir sind doch zurzeit Heeresgefolge.«

Leutnant Lemke neigte sich zu ihr herüber. »Kennen Sie denn diesen flotten Knaben?«

»Wieso?«, antwortete Marianne schlagfertig. »Etwa, weil ich mich mit ihm unterhalte?«

»Weil Sie sich ausschließlich mit ihm unterhalten«, sagte Lemke.

Sie legte mit begütigender Gebärde ihre Hand auf seinen Arm. »Verzeihen Sie, Herr Leutnant. Ich wollte Sie nicht kränken. Sie haben ja im Übrigen auch rechts eine Nachbarin.« Sie beugte sich vor. »Lotte, der Herr Leutnant fühlt sich anscheinend vernachlässigt.«

Das schwarzhaarige Mädchen lächelte Lemke zu. Es war ein einstudiertes Bühnenlächeln, das leer und verkrampft wirkte. Auch Lemke schien es zu bemerken. Wortlos wandte er sich seinem gefüllten Teller zu.

»Wann soll denn die Vorstellung steigen?«, fragte Dr. Pohl den Direktor der Truppe, der neben ihm saß.

»Um sieben Uhr in der großen Kantine für die Unteroffiziere und Mannschaften, um halb neun Uhr hier im Kasino für Sie, meine Herren«, erklärte Stahl-Trettow. »Anschließend könnte wohl ein kleines Tänzchen nicht schaden. Um Mitternacht muss dann Schluss sein. Was meinen Sie dazu?«

Von allen Seiten kam Zustimmung. Die Mädchen klatschten Beifall. Nur Lemke bemerkte bissig: »Die Korporäle und Landser haben also wieder mal das Nachsehen.«

Ich befürchtete eine scharfe Antwort von Dr. Pohl, stattdessen rief der Stabsarzt, indem er rasch aufstand, mit polternder Stimme: »Also dann bis heute Abend, meine Damen und Herren! Die Tafel ist aufgehoben.«

Beim Hinausgehen flüsterte Marianne mir zu: »In zehn Minuten bei dir!«

Ich schlenderte mit Lemke zu unserem Bungalow.

»Was haben Sie vor?«, fragte er.

»Ich lege mich fürs Erste aufs Ohr«, sagte ich.

»Gute Idee«, meinte er. »Werde ich auch tun. Dann sind wir heute Abend in Form, was, alter Junge? Außerdem schickt der Iwan meistens am frühen Nachmittag seine Krähen auf Besuch. Nicht ratsam, gerade dann am Strand zu sitzen.«

Wir betraten den Vorplatz unserer Unterkunft und suchten unsere Stuben auf. Als es an meiner Tür klopfte, nahm ich an, es sei noch einmal Lemke. Doch es war Marianne. Sie huschte ins Zimmer. Ich schloss die Tür und schob den Riegel vor. Auf den Spitzen ihrer flachen weißen Schuhe wippend stand Marianne vor mir.

»Hast du schon gewartet?«, fragte sie.

»Ja«, erwiderte ich, »sehr.«

»Merkwürdig«, sagte sie nachdenklich, indem sie ein paar widerspenstige Strähnen ihres blonden Haares aus der Stirn wischte, »merkwürdig, wir sind uns fremd und doch sind wir so vertraut.«

Wortlos legte ich meinen gesunden Arm um sie. Sie schmiegte sich an mich mit einer Bereitwilligkeit, die in ihrer Zärtlichkeit und Leidenschaft alles andere auslöschte, Gegenwart und Zukunft, Krieg, Not und Leid. Man vergaß die Uniform, die man trug, die Division, die zur fragwürdigen Heimat geworden war, und die Kameraden, die vielleicht zur gleichen Zeit vorn in den Stellungen den Feind abwehrten, während wir uns küssten.

Plötzlich zerriss das Aufheulen von Flugmotoren die mittägliche Stille. Dem Ton nach waren es Ratas. Die auf der Steilküste postierte Flak begann zu hämmern, und das Geratter der Bordwaffen erfüllte die Luft mit wildem Geprassel, als jagten Hagelstürme über das sonnige Gestade hin. Wir waren auseinandergefahren. Mariannes Gesicht nahm einen verstörten Ausdruck an. Sie senkte den Kopf und presste beide Hände gegen die Ohren. »Ach«, stöhnte sie mit brüchiger Stimme, »ich kann das nicht ertragen.«

Auf einmal war sie bei mir und klammerte sich mit aller Kraft an mich.

»Hilf mir«, flüsterte sie flehend, »hilf mir! Ich kann es nicht hören!«

Ich sprach beschwichtigend auf sie ein, aber sie beruhigte sich erst, als nach einer laut hallenden Detonation der Angriff zu Ende war. Das Motorengeräusch der abziehenden Flugzeuge verstummte rasch. Eines war abgeschossen ins Meer gestürzt, wie ich später erfuhr.

Marianne schmiegte sich wieder an mich. Sie lachte nervös. Ich streichelte ihr seidiges, duftendes Haar.

»Wer ist eigentlich auf die Irrsinnsidee gekommen, euch zum Kubanbrückenkopf zu schicken?«, fragte ich.

Sie wandte mir ihr Gesicht mit undeutbarem Lächeln zu. »Hätten wir denn nicht kommen sollen? Wir haben uns freiwillig zum Einsatz im Osten gemeldet. In Frankreich, Norwegen und Griechenland haben die Soldaten ohnehin genug Vergnügen. In diesen Ländern brauchen sie uns nicht. Nur dort, wo gekämpft wird, hier im Osten, in Süditalien und in Jugoslawien hat das Fronttheater eine Aufgabe. Es ist nicht immer sehr schön, weißt du. Es gibt Leute, die uns für etwas halten, das wir nicht sind. Aber das sind Ausnahmen. Die meisten sind dankbar dafür, dass wir ihnen helfen, den Krieg eine Zeit lang zu vergessen.«

»Wie lange bleibt ihr hier«?, fragte ich.

»Um Mitternacht geht es weiter. Stahl-Trettow lässt uns immer nur nachts fahren. Er will uns alle gesund nach Hause bringen, weißt du.«

Ich war enttäuscht. Sie strich mir mit einer zärtlichen Geste über die Stirn.

»Nicht traurig sein! Du hast es mir versprochen. Wir spielen morgen Abend in Anapa vor der Kriegsmarine. Dann geht es weiter in die Gegend von Noworossijsk.«

»Noworossijsk«, rief ich erschrocken aus. »Das ist doch nicht dein Ernst! Noworossijsk ist Kampfgebiet. Die Russen haben dort einen Landekopf.«

»Ich weiß«, sagte sie. »Wir fahren nicht direkt in die Stadt. In einem Kolchos, der vor Beschießung sicher ist, werden wir ein paar Vorstellungen geben. Dann geht es weiter hinter der Front entlang – von Division zu Division. Wir werden bis Mitte September hierbleiben, vielleicht auch etwas länger, je nachdem, wie oft wir unser Programm wiederholen müssen.«

Auf einmal kam mir der Gedanke, dass ich Marianne sicherlich bei meiner Division wiedersehen würde. Ich wollte es ihr sagen, doch ehe ich dazu kam, erhob sich draußen ein Tumult aufgeregter Stimmen. Jemand rief nach Stabsarzt Dr. Pohl. Dann waren Schritte zu hören, die sich eilig auf dem Kiesweg näherten und den gepflasterten Vorplatz unserer Unterkunft überquerten.

Nach kurzem heftigem Anklopfen betrat jemand Leutnant Lemkes Zimmer.

»Da ist doch etwas passiert«, flüsterte Marianne betroffen, ordnete ihr Haar, holte einen Spiegel aus ihrem Täschchen und zog mechanisch die Lippen nach. Unschlüssig stand ich vor ihr. Wenn ich die Tür öffnete, konnte sie gesehen werden. Da wurde schon am Türknopf gerüttelt.

»Herr Emser«, rief Leutnant Lemke, »Emser, hören Sie! Den Oberstleutnant hat es am Strand erwischt.«

»Ist er verwundet?«, fragte ich durch die geschlossene Tür.

»Suhrmann ist hier. Er sagt, er ist tot«, antwortete Lemke. »So kommen Sie doch schon!«

»Gehen Sie voraus«, sagte ich. »Ich komme sofort.«

Lemke und Suhrmann verließen das Haus. Ich wandte mich Marianne zu, die bestürzt vor sich hinstarrte.

»Schließ dich ein, solange ich weg bin. Ich klopfe zweimal.«

Sie gab keine Antwort. Ich nahm meine Mütze und ging hinaus. Im Zimmer war es dämmerig gewesen, da ich den Verdunkelungsvorhang halb geschlossen hatte. Draußen zwischen den Bäumen flutete gleißendes Licht. Die Feriengäste von »Krasnaja Swesda« drängten sich vor dem Abstieg zum Strand. Der Pfad, der hinunterführte, war so schmal, dass jeweils nur zwei Mann nebeneinander gehen konnten. Ich trat vor an die Kante und blickte hinab. Oberstleutnant Schwartau-Zistig lag rücklings auf dem grünen Bademantel, mit einer Badehose bekleidet, die so rot war wie das Blut, das sein Gesicht und seine Brust überschwemmte. Eine Bordwaffengarbe hatte ihn des Konfliktes enthoben, in den Leutnant Lemke und ich ihn gestürzt haben mochten.

Ehe ich zum Abstieg kam, brachten sie den Oberstleutnant auf einer Krankentrage herauf. Leutnant Lemke folgte den Trägern. Er trat zu mir heran und sagte ironisch: »Sie haben schnell vergessen, Herr Emser.«

Ich wusste, was er meinte. Doch ohne Reue entgegnete ich: »Geborgte Stunden. Vielleicht wird mir die Rechnung schon morgen präsentiert.«

Lemke wies mit einer Kopfbewegung auf den Toten. Zwei Mann trugen ihn auf der schwankenden Bahre zu seinem Quartier. Unter dem grünen Bademantel, den man über ihn gebreitet hatte, standen mit einwärts gedrehten Füßen die nackten Beine hervor.

»Heute Nachmittag wird er eingebuddelt«, sagte Lemke unbewegt. »Ich werde die Kompanie antreten lassen. Er war immerhin Stabsoffizier, noch dazu einer mit roten Streifen. Das Kabarett, oder was da geboten wird, fällt natürlich flach. Schade, vielleicht hätte man ein bisschen lachen können.«

Er drehte sich um und ging zur Mannschaftsunterkunft, vor deren Eingang Feldwebel Suhrmann in seiner blauen Sporthose auf ihn wartete. Als ich ins Quartier kam, war meine Zimmertür unverschlossen. Marianne war verschwunden. Aber ich wusste, dass sie zurückfinden würde. Ich öffnete den Deckel der Feldkiste, holte meine gute Uniform hervor und begann mich umzukleiden. Nur mit Mühe gelang es mir, meine eingegipste Hand durch den Ärmel des Waffenrocks zu zwängen. Auf einmal trat Marianne ein.

»Ich bin weggelaufen«, sagte sie. »Ich wollte nicht allein sein. Die ganze Zeit hatte ich Angst, die Flugzeuge könnten wiederkommen.«

»Hier brauchst du dich nicht zu fürchten«, sagte ich. »Sie schießen nicht ins Lager. Es gehört der Roten Armee. Sie greifen nur die Flakstellungen an und den Strand, wenn sie dort jemand sehen.«

Marianne trat dicht zu mir heran. »Wenn ich bei dir bin, habe ich keine Angst. Du hast dich feingemacht. Ist es wegen – wegen …«

»Ja«, sagte ich, »wegen des Begräbnisses. Das meinst du doch. Hier draußen kommen die Toten gleich in die Erde.«

Ihr Gesichtsausdruck verschloss sich wie in innerer Abwehr. »Bitte nicht davon sprechen! Und dann noch etwas: Stahl-Trettow hat die beiden Vorstellungen abgesagt. Wir fahren, sobald es dunkel wird.« Sie warf einen Blick voller Enttäuschung auf meinen Waffenrock. »Ich hatte gehofft, wir hätten nun den ganzen Nachmittag für uns. Morgen sind wir in Anapa.«

»Marianne, bleib hier. Das kannst du mir nicht antun, schon heute zu fahren. Ich werde schon einen Weg finden, dich morgen rechtzeitig nach Anapa zu bringen. Aber heute bleib hier!«

Sie schüttelte den Kopf. »Ihr seid wie Kinder«, sagte sie, »wie ungezogene Kinder. Was hat dieser grässliche Krieg aus euch allen gemacht? In Taman wollte ein Luftwaffenmajor mit mir übers Schwarze Meer in die Türkei fliegen. Er meinte, der Kubanbrückenkopf gehe eines Tages mit einem großen Knall in die Luft. Und ein Marinezahlmeister bot mir eine Sammlung Goldstücke dafür, dass ich bei ihm bliebe. Das Gold hatte er, wie er offen zugab, in Noworossijsk bei einem Armenier gegen Lebensmittel eingetauscht. Jeder von euch vermutet, dass er hier sterben muss, und greift noch einmal nach dem Leben, ganz gleich, was daraus entsteht. Was soll aus euch werden, wenn ihr den Krieg überlebt – und aus uns Frauen, die dann mit euch leben müssen? Wir selbst sind ja auch aus der Bahn geworfen. Wir singen und tanzen Abend für Abend und wissen, dass die, vor denen wir auftreten, morgen vielleicht schon nicht mehr sind. Wir lächeln, wo wir weinen, uns auflehnen, den Soldaten zurufen müssten: ›Macht doch endlich Schluss!‹«

»Es wäre zu spät«, sagte ich, »viel zu spät. Das ist ja das Problem, an dem viele von uns herumnagen wie an einem steinharten Brot. Hier draußen denken die wenigsten an ›Führer und Reich‹, wenn sie im Kampf stehen und ihr Leben einsetzen. Wir denken an den Gegner, den wir vor uns haben, und daran, dass dieser Gegner geschlagen werden muss, wenn Deutschland nicht zur Wüste werden soll. Verstehst du das?«

»Ja, ich verstehe es«, sagte Marianne. »Ihr habt recht. Aber befürchtet ihr nicht, dass es euch eines Tages so ergehen könnte wie denen in Stalingrad, dass man euch abschreiben wird?«

»Das kann sich die Führung kein zweites Mal leisten«, entgegnete ich und ahnte nicht, dass unsere, die 17. Armee, ein Schicksal erleiden sollte, dessen Widersinn den der Opferung der Stalingrad-Armee übertraf.

Ich begleitete sie in die Nähe des großen Reisebusses, der unter der Tarnung von Zeltplanen und Zweigen beim Lagereingang stand. Auch der LKW mit dem Gepäck der Künstler und den Requisiten und Kostümen war inzwischen eingetroffen.

Marianne gab mir die Hand. »Bis heute Abend!«

Wir begruben den Oberstleutnant in einer Zeltbahn auf dem Soldatenfriedhof, den die in der Nähe stationierte Flakbatterie angelegt hatte. Stabsarzt Dr. Pohl hielt mit polternder Stimme die Grabrede, während es um seine Augen unaufhörlich zuckte. Unter Leutnant Lemkes Kommando schoss die im Stahlhelm ausgerückte Kompanie, deren Gefechtsstärke kaum mehr zwei Züge ausmachte, mit scharfer Munition drei Ehrensalven. Ich legte die Linke grüßend an die Mütze, und ich vergaß, dass unter dem frisch aufgeworfenen Hügel der Mann lag, der die Verurteilung eines ritterlichen Offiziers gefordert hatte. Aber ich dachte an das unbekannte Massengrab, in dem der andere, mein einstiger Kommandeur, verschollen war – ein Namenloser unter vielen, die gleich ihm Ehre und Rang verloren hatten.

Es ging auf den Abend zu, als wir ins Ferienparadies »Krasnaja Swesda« zurückkehrten. Der rote Stern auf der weißen Säule glühte im späten Sonnenlicht. Schon bei meiner Ankunft im Lager hatte ich mich gewundert, dass man das Symbol der Bolschewiken nicht gestürzt hatte wie die vielen Statuen Lenins und Stalins, die wir auf dem Vormarsch durch Russland in Dörfern und Städten angetroffen hatten.

Nach dem Essen ging ich durch das dunkle Lager zum Bus des Fronttheaterzuges. Marianne hatte mich schon erwartet. Sie kam mir entgegen und hängte sich bei mir ein. »Wenn ihr zu meiner Division kommt, sehen wir uns wieder«, sagte ich. »Ich werde es schon so einrichten, dass ich bis dahin wieder beim Stab bin.«

Sie blickte lächelnd auf. »Es wäre zu schön, aber ...«

Ich verschloss ihr mit dem Finger die Lippen. »Nicht weiterreden! Du wirst sehen, wir treffen uns wieder.«

Wir gingen im Dunkeln unter den Bäumen umher. Der Krieg schien in weite Ferne gerückt zu sein. Nur manchmal war mir, als vernähme ich ein leises Grollen von dorther, wo sich Gräben durchs Gelände zogen, in denen übermüdete, ausgebrannte Infanteristen an ihren Waffen standen. In düsterem Rot schimmerte der Sowjetstern auf der kalkweißen Säule. Wir begegneten einem Posten mit Stahlhelm und Karabiner. Ich sprach ihn an. Er antwortete in gebrochenem Deutsch. Ein Hiwi wie die Ordonnanz im Kasino, wie der Krankenpfleger, der Schuster und der Schneider des Lagers.

Ich blickte auf meine Uhr. Es wurde Zeit. Ich begleitete Marianne in die Nähe des Fahrzeugs, das sie nach Anapa bringen sollte. Wir küssten uns zum Abschied. Im Weggehen drehte sich Marianne noch einmal um, aber sie sagte nichts.

Ich suchte mein Quartier auf, legte mich zu Bett und löschte das Licht. Um fünf Uhr morgens weckte mich Leutnant Lemke. Zwei Lastwagen der Division waren eingetroffen. Lemke hatte Befehl erhalten, vorzeitig mit der Kompanie abzurücken. Die Front brauchte sie.

Wieder, wie an jenem verhängnisvollen Abend in der Balka hinter der verlorenen Stellung, gab ich jedem die Hand. Es waren Hände darunter, die bald kalt und steif sein würden.

Die LKWs mit ihrer Fracht bewaffneter Landser rollten an dem roten Stern vorbei durchs Lagertor. Als sie außer Sicht waren, ging ich langsam zum Saum der Steilküste und blickte eine Zeit lang aufs Meer hinaus, das in den waagerechten Strahlen der Morgensonne glitzerte wie flüssiges Gold. Nachdenklich folgte ich dem Pfad zu der kleinen Bucht. Im Sand war noch die Vertiefung, die Mariannes Körper geformt hatte. Aber draußen neben der Klippe war eine russische Mine angetrieben. Wie der algenbewachsene Schädel eines Ungeheuers aus der Tiefe schaukelte sie mit ihren stumpfen Hörnern im seichten Wasser. Möwen stießen mit misstönigem Kreischen herab. Ihre spitzen Schnäbel streiften flüchtig das kugelförmige Gebilde, das vom Meer wie Auswurf ausgespien worden war.

Das Wiedersehen

Der August war zu Ende gegangen. An den sonnenbeschienenen Hängen bei Anapa hatte die Weinlese begonnen. Der Mais wuchs, Nüsse und Tomaten reiften. An der Front war es zeitweilig ruhiger geworden, nachdem alle Durchbruchsversuche des Feindes, die er bald im Fabrikgelände von Noworossijsk, bald in den Schilfdschungeln am linken nördlichen Flügel unserer Armee und dann wieder auf den von Trichtern zerwühlten Höhen oder am Kuban-Damm unternommen hatte, blutig zusammengebrochen waren.

Der Bruch meines Handgelenks war glatt verheilt. Stabsarzt Dr. Pohl hatte mir anstelle des Gipsverbandes eine Elastikbinde angelegt und dazu mit nervösem Zwinkern polternd erklärt: »In Ordnung, mein junger Freund. Eines Tages bekomme ich Sie ja doch wieder in die Finger, und wenn nicht ich, dann ein Kollege.«

Mit Ausnahme des Arztes waren alle Übrigen, die bei meiner Ankunft die Ferienluft von »Krasnaja Swesda« genossen hatten, zur Truppe zurückgekehrt und von anderen Erholungsbedürftigen abgelöst worden. Nun war auch für mich die Abschiedsstunde gekommen. Von der Flakvermittlung aus hatte ich Hauptmann Scheffler, den Ic, angerufen und um einen Kraftwagen für meine Rückfahrt zur Division gebeten – zum Stab, in dem ich in der kurzen Zeit nicht hatte heimisch werden können.

Bei der Säule mit dem roten Stern wartete ich auf den Wagen, der für die ersten Morgenstunden angekündigt war. Mein Gepäck lag neben der mit kyrillischen Buchstaben beschrifteten Säule. Mein Zimmer hatte bereits ein herzkranker Stabsveterinär bezogen.

Der Fahrer des ramponierten Pkws, der pünktlich eintraf, war jener Obergefreite, der mich nach General von Mahlers Tod zum Divisionsfriedhof und später zum Hauptquartier der Armee gebracht hatte. Ich stieg ein. Mit Vollgas brauste der Wagen durchs Lagertor. Hinter einer Staubwolke verschwand das Ferienparadies, das ich kurze Zeit später unter dramatischen Umständen wiedersehen würde. Zu meiner Verwunderung bog der Wagen links ab auf eine Straße, die zur großen Rollbahn führen musste. Auf meine Frage, was der Umweg bedeuten solle, erwiderte der Fahrer in seiner knappen Ausdrucksweise: »Kein Umweg, Herr Oberleutnant, 30 Kilometer kürzer.«

»Ist denn die Front zurückverlegt worden?«, fragte ich. Exakte Nachrichten hatten wir in »Krasnaja Swesda« niemals erhalten.

»Ne«, sagte der Obergefreite, »wir sind nur 'n Ende nach links gerückt. Beim linken Nachbarkorps ist 'ne Division herausgezogen und nach Noworossijsk verlegt worden. Dort macht der Iwan zurzeit Rabatz. Der Stab liegt jetzt in Klein-Bukarest. Vorher waren Rumänen in dem Kaff.«

Das »Kaff«, das wir nach dreistündiger Fahrt in sommerlicher Hitze erreichten, erwies sich als ein kaum beschädigtes kleines Dorf, das, nach allen Seiten geschützt, in einer langgestreckten Mulde lag. Die schilfgedeckten Lehmkaten, von denen nur zwei durch

Artilleriefeuer leicht zu Schaden gekommen waren, standen, von Nussbäumen beschattet, in umzäunten Gärten mit hohen Mais- und Sonnenblumenstauden. Unter einem der mächtigen Nussbäume erblickte ich den Befehlswagen des Divisionsstabes und daneben ein großes schwarzes Zelt, vor dem der schwarz-weiß- rote Stander aufgepflanzt war.

Die Abteilung Ic, bei der der Wagen hielt, war in einem Häuschen untergebracht, unter dessen vorspringendem Schilfdach Tabakblätter zum Trocknen und Bräunen aufgehängt waren. An einer schüchtern grüßenden russischen Frau vorbei ging ich über den Gartenweg und trat durch die offene Tür in das kleine Haus. Hauptmann Scheffler trug gerade auf der Feindkarte die neuesten Bewegungen ein. Ein junger Sonderführer half ihm dabei.

Ich meldete mich. Der Hauptmann drehte sich um, begrüßte mich und machte mich mit Sonderführer von Strack bekannt, den er als den neuen Dolmetscher bezeichnete.

»Ist Hauptmann Peterhans auf Urlaub?«, fragte ich arglos.

Der Ic schüttelte den Kopf. »Eine fatale Geschichte, Herr Emser. Hängt mit den drei Russen zusammen, die damals, als Sie zu uns kamen, von den Kosaken eingebracht wurden. Eine Frau und zwei junge Burschen, mit dem Fallschirm abgesprungen – Sie erinnern sich doch noch? Na ja, über die drei ist der gute Peterhans gestolpert. Er wollte sie retten, vor allem wohl das Mädchen. Kurz nachdem Sie weg waren, sind die drei verschwunden. Das Tollste dabei war: Sie haben zwei von den Kosaken mitgenommen, auf die Hauptmann Peterhans felsenfest geschworen hat. Die Folgen für ihn können Sie sich vorstellen. Übrigens sind wir dabei auch den Kosakenzug losgeworden.«

Ein Mensch in Uniform! Bei dem Versuch, drei feindliche Agenten zu retten, war Hauptmann Peterhans selbst ins Netz der Abwehr geraten.

»Und sonst, Herr Hauptmann?«, fragte ich.

Der Ic deutete auf die an der Lehmwand aufgespannte Karte. »Sehen Sie sich das doch einmal an! Die Mijus-Stellung umgangen und durchbrochen. Feindspitzen in der Nogaischen Steppe. Im Donezgebiet Slawiansk gefallen.«

Bei den letzten Worten schrak ich zusammen. Slawiansk – die Stadt, in der im Winter 42 der Stab unserer Division die Abwehrschlacht geleitet hatte. Die Division, bei der ich damals gestanden hatte, war in Stalingrad geblieben, und nun hatte die Rote Armee Slawiansk zurückerobert, die Stadt, nach der sie in jenen Wintertagen vergeblich gegriffen hatte. Wirklich – wir hatten es weit gebracht!

»Wenn die Russen den Dnjepr erreicht, hängen wir in der Luft«, fuhr Hauptmann Scheffler fort. »Per saldo reizende Aussichten. Es sei denn, die da oben lassen sich noch etwas einfallen, bevor die Tür für uns zuschnappt.«

»Vielleicht kommt es doch zum Vormarsch nach Rostow und zur Entscheidungsschlacht im Donezbogen«, meinte Sonderführer von Strack in beschwörendem Ton, als hinge die Verwirklichung solcher Wunschträume vom guten Willen des Hauptmanns ab.

»Sie haben selbst gesagt, dass jetzt zur Entlastung der Materialseilbahn von der OT eine Brücke über die

Straße von Kertsch gebaut werden soll. Ist das nicht ein sicheres Zeichen für eine Offensive, Herr Hauptmann?«

Der magere Junge, der wie ein frühreifer, unterernährter Primaner in seiner Uniform steckte, versuchte krampfhaft, sich den Anschein unerschütterlicher Standhaftigkeit zu geben. Doch in seinen großen blassgrauen Augen flackerte unverhüllte Angst.

Hauptmann Scheffler räusperte sich unwillig. »Menschenskind, Strack, ich weiß es doch genauso wenig wie Sie. Warten Sie's ab. Wir werden's schon erleben.«

»Jawohl, Herr Hauptmann«, entgegnete der Sonderführer mit bebenden Lippen, als sei er den Tränen nahe. Er grüßte mit steif ausgestrecktem Arm, nahm seine Mütze und ging hinaus.

Als er außer Hörweite war, sagte Hauptmann Scheffler: »Ich vergesse es selbst immer wieder. Man muss ein bisschen vorsichtig sein bei ihm. Er ist Balte, kein gemütlicher Ostmärker wie Peterhans. Seine Familie in Estland ist von den Bolschewiken ausgerottet worden. Sein einziger Halt ist der ›Führer‹. An ihn klammert er sich und vertraut ihm blind. Übrigens – damit Sie im Bilde sind, Emser: Heute ist große Besprechung beim Kommandierenden. Alles streng geheim. Der General und der Ia sind dort. Ich tippe, unter uns gesagt, auf Räumung und Absatzbewegung zur Krim. Es wäre vermutlich eine nie wiederkehrende Gelegenheit. Die Luftaufklärung hat beim Gegner den Abzug von Kräften beobachtet.«

»Zur Krim«, wiederholte ich. »Und was dann, Herr Hauptmann?«

Hauptmann Scheffler spreizte achselzuckend die Hände. Es war wie die Geste eines Kaufmanns, der feststellt, dass die Kasse leer ist. Nachdenklich drehte er sich zu der großen Wandkarte um, die das Gebiet der Sowjetunion vom Eismeer bis zum Kaukasus und von der Ukraine bis zur Wolga umfasste. Sein Finger zeichnete den Frontbogen des Kubanbrückenkopfes nach. Malaja Ssemlja – die Kleine Erde.

»Beinah sieben Monate lang haben unsere Divisionen diese Front gehalten«, murmelte er. »Sieben russische Armeen haben sich die Köpfe blutig gerannt. Das höchste, was sie erreicht haben, waren kleinere Einbrüche da und dort, die ein paar Stunden oder ein paar Tage später wieder ausgebügelt waren. Wozu das Ganze, Emser, wenn meine Prognose jetzt zutrifft?«

»Die gleiche Frage stelle ich mir auch, Herr Hauptmann«, sagte ich. »Aber wenn wir so denken, dann war überhaupt alles umsonst, was geleistet worden ist, seitdem wir im Herbst '41 den Dnjepr überschritten haben. Wenn Sie das dem Landser sagen, schmeißt er die Knarre hin und geht nach Hause.«

»Wenn das so einfach wäre«, warf Hauptmann Scheffler ein. »Ich glaube, der Landser weiß recht gut, warum er so stur und verbissen seine Stellung hält und immer wieder das Unmögliche möglich macht.«

In der Nähe krachte es ein paarmal vernehmlich – ein Feuerüberfall der russischen Artillerie.

»Idyllisches Nest«, sagte ich. »Aber wenn die Russen hier 'reinknallen oder ein paar Bomben fallenlassen, dürfte vom Führungsstab nicht mehr viel übrig sein.«

»Es war der Wunsch von General Scheufele«, gab Hauptmann Scheffler zurück. »Er wollte nach dem Kellerdasein in Pokrowskaja Luft und Sonne haben. Als ich ihm vorschlug, wenigstens die einheimische

Bevölkerung zu evakuieren, lehnte er es ab. An die Fäden, die von hier nach drüben gehen, glaubt er nicht. Ein seltsamer Mensch. Auf der einen Seite Pedant, auf der anderen großzügig und aufgeschlossen. Für das Gastspiel des Fronttheaterzuges hat er in Noworossijsk ein Klavier organisieren lassen.«

Von meinem Anruf aus »Krasnaja Swesda« her wusste ich, dass die Division den Theaterzug erwartete.

»Sind die Künstler schon hier?«, fragte ich und gab mir dabei Mühe, nicht allzuviel Interesse zu zeigen.

»Künstlerinnen meinen Sie wohl«, gab Hauptmann Scheffler schmunzelnd zurück. »Scheinen Verspätung zu haben. Heute früh wollte sich der Theaterleiter bei mir melden. Im Grunde genommen ist es unverantwortlich, die Leutchen hinter der Front herumkutschieren zu lassen. Aber ›Kraft durch Freude‹ ist nun mal eine der Parolen dieser großen Zeit. Sie hatten doch schon in ›Krasnaja Swesda‹ das Vergnügen, Emser?«

»Damals ist die Vorstellung ausgefallen, Herr Hauptmann«, antwortete ich. »Wir hatten an dem Tag eine Beerdigung. Da passte es nicht recht.«

»Daran sehen Sie, dass alles relativ ist«, meinte der Ic. »In der Hauptkampflinie gibt es täglich Tote. Trotzdem sind die Landser völlig außer Rand und Band, seitdem sie wissen, dass sich ein Grüppchen deutsch sprechender oder vielmehr singender Weiblichkeit vor ihnen produzieren wird. Das landeseigene Fronttheater, das von der Armee aufgezogen worden ist, hat längst nicht diese Wirkung. ›Lili Marleen‹ will der Landser hören. Das wirft ihn um.«

Selbstvergessen summte der Hauptmann die Melodie vor sich hin, die der Belgrader Wachtposten Abend für

Abend denen zu Gemüte führte, die einen Radioapparat oder zum Mindesten ein Tornister-Funkgerät zur Verfügung hatten. Plötzlich brach er ab, trat zur Tür und schaute prüfend zum Himmel, an dem sich mächtige weiße Wolken ballten.

»Kubanbrückenkopf«, murmelte er. »Heute Abend wissen wir mehr, Emser.« Nach einer Pause setzte er hinzu: »In 'ner halben Stunde sehen wir uns beim Essen. Richten Sie sich inzwischen ein. Die Unterkunft ist gleich nebenan. Im Garten ist ein Splittergraben. Er stammt noch von den Rumänen.«

Ich ging ins Quartier. Der Fahrer hatte mein Gepäck bereits in den kleinen, kahlen Raum geschafft, in dem die drei Holzpritschen aus Pokrowskaja aufgestellt waren. Darüber hingen grüne Moskitonetze. Zu den Kubansümpfen mit ihren Mückenschwärmen war es nicht mehr weit. Den Wandschmuck bildete eine Fotografie des rumänischen Königs Michael, die wohl von unseren Vorgängern vergessen worden war. Links neben der erdgrauen, unter einem struppigen, gebleichten Schilfdach sich duckenden Lehmkate, in deren Hinterzimmer die Besitzerin, eine alte, verschrumpelte Russin, hauste, stand in einer Laube aus Weinranken ein Tisch mit einer Bank und zwei Stühlen. Der Splittergraben zwischen hohen, sacht im trägen Wind schaukelnden Sonnenblumen war mit wenigen Schritten zu erreichen.

Im Osten grollte das Störfeuer der feindlichen Artillerie. Im Dorf dagegen, das auf der Karte Stepnoje und bei den Landsern »Klein-Bukarest« hieß, herrschte friedliche Stille. Es gab weder Katzen noch Hühner noch Hunde. Nur ein paar Kühe und eine Anzahl kleiner Pferde grasten am Dorfrand zwischen früchteschweren

Nussbäumen. Wie durch ein Wunder hatten die Tiere die rumänische Einquartierung überlebt.

Wolkenschatten huschten über das Dorf, in dem der Krieg eingeschlafen zu sein schien. Im Osten und Nordosten schwoll das Geschützfeuer zu dumpfem Rumpeln an. Ich dachte an Leutnant Lemke. Wie mochte es ihm ergangen sein, ihm und der Kompanie, die längst wieder vorn in Stellung war? Der Verteidigungsabschnitt des Regiments Staufer grenzte jetzt an den der 10. rumänischen Division, der sich bis zum Kuban und eine Strecke weit am Fluss entlang hinzog.

Im Norden, über den Lagunen und Schilfwäldern, wo seit Monaten ein schleichender, grausamer Amphibienkampf im Gange war, verdunkelte schwarzer Qualm den Himmel. Wenn die Russen dort oben starke Kräfte ansetzten, überlegte ich, und wenn sie gleichzeitig im Südwesten an der Schwarzmeerküste landeten und in unseren Rücken stießen, wäre alles, was zur Stunde der Kommandierende General den Divisionskommandeuren eröffnen mochte, von blutigen Tatsachen überholte Theorie. Es wäre das Ende einer Armee, die sich aus der Not des winterlichen Rückzuges noch einmal zum Widerstand gestellt hatte und schon länger als ein halbes Jahr die »Kleine Erde« hielt.

Auf der Dorfstraße erschien der neue Dolmetscher. Als er mich sah, schwenkte er einen Brief. »Post für Sie, Herr Oberleutnant!«

Post für mich? Ich ahnte nicht, wer mir noch schreiben sollte, seitdem es keine Inge mehr gab. Zögernd nahm ich den Brief in Empfang und suchte, bevor ich ihn öffnete, den Namen des Absenders. Er lautete: Anneliese Metzelbrod. Auf einmal fühlte ich mich wieder in die eisigen Tage des Januars 1942 zurückversetzt. Goroditsche. Beim Durchbruch der Russen war der Stützpunkt in der winterlichen Öde vom Feind genommen worden. Wir hatten Oberleutnant Erich Metzelbrod, den Sohn meines Kommandeurs, schwer verwundet geborgen. Am Abend vor dem Rückzug des Regiments, der unserem Oberst zum Verhängnis wurde, war Erich Metzelbrod im Hauptverbandsplatz gestorben.

Oft hatte der Oberst mir, seinem Adjutanten, von Anneliese, der Frau seines Sohnes, erzählt. Auch Erich Metzelbrod hatte immer wieder von ihr gesprochen. Nun hielt ich einen Brief von ihr in der Hand und wagte nicht, ihn zu öffnen, weil ich zu wissen glaubte, was er enthielt. Ich schob den Brief in die Tasche, in der ich Inges letzte Zeilen aufbewahrte. Später, wenn ich allein wäre, würde ich ihn lesen.

Hauptmann Scheffler kam die paar Schritte vom Ic-Haus herüber. Der glatt gescheitelte Unteroffizier vom Geschäftszimmer hatte die Fernsprechwache übernommen. Eine Ordonnanz brachte das Essen. Hauptmann Scheffler hatte kaum den ersten Bissen zu sich genommen, als drüben das Telefon klingelte.

Der Unteroffizier schaute durch die Tür. »Herr Hauptmann – für Sie.«

Als Hauptmann Scheffler zurückkehrte, sagte er: »Hören Sie, Emser, Sie kennen doch die Theaterleute von ›Krasnaja Swesda‹ her. Sitzen irgendwo dort drüben fest. Konnten heut früh nicht weiterfahren, weil die Straße unter Beschuss lag. Wir müssen uns um die Leutchen kümmern. Vor allem muss man feststellen, ob der Riesenomnibus ausreichend getarnt ist. Weiterfahrt keinesfalls vor dem Abend. Übernehmen Sie das, Emser! Der Wagen für Sie ist schon angefordert.«

Während ich im Quartier Mütze und Koppel holte, fuhr draußen der Pkw vor, mit dem ich von »Krasnaja Swesda« gekommen war. Hauptmann Scheffler zeigte mir, bevor ich aufbrach, auf der Karte den Punkt, an dem der Theaterzug festsitzen musste.

Dicht hinter Klein-Bukarest bog die Straße, auf der man zur rechten Nachbardivision gelangte, in das von Schluchten durchschnittene Hügelland ab, das sich nach Süden hin bis zu den bewaldeten Ausläufern des Kaukasus erstreckte. Karstige Höhen, die nur stellenweise mit bräunlich versengtem dürrem Gras bewachsen waren, säumten die graue, von der langen Trockenzeit rissige Fahrbahn.

Ich dachte an die blonde Frau, der ich in »Krasnaja Swesda« begegnet war. Nun war es doch so gekommen, dass ich sie wiedersehen sollte. Seltsamerweise jedoch beglückte mich dieser Gedanke nicht. Wie eine Vorahnung überkam mich ein Gefühl der Beklommenheit, das ich nicht abzuschütteln vermochte.

Die Gegend war völlig einsam. Nirgends war eine Siedlung; kein deutscher Soldat zeigte sich. Der Fahrer pfiff gewohnheitsmäßig vor sich hin. Auf einmal verstummte er. Voraus in der vom Sonnenlicht flimmernden Öde schwoll ein Geräusch wie das zornige Brummen von Hornissen an, gefolgt von unregelmäßigem Geknatter.

»Iwans«, stellte der Obergefreite sachlich fest. »Möchte wissen, was die beharken.«

Er verlangsamte die Fahrt, um im Bedarfsfall sogleich anhalten zu können. Plötzlich tauchte vor uns in geringer Höhe ein Flugzeug auf. Die Maschine – eine gepanzerte russische IL II – schwebte mit mäßiger Geschwindigkeit geradewegs auf uns zu. Wir stießen die Türen auf, sprangen aus dem ruckartig abgebremsten Wagen und warfen uns zu Boden. Flach an die Erde gepresst, wartete ich auf den Feuerstoß, der den Pkw durchsieben würde. Doch das Geprassel, das ich schon zu hören glaubte, blieb aus. Ich drehte vorsichtig den Kopf. Auch der Heckschütze, den ich beim Abflug der Maschine in seiner Kanzel aus kugelfestem Glas sitzen sah, feuerte nicht. Kaum dreißig Meter hoch fliegend verschwand die IL II nach Norden.

Wir standen auf, klopften den Staub ab und lachten. Aber es war ein gepresstes Lachen, als würge uns die Gefahr, der wir auf so unwahrscheinliche Weise entgangen waren.

»Der Hund hat sich verschossen«, brummte der Obergefreite. Nachdem er sich eine Beruhigungszigarette angezündet hatte, fügte er hinzu: »Oder er hat Ladehemmung.«

Ich antwortete nicht. Meine Kehle war wie zugeschnürt. Wir fuhren weiter. Die Straße holte zu einer Biegung aus. Der Obergefreite fluchte, weil er sich einbildete, dass er das gepanzerte Schlachtflugzeug hätte abschießen können, wenn er in der Eile des Aussteigens nicht seinen Karabiner im Wagen zurückgelassen hätte. Der Hang zur Linken trat zurück. Der Einschnitt, durch den die Straße führte, verbreiterte sich zu einem langgestreckten Tal. Staubige Büsche säumten die steinhart ausgetrocknete Fahrbahn. Rechts stieg lichter Laubwald an. Mir wurde heiß. Die Sonne brannte mörderisch, obgleich es schon Anfang September war. Ich holte die Karte hervor. Der Punkt, den Hauptmann Scheffler mir gezeigt hatte, konnte nach der Beschaffenheit des Geländes nicht mehr weit sein.

Auf einmal erblickte ich voraus im grellen Glast des sonnendurchglühten Talbodens mehrere Gestalten, die allem Anschein nach aufgeregt umherrannten. Ihre Tropenuniformen hoben sich kaum erkennbar in der graubraun verdorrten Landschaft ab, aber es waren auch Farbflecke zu sehen. Am Waldsaum wurde ein großes Fahrzeug sichtbar – der Fronttheaterzug.

»Drück auf die Tube, Mann«, befahl ich dem Fahrer. Er trat aufs Gaspedal. Beim Näherkommen fand ich meine Ahnung bestätigt: Der Omnibus war zu einem Wrack zusammengeschossen. Verwunderlich schien nur, dass er nicht in Brand geraten war. Das Dach war aufgerissen, die Seitenwand durchsiebt und sämtliche Scheiben zersplittert. Ich stellte mir das Flugzeug vor, wie es schießend niedergestoßen war. Manche Bordschützen feuerten auf einzelne Menschen.

Der Pkw hielt an. Ich sprang mit einem Satz heraus und lief zum Heck des auf die Radfelgen abgesackten mächtigen Fahrzeugs. Es war wie ein Kugelfang durchlöchert. Von den Insassen zeigte sich niemand, doch hörte ich gellendes Schreien einer Frau. Dann sah ich am Waldrand, wo auch der Lkw mit dem Gepäck des Theaterzuges und zwei Kübelwagen der Wehrmacht abgestellt waren, unseren General, der sich gemeinsam mit Oberstleutnant Frisch um eine wild um sich schlagende blutüberströmte Frauengestalt bemühte. Der General hatte einen Verbandkasten neben sich. Zwei von den Mädchen, mit denen ich in »Krasnaja Swesda« an der Kasinotafel gesessen hatte, standen hilflos weinend dabei. Die übrigen Mitglieder des Ensembles, unter denen ich vergebens Marianne suchte, und die Begleitmannschaft des Generals umringten stumm in dichtem Kreis eine zweite am Boden hingestreckte Gestalt. Ich sah Stahl-Trettow, den Leiter des Theaters. Sein linker Arm hing schlaff im blutdurchtränkten Ärmel herab.

Ich drängte mich zwischen zwei Mann der Generalseskorte hindurch. Marianne lag reglos im strohigen Gras. Sie trug das gleiche Kleid, in dem sie damals am Strand der kleinen Bucht erschienen war. Ihre Augen waren geschlossen, als ob sie schliefe. Aber ihr Gesicht hatte die frische, gesunde Farbe verloren. Ein dünner Blutfaden rann von einem Mundwinkel zum Kinn. Über der linken Brust war das Rosenmuster des Kleides zerfetzt und dunkelrot gefärbt.

Ich trat zurück und fasste Stahl-Trettow an seinem gesunden Arm. Der alte Schauspieler, der Hauptmann Peterhans so ähnlich sah, wandte sich um. Sein Gesicht war das eines Greises, dessen Lebenskraft im Versiegen ist. In seinen Augen regte sich flüchtig ein Ausdruck des Erkennens.

»Kommen Sie«, sagte ich. »Sie müssen sich verbinden lassen.«

Er schüttelte den Kopf. »Es ist nichts«, krächzte er heiser, als habe er seine Stimme verloren. »Nur eine Streifwunde.«

Dennoch ließ er es zu, dass ich den klebrig-feuchten Hemdärmel hochstreifte und die immer noch stark blutende Fleischwunde mit meinem Verbandspäckchen versorgte.

»War sie gleich tot?«, fragte ich.

Stahl-Trettow nickte wortlos.

»Sie hat es gewusst«, sagte ich.

Er blickte mich verständnislos an. Ich drehte mich zu der Verwundeten um. Erst jetzt kam mir zum Bewusstsein, dass es die schwarzhaarige Lotte war. Ihre Schreie waren zu einem kläglichen Wimmern versiegt. Der General schaute auf. Am rechten Oberschenkel und am rechten Arm des Mädchens hatte er Aderpressen angelegt. Ich trat auf ihn zu, um mich zu melden. Die militärischen Formen waren so sehr in uns verwurzelt, dass sie auch angesichts von Blut und Tod ihre Gültigkeit nicht verloren. Der General wischte die blutigen Hände am Gras ab, bevor er aufstand. Der Ia folgte seinem Beispiel.

Ich hob die Hand zur Mütze. »Oberleutnant Emser, vom Erholungslager zur Division zurück.«

Der General erwiderte meinen Gruß mit der ihm eigenen Exaktheit. »Wir sind gleich nach dem Tieffliegerangriff hier angekommen«, sagte er. »Es ist entsetzlich. Der Omnibusfahrer liegt tot im Wagen.« Er wandte sich dem Ia zu. »Frisch, holen Sie rasch mein Kartenbrett. Wir nehmen die Überlebenden und die beiden Toten zum Gefechtsstand mit. Emser fährt zum Verbandsplatz.«

Auf der Karte zeigte der General mir die Lage des Verbandsplatzes. Ich winkte meinen Fahrer heran. Zwei Mann der Stabswache halfen uns, die Verwundete, die nur noch gequält stöhnte, in den Wagen zu betten. Als wir losfuhren, warf ich einen letzten Blick dorthin, wo Marianne lag. Jemand hatte eine Decke über sie gebreitet.

Als wir den Hauptverbandsplatz unserer Nachbardivision erreichten, lebte die schwarzhaarige Lotte noch. Zwei Sanitäter legten die Bewusstlose behutsam auf eine Trage. Ein Arzt in blutbesudeltem weißem Mantel kam aus dem Zelt.

»Gestern hat sie hier gesungen«, sagte er mit einem traurigen Blick auf die Verwundete. Zu den Krankenträgern gewandt, setzte er hinzu: »Gleich zur Operation! Assistenzarzt Schmidt soll alles vorbereiten. Ich operiere mit Narkose.«

Er zündete sich eine Zigarette an, rauchte ein paar Züge, warf die Zigarette fort und verschwand im Zelt.

Im Beisein des Generals wurden Marianne Falahn und der Omnibusfahrer Hubert Krüll auf dem Divisionsfriedhof beerdigt. Die beiden schmucklosen Kreuze, die wir aus Klein-Bukarest mitgebracht hatten, waren die Einzigen unter Hunderten, die neben dem Namen keine Dienstgradbezeichnung aufwiesen.

Als die Erdbrocken mit dumpfem Aufklatschen auf die Zeltbahn fielen, die Mariannes Körper umhüllte, war mir, als sei es Inge, die in der schmalen, tiefen Grube lag. General Scheufele legte Blumen aus einem Garten unseres Quartierdorfes vor den Gräbern nieder. Außer ihm und Major Schmeller, dem IIa der Division, waren die fünf weiblichen Mitglieder des Fronttheaterzuges, die verschont geblieben waren, die drei Musiker, der Lkw-Fahrer sowie der Requisiteur der Künstlertruppe anwesend. Verstört und wie verloren starrten sie vor sich hin, als wüssten sie, dass sie nicht auf einen Soldatenfriedhof hinter der Front gehörten.

Stahl-Trettow, der Chef, war am Abend zusammengebrochen und sofort nach dem Übersetzhafen Taman abtransportiert worden, ebenso die schwarzhaarige Lotte, deren rechtes Bein amputiert worden war. Die beiden befanden sich zur Stunde des Begräbnisses wohl bereits auf der Krim.

Ich hatte den General in Vertretung von Hauptmann Scheffler, der zum Korps zu einer Ic-Besprechung gerufen worden war, zum Friedhof begleitet, um nach der schlichten Trauerstunde, bei der es nur eine kurze Abschiedsrede des Requisiteurs und keinen Ehrensalut gab, mit ihm nach vorn zum Regiment Staufer zu fahren.

Der General und Major Schmeller verließen den Friedhof. Ich folgte den beiden, nachdem ich den Überlebenden des Fronttheaterzuges, die noch am gleichen Tag die Heimreise antreten sollten, im Namen des Ic die Hände gedrückt hatte. An diesem Tag schien die Sonne nicht. Mächtige Wolkengebilde zogen über die Kleine Erde hinweg, von Nord nach Süd, vom Asowschen zum Schwarzen Meer.

Rückkehr zum Regiment

Ohne Klein-Bukarest zu berühren, fuhr das Kfz 17 des Generals, dem diesmal kein Begleitfahrzeug folgte, auf der Nachschubstraße der Division nach Osten. Ich befand mich an der Seite von Major Schmeller auf dem Rücksitz. General Scheufele saß straff aufgerichtet vorn neben dem Fahrer. Steifnackig lehnte er sich gegen das Polster des Sitzes. Von Zeit zu Zeit hob er die Hand über die Tür des offenen Fahrzeugs und stäubte die Asche von seiner Zigarette ab. In der Frühe, vor der Abfahrt zum Friedhof, war ich dabei gewesen, wie er die Russenfrau, die für ihn die Blumen aus ihrem Garten geholt hatte, eine Anzahl Rubelnoten überreichte – Rubel, kein deutsches Besatzungsgeld. Die Frau hatte ihm mit einer tiefen Verbeugung gedankt. Aber noch mehr hatte es mich berührt, als er dem Ordonnanzoffizier, der das Klavier in Noworossijsk geholt hatte, den Auftrag gab, das Instrument zurückzuschaffen. Vielleicht war er ein Pedant, wie Hauptmann Scheffler meinte, aber jedenfalls einer, der nicht nur von anderen Korrektheit und untadeliges Verhalten forderte. Nicht jeder seines Ranges hätte sich tags zuvor der verwundeten Kabarettistin in gleicher Weise angenommen wie er. Es fiel mir immer schwerer, sein Verhalten, das er von der ersten Stunde an zur Schau getragen hatte, mit dem in Einklang zu bringen, was Leutnant Lemke von ihm behauptete. Es war für mich ein Rätsel. Wie hätte ich ahnen können, dass es sich schon wenig später gleichsam von selbst lösen würde?

Die Höhenzüge, zwischen denen wir eine Zeit lang hindurchfuhren, blieben zurück. Vor uns dehnte sich flaches Land mit spärlicher Vegetation nach Osten bis zu den grün schimmernden Uferauen des Kuban. Auf einer Behelfsbrücke überquerten wir einen Bach, der von mageren Erlen- und Weidenbüschen eingesäumt war, und gelangten in ein durch Artilleriebeschuss stark mitgenommenes Dorf. Im Westteil standen noch einige halbwegs unversehrte Häuser, von den restlichen waren nur zerhackte Mauerreste und geschwärzte Schornsteine übrig. Unter einer der vielen Ruinen hatte sich der Regimentsgefechtsstand eingenistet. Oberst Staufer erwartete den General auf der Straße. Die beiden verschwanden im Gefechtsstand, während der Fahrer den Wagen in Deckung brachte. Ich nahm an, dass General Scheufele mit dem Oberst die Geheimbefehle besprach, die er tags zuvor vom Kommandierenden empfangen hatte. Keiner wusste, was sie enthielten.

Nach einer halben Stunde erschien der General wieder in Begleitung von Oberst Staufer.

»Na, Emser«, sagte der Oberst, nachdem er ein paar Worte mit Major Schmeller gewechselt hatte, »wie ist's? Keine Lust, zum Regiment zurückzukommen?«

»Lieber heute als morgen, Herr Oberst«, antwortete ich wahrheitsgemäß.

»Nicht sehr schmeichelhaft für den Divisionsstab«, meinte der General.

Drüben beim Feind meldete sich mit leisem Knall eine Serie von Abschüssen.

»Es wird gleich rauschen«, sagte Oberst Staufer.

In der Luft wurde ein zunehmendes Jaulen laut, dann krachten verstreut nacheinander mehrere Granaten im Vorgelände des Dorfes. Die nächste Gruppe lag schon näher. Der hochgeschleuderte Dreck prasselte bis zu uns herab.

»Meine Herren«, sagte General Scheufele, »wir müssen weiterfahren.«

Er gab dem Oberst die Hand. »Ich sehe auf dem Rückweg noch einmal vorbei, Oberst Staufer.«

Der Wagen fuhr zur Straße, auf der Sprengstücke und Mauerbrocken umherlagen. Wir stiegen ein. Die feindlichen Geschütze waren verstummt. Nach Überquerung einer freien Fläche führte die Straße in der Deckung eines nach Südosten gerichteten Dammes entlang. Zwei Verwundete kamen uns entgegen. Dann folgte ein kleiner Trupp gefangener Rotarmisten, die von einem zackig grüßenden Landser begleitet wurden.

Der Damm bog in scharfem Knick nach Süden ab. In dem Winkel befand sich der vorgeschobene Bataillons-Gefechtsstand von Major Wilhelmi in Gestalt eines mit Bohlen abgesteiften Erdbunkers. Wir betraten den Raum. Major Wilhelmi, der inzwischen einiges von seiner Rundlichkeit eingebüßt hatte, machte Meldung. Neben ihm stand Leutnant Stapf. Er trug den linken Arm in einer Schlinge aus verschmutztem Verbandsmull. Im Hintergrund der halbdunklen Erdhöhle verharrten der Funker, der Bataillonsschreiber und zwei Melder in strammer Haltung, bis der General mit einer Handbewegung abwinkte.

Major Wilhelmi berichtete, ein Spähtrupp des Feindes habe beim Morgengrauen bis zu den Stellungen der Kompanie von Leutnant Lemke vorgefühlt. Sechs

Gefangene seien eingebracht worden und befänden sich auf dem Weg zum Divisionsgefechtsstand.

»Sehr gut«, sagte der General. »Ich möchte mir die Kompanie ansehen.«

»Wenn Herr General gestatten, werde ich Sie zur Kompanie führen«, entgegnete Major Wilhelmi.

General Scheufele schüttelte den Kopf. »Nicht nötig, mein Lieber. Ein Melder genügt.«

Leutnant Stapf drehte sich um und rief einen der beiden Melder heran. Der Mann setzte den Stahlhelm auf, nahm seinen Karabiner und verließ vor uns den Bunker. Er schlüpfte in eine schmale Einkerbung des Dammes, drehte sich um und sagte: »Großen Abstand halten, Herr General. Der Laufgraben ist nur flach, weil das Grundwasser nicht tief liegt. Wenn die Russen hier was sehen, schießen sie gleich mit schweren Granatwerfern herüber.«

Der General drehte sich zu Major Schmeller um. »Sie haben doch die Orden bei sich?«

»Jawohl, Herr General«, antwortete der Adjutant und klopfte auf eine Tasche seiner Tropenbluse. Wie der General und ich, der als Letzter folgte, trug auch er keinen Stahlhelm.

Geduckt bewegten wir uns durch den nach Osten führenden Graben. Eine trügerische Stille breitete sich über dem flachen Land, das nichts von denen verriet, die hier einander kampfbereit gegenüberlagen. Auf einmal trug der Wind, der steif von Nordosten wehte, ein Geräusch vom Iwan herüber, das wie das Knallen von Flaschenkorken klang.

»Achtung!«, schrie der Melder und warf sich platt in den Graben.

Der General fiel aufs Knie wie ein Ladekanonier im Manöver. Major Schmeller, obgleich hinter ihm, ging ebenfalls nicht tiefer, während ich dem Beispiel des Melders folgte. Aber die schweren Werfergranaten, die mit bösartigem Schwirren von drüben kamen, galten nicht uns. Sie schlugen, Qualmpilze und Erdfontänen aufwerfend, in den Damm ein, der hinter uns lag.

Ich war gerade dabei aufzustehen, als der General den Kopf wandte und mir zurief: »Emser, laufen Sie zurück. Der Fahrer soll meinen Wagen zum Dorf bringen und dort auf uns warten.«

Ich wiederholte den Befehl, spurtete los und entledigte mich des Auftrages, bevor es wieder krachte.

Am Einlass in den Kampfgraben der Kompanie Lemke holte ich die drei ein. Der Graben unterschied sich von dem auf der blutgetränkten Höhenstellung nur dadurch, dass er nicht so tief war. Doch immerhin konnte man aufrecht stehen, ohne vom Feind gesehen zu werden. Schanzzeug lag umher, Munitionskisten waren aufgestapelt, Posten im Stahlhelm spähten reglos ins Gelände.

Der Melder führte uns zu einem nach rückwärts abzweigenden Stichgraben. Ein Bunker oder vielmehr ein halb mit einer Zeltbahn verhängtes größeres Deckungsloch war der Kompaniegefechtsstand. Leutnant Lemke und Feldwebel Suhrmann legten ihre Skatkarten beiseite und kamen gemächlich wie Höhlenmenschen zum Vorschein. Der Leutnant hob lässig die verstümmelte Rechte an die Tropenmütze und machte in nuschelndem Ton Meldung.

»Hat Major Wilhelmi Sie nicht verständigt?«, fragte der General in leicht indigniertem Ton.

»Nein, Herr General«, antwortete Lemke mit unerschütterlicher Ruhe. »Die Fernsprechleitung ist mal wieder gestört.«

»Sind denn keine Störungssucher unterwegs?«, fragte der General.

»Nicht von vorn, Herr General«, entgegnete Lemke. »Das ist Sache des Bataillons. Ich kann hier keinen Mann entbehren.«

»Richtig«, stimmte General Scheufele, schon eine Spur freundlicher zu, unterbrach sich jedoch und fragte Lemke: »Warum starren Sie mich eigentlich so an, Leutnant? Haben Sie noch nie einen General gesehen?«

Er schwäbelte auf einmal stark, als habe die Frontatmosphäre etwas in ihm geweckt, das ihm naheging.

Ich konnte Lemke nicht sehen, da der General und Major Schmeller ihn verdeckten. Mit Schrecken hörte ich, wie er sagte: »Wir kennen uns, Herr General. Wir waren in der gleichen Maschine, die am 10. Januar von Gumrak aus dem Stalingrad-Kessel ausgeflogen ist.«

Schweigen. Ich war mir der Peinlichkeit des Augenblicks bewusst und wünschte, ich könnte Lemke ein Zeichen geben. Würde er in seiner Wut noch weitergehen? Dann drohten Tatbericht und Kriegsgericht.

Doch Lemke sagte nichts mehr. Stattdessen murmelte der General, wie in eine böse Erinnerung versunken: »Nicht möglich – das ist doch nicht möglich! Sie waren …« Er brach ab, und ich sah, wie er Lemke mit den Worten »Ja, es war kein Vergügen, mit einem Lungenschuss in dem Schaukelkasten zu sitzen«, die Hand hinstreckte.

Lemke ergriff die Hand des Generals wie die eines alten Freundes, dem man lange Zeit unrecht getan hat.

»Herr General hatten ...?«, sagte er hastig, »Und ich Idiot dachte, Sie wären ein ›Ausflieger‹.«

General Scheufele ließ ein herzhaftes Lachen vernehmen. »Ihre Aufrichtigkeit ist entwaffnend, Leutnant Lemke. Dann haben Sie also Ihren Divisionsgeneral für einen Lumpen gehalten. Nein, nein, mein Lieber, so haben sich damals nur wenige davongestohlen. Wo waren Sie denn, Lemke?«

»Zuerst Zybenko – Südabschnitt. Dann Woroponowo an der Bahnlinie, Herr General.«

General Scheufele räusperte sich. »Meine Division ist im Donbogen zerschlagen worden. Teile haben sich nach Westen zu Manstein durchgeboxt.«

»Wir wollten zu Hoth – zur vierten Panzerarmee, Herr General«, sagte Lemke, der plötzlich wie verwandelt war. »Ich hätte es mit meiner Kompanie geschafft. Hatten Fahrzeuge, Sprit, Verpflegung, Munition und alles. Da muss die Scheißmine hochgehen.«

Die Hand des Generals legte sich auf Lemkes Schulter, wie sie auch auf meiner Schulter gelegen hatte. »Stalingrad«, sagte er. »Ich habe mir gelobt, es nie wieder so weit kommen zu lassen, und wenn ich gegen Tod und Teufel angehen müsste – gegen Tod und Teufel.«

Wen er mit dem Teufel meinte, war klar ersichtlich. Auf einmal fühlte ich mich ihm beinahe so eng verbunden wie einst meinem unglücklichen Regimentskommandeur, dem Oberst Metzelbrod. Wer hätte geahnt, welche Überzeugungskraft und welche innere Stärke in diesem fast schmächtigen Mann, unserem neuen General, steckten!

Der lachte hell auf. »So kommt man ins Reden, was? Aber meine Zeit ist bemessen.« Er deutete auf den

Kompanietruppführer, der hinter Lemke stand und diesen um fast einen Kopf überragte.

»Ist das Feldwebel Suhrmann?«

»Jawohl, Herr General«, antwortete der Feldwebel, der schon seit geraumer Zeit der Einzige seines Ranges im Gefechtsbereich der Kompanie war. Die beiden noch bestehenden Züge waren bereits zu meiner Zeit von Unteroffizieren geführt worden.

»Feldwebel Suhrmann«, sagte der General mit erhobener Stimme, »im Namen des Obersten Befehlshabers verleihe ich Ihnen das Eiserne Kreuz erster Klasse.«

Major Schmeller holte die blaue Papphülle mit dem Orden und die Verleihungsurkunde aus der Tasche. General Scheufele heftete das schwarze, silbern umränderte Kreuz an Suhrmanns verdreckte Tropenbluse. Die Kreuze zweiter Klasse erhielt Lemke zur Verteilung an die Ausgezeichneten. Er brachte sie mit den Urkunden in seine Höhle. Als er wieder herauskam, war die vordem stille Welt verändert. Artillerieabschüsse knallten beim Feind, Granaten zogen rauschend über uns hinweg, und die mit Flammöl gefüllten Geschosse einer Stalinorgel zischten grausig mit feurigen Raketenschweifen die gleiche Bahn. Das Getöse war so gewaltig, dass eine Verständigung unmöglich geworden war. Das Feuer schlug donnernd und schaurig hallend ins Hintergelände. Lemkes Stellung blieb unberührt.

Das muss beim Bataillonsgefechtsstand sein, sagte ich mir, während die tödliche Fracht von drüben sich in verstärkter Auflage erneuerte. Womöglich hatte ein russischer Artilleriebeobachter den Generalswagen beim Herausfahren aus der Deckung bemerkt, oder man hatte drüben einfach beschlossen, den vorgeschobenen

Bataillonsgefechtsstand, der vielleicht längst erkannt war, unter Feuer zu nehmen. Dann verstummten die Geschütze. Auch die Stalinorgel schwieg.

Wir gingen, von Lemke geführt, in den Kampfgraben zurück. Der General ließ sich ein Glas reichen und blickte über den Grabenrand ins Niemandsland hinaus.

Unversehens drehte er sich um und fragte Lemke: »Wie beurteilen Sie die Möglichkeit, sich aus Ihrer Stellung abzusetzen, Leutnant?«

»Höchst einfach, Herr General«, erklärte Lemke mit leisem Spott in der Stimme. »Das Wetter schlägt um, die Nächte werden dunkler.« Er stellte keine Frage.

Der General reichte ihm die Hand und gab wortlos das Zeichen zum Aufbruch. Als ich an Lemke vorbeiging, stieß er mich grinsend an.

Der Melder schritt eiliger aus als auf dem Herweg. Ich folgte wieder als Letzter. Wir hatten etwa die Hälfte des Weges zurückgelegt, als der Feuerüberfall sich wiederholte. Einzelne Kurzschüsse schlugen verteufelt nah ein. Diesmal ging auch der General zu Boden. Erdbrocken und einzelne müde Splitter flogen bis zu uns in den Laufgraben. Das Feuer verebbte. Tief gebückt und stellenweise auf Händen und Knien bewegten wir uns weiter. Der Damm vor uns hatte sein Aussehen verändert. Ich fragte mich, ob der Bataillonsbunker der massiven Beschießung standgehalten hatte.

Die Antwort darauf erhielten wir, als wir uns nacheinander durch die neu entstandenen tiefen Trichter zu der Dammkerbe bahnten, die zwar noch auffindbar, aber durch einen Krater vertieft und an einer Seite eingeebnet war wie auch eine ganze Strecke des Dammes, wo er nach Süden abbog. Der Bunker war nicht mehr vorhanden, als hätte es ihn nie gegeben. Das Einzige, was von ihm übrig war, waren zersplitterte brandgeschwärzte Bohlen und Balken. Von Major Wilhelmi, Leutnant Stapf und den anderen war nichts zu sehen. Wir suchten und schließlich entdeckten wir am Grund eines tiefen Trichters eine halb verschüttete Gestalt. Ich sprang in den Trichter und schob eine Hand unter den Kopf des Sterbenden. Das kalkige Gesicht war das des Bataillonsfunkers. Der trübe Blick seiner erlöschenden Augen schien mich wahrzunehmen. Ich wollte etwas Tröstendes sagen, da öffneten sich die grauen Lippen, ein Blutstrom quoll hervor, und gurgelnd formte eine wie von weither kommende Stimme das Wort: »Gott.«

»Emser«, hörte ich den General warnend brüllen, »Emser!«

Ich erwachte, sprang aus dem Trichter und rannte los, dem General, dem Major und dem Melder nach, die schon ein gutes Stück voraus waren. Ich vergaß den Schmerz in meinem verletzten Bein und rannte um mein Leben – genauso wie die drei, die vor mir waren. Hinter uns rumorte es wie schon zweimal in kurzer Zeit. Betäubendes Donnern und Krachen, Heulen, Sausen und Zischen schlug ans Trommelfell. Ich hörte mich keuchen und jagte wie ein Hase, hinter dem der Jäger her ist, den Damm entlang.

Als wir uns taumelnd und schweißüberströmt in Oberst Staufers Bunker fanden, sagte der General, nachdem er halbwegs zu Atem gekommen war: »Ihr Wunsch ist rasch in Erfüllung gegangen, Emser. Sie führen fürs Erste das Bataillon, bis Ersatz für Major Wilhelmi eintrifft. Dann übernehmen Sie zur Einarbeitung des neuen Kommandeurs bis auf Weiteres den Adjutantenposten. Für das, was vor uns liegt, brauche ich fronterfahrene Offiziere. Ihren Gefechtsstand richten Sie hier ein. Das Regiment verlegt in die Balka drei Kilometer westlich des Baches. Oberst Staufer weist Sie vor dem Stellungswechsel noch ein. Ihr Gepäck schicke ich Ihnen vor. Und nun, meine Herren, ich weiß, dass ich mich auf Sie verlassen kann. Heil, meine Herren!«

Von Major Schmeller gefolgt, verließ General Scheufele ohne übertriebene Hast den Stabsbunker. Das Artilleriefeuer lebte wieder auf. Diesmal schien es auf der Hauptkampflinie zu liegen.

»Eine windige Ecke«, sagte Oberst Staufer. »Dreimal ist Major Wilhelmi aus seinem Gefechtsstand herausgeschossen worden. Den guten Stapf hat es erst vorgestern dabei erwischt. Ein Glück, dass der Damm-Bunker nur vorgeschobener Gefechtsstand war. So ist doch wenigstens das Stammpersonal vom Stab übriggeblieben. Ich wüsste nicht, wo ich so schnell eingearbeitete Leute hernehmen sollte. Es wird schon schwerfallen, einen neuen Kommandeur zu finden. Die Offiziersverluste sind nicht mehr zu ersetzen.«

Der Oberst öffnete sein Etui und bot mir eine seiner berühmten Zigaretten an. Es waren englische »Gold Flake«. Er erhielt sie auf Umwegen von seiner Tochter, die als Frau eines Diplomaten in Lissabon lebte.

Der Adjutant, ein Leutnant, der neu beim Regiment war, kam aus dem Nebenraum. »Funkspruch von Leutnant Lemke. Er beobachtet Bewegung beim Feind. Hat bei der Batterie Zinsgraff Störungsfeuer angefordert.«

»Danke«, sagte der Oberst. »Kommen Sie, Frey, ich will Sie mit Oberleutnant Emser, dem stellvertretenden Bataillonsführer vom Dritten, bekannt machen.«

Leutnant Frey, offensichtlich ein Neuling an der Front, verneigte sich steif vor mir, wandte sich wieder dem Regimentskommandeur zu und fragte: »Wo ist denn Herr Major Wilhelmi, Herr Oberst? Ich habe doch vor knapp einer Stunde noch mit ihm über den Draht gesprochen.«

»In einer Stunde kann eine Menge passieren«, entgegnete Oberst Staufer. »Major Wilhelmi und Leutnant Stapf sind gefallen. Dazu zwei oder drei Mann – jedenfalls alle, die bei ihnen im Bunker waren.« Er warf mir einen kurzen Blick zu. »Emser, der Pionier-Zug bleibt im Dorf. Schicken Sie heute Nacht ein paar Mann zum Nachgraben nach vorn. Ich lege Wert darauf, dass die Toten geborgen werden und ein ordentliches Grab bekommen.«

Leutnant Frey zog sich mit betroffenem Gesichtsausdruck zurück. Er war es noch nicht gewöhnt, dass Menschen, mit denen man sich eben noch unterhalten hatte, Minuten später für immer verstummt waren.

»Lemke ist einer der tüchtigsten Kompanieführer im Regiment«, sagte Oberst Staufer. »Ein toller Bursche. Zweimal hat er die Russen so gründlich abgeschmiert, dass sein Abschnitt seither Ruhe hat. Sorgen macht mir dagegen unser linker Nachbar. Die Rumänen haben die Nase voll. Weiter links am Kuban geht es sogar schon soweit, dass sie sich durch Spruchtafeln mit den Russen unterhalten, die drüben am anderen Ufer sitzen. Nahtstellen sind immer besonders bedroht, Emser. Richten Sie Ihr Augenmerk nach links.« Er rückte das Kartenbrett in den Lichtschein der Petromaxlampe und deutete auf ein mit Kohlestift gezogenes Rechteck. »Das ist die Kolchose ›Rote Flotte‹. Hier liegt Ihre Gegenstoßreserve. Sie haben sie an der Strippe. Geben Sie Alarmstufe drei, wenn sich bei den Rumänen was rührt. Ich möchte da keine Überraschungen erleben. Unser Achsenpartner ist übrigens gestern umgeschwenkt. Vorhin hat Hauptmann Scheffler die Nachricht durchgegeben.«

»Meinen Herr Oberst die Japaner?«, fragte ich.

Oberst Staufer lachte grimmig auf. »Die Japaner? Nein, mein Lieber, die nicht. Die machen verbissen weiter. Italien hat vor den Alliierten kapituliert. Es knistert im Gebälk. Und deshalb: Achten Sie auf unseren linken Nachbarn! Nicht dass wir plötzlich die Russen im Rücken haben. Gerade jetzt, wo sich hier einiges ereignen wird, wäre das sehr unpassend.«

Der Adjutant erschien wieder. Ein neuer Funkspruch von Lemke. Diesmal meldete er das Vorgehen feindlicher Infanterie gegen unseren Nachbarabschnitt.

»Emser«, sagte der Oberst, nachdem er den Spruch überflogen hatte, »am besten ist, Sie fahren gleich mal hinüber zu den Rumänen. Ich gebe Ihnen einen Kradmelder. Er kennt den Weg zum Gefechtsstand.«

Leutnant Frey verschwand, um den Melder zu holen. Wenige Minuten später war ich unterwegs. Auf einem holperigen Feldweg steuerte der Fahrer nach Nordwesten. Zur Rechten donnerten Granateinschläge. Man sah den flüchtig aufstiebenden Pulverqualm.

Der rumänische Regimentsgefechtsstand war in die Böschung eines hohen Eisenbahndammes eingebaut, von dem man Schienen und Schwellen abmontiert hatte. Ein Posten in Khaki lehnte schläfrig neben dem Bunkereingang. Er richtete sich auf und salutierte schlaff.

Ich betrat den Gefechtsstand. Eine nackte Glühbirne beleuchtete den fast üppig eingerichteten Bunkerraum.

Inmitten einer Schar aufgeregt durcheinanderredender Offiziere erhob sich Oberst Martinescu, ein schwarzhaariger Herr mit einem gut geformten Diplomatenkopf, aus einem Schaukelstuhl. Die etwas verlebten Züge seines gelblichen Gesichts drückten ebenso wie der Blick seiner schwarzen Augen freudige Überraschung aus. Mit großen, eindrucksvollen Gesten gebot er Schweigen.

Ich nannte Dienstgrad und Namen und fügte hinzu: »Ich führe zurzeit unser drittes Bataillon, Herr Oberst. Herr Major Wilhelmi ist gefallen. Sollten Herr Oberst Unterstützung benötigen, stehe ich zur Verfügung.«

Oberst Martinescu reichte mir seine gepflegte, mit Ringen geschmückte Hand. Von seiner maßgeschneiderten Uniform, die eine Sammlung prächtiger bunter Orden aufwies, ging ein Hauch von Juchtenparfüm aus. Seine hohen braunen Stiefel glänzten wie lackiert. Auch die übrigen Offiziere präsentierten sich in tadelloser Uniform. Sie verbeugten sich mit operettenhafter Geziertheit.

Oberst Martinescu zeigte auf die Karte, die an der Wand befestigt war. »Ich bedaure sehr, dass Sie Herrn Major Wilhelmi verloren haben, Herr Oberleutnant«, sagte er in fast akzentfreiem Deutsch. »Ich freue mich, Sie bei mir begrüßen zu können. Der feindliche Angriff ist noch im Gange. Mein Bataillonskommandant meldet, zwei Kompanien liegen in schwerem Gefecht. Wenn es Ihnen möglich wäre, Verstärkung vorzuführen, Herr Oberleutnant, wäre ich Ihnen sehr verbunden.«

Ich bat, den Fernsprecher benutzen zu dürfen, rief die Regimentsvermittlung an und ließ mich mit dem Kolchos »Rote Flotte« verbinden. Ein Feldwebel meldete sich am anderen Ende der Leitung. Ich gab ihm Befehl, unverzüglich seinen Zug mit dem Lkw zum rumänischen Regimentsgefechtsstand in Marsch zu setzen, und läutete ab.

Eine Ordonnanz in weißer Servierjacke reichte Gläser mit einem schweren, öligen Wein. Oberst Martinescu hob sein Glas.

»Auf unsere Waffenbrüderschaft!«

Ich erwiderte den Toast mit einem Trinkspruch auf König Michael. Die rumänischen Offiziere lächelten geschmeichelt. Sie schätzten wohl den König mehr als den Diktator Antonescu.

»Wir lagen früher in Stepnoje, wo sich jetzt Ihr Divisionsgefechtsstand befindet«, berichtete Oberst Martinescu. »Ein ganz reizender Ort. Es fehlten nur die Frauen.«

Ein Telefonanruf unterbrach ihn. Einer der Offiziere reichte ihm den Hörer. Ich vernahm ein Gesprudel rumänischer Worte, die ich nicht verstand. Schließlich legte der Oberst auf. Ein naher Einschlag ließ den Bunker erzittern.

»Das Bataillon ist auf die zweite Linie zurückgedrängt worden«, sagte Oberst Martinescu auf Deutsch und fuhr sich mit der Rechten besorgt über die hohe Stirn. »Es meldet beträchtliche Verluste.«

Draußen fuhr ein Kraftwagen vor. Der Feldwebel, mit dem ich gesprochen hatte, trat ein.

»Erster Zug Bataillonsreserve mit 31 Mann zur Stelle«, meldete er.

»Ist gut«, sagte ich und bat den Oberst um einen Offizier zur Einweisung. Oberst Martinescu zeigte auf einen jungen Leutnant, der wie ein südländischer

Filmheld aussah. Der Leutnant verneigte sich, griff nach seinem Stahlhelm und strich sich, bevor er ihn aufsetzte, über sein schwarzes Schnurrbärtchen.

Die Landser, die vor dem Bunker warteten, formierten sich auf einen Wink des Feldwebels zur Reihe. Der rumänische Leutnant ging voran. Durch eine in den Bahndamm eingelassene Unterführung gelangten wir in halb ausgetrocknetes Sumpfgelände. Hohes gelbliches Gras bot ausreichend Deckung gegen Sicht. Der Knüppeldamm, dem wir folgten, wippte zuweilen, als bestehe der Untergrund aus Gummi. Dann wurde der Boden fest. Ein Laufgraben nahm uns auf. Es war der längste Laufgraben, den ich jemals betreten hatte. Die frisch aufgeworfene Erde zeigte, dass er erst kürzlich ausgehoben worden war. Verworrener Gefechtslärm kam von vorn, Gewehrfeuer, Schnarren und Rattern von MGs und dazwischen der Krach zerplatzender Werfergranaten. Krankenträger zwängten sich mit ihren Tragen an uns vorbei. Die einen kamen leer von hinten, die anderen mit Verwundeten von vorn.

Der rumänische Leutnant führte uns durch eine Sappe zu einem offenen Unterstand. Ein Hauptmann von zigeunerhaftem Aussehen hockte zusammengekauert auf einer Munitionskiste, brüllte etwas, das wie ein Fluch klang, in die Sprechmuschel eines Feldtelefons und knallte den Hörer wütend auf den Kasten.

Erst jetzt fiel der Blick seiner dunklen Augen auf uns. Seine Züge verklärten sich förmlich, er riss den Hörer hoch, drehte wie irrsinnig die Kurbel an dem Fernsprechkasten und schrie wieder etwas in den Apparat, während er mit der freien Hand nach einer Zigarette fingerte. Der Leutnant reichte ihm Feuer, salutierte, verabschiedete sich hastig von mir und trat eilends den Rückweg an.

»Komischer Heini«, murmelte neben mir der Stoßtruppführer, der außer seiner MP einen Sack mit Handgranaten, einen Flammenwerfer und auf dem Rücken einen Flammölbehälter trug. Auch die Mannschaft war teils mit dem neuen Sturmgewehr, teils mit Maschinenpistolen bewaffnet. Der MG-Trupp war schwer mit Patronengurten behängt.

Der rumänische Hauptmann stürzte aus seinem Unterstand hervor, umarmte mich, redete aufgeregt auf mich ein und zeigte mit den Worten »Russki – Russki« auf seine Karte. Ich begriff, dass er das vom Feind besetzte Grabenstück meinte.

Ich war mir nicht darüber klar, ob der temperamentvolle Hauptmann der Bataillonsführer oder der Chef der am meisten bedrängten Kompanie war, und da ich keine Möglichkeit der Verständigung sah, beschloss ich, einfach vorzurücken, um am Kampfplatz festzustellen, was geschehen musste. Als wir uns dem Graben näherten, der von den zurückgeworfenen Rumänen verteidigt wurde, kam uns ein blutjunger Leutnant entgegen. Sein Rock war geöffnet, das Hemd zerfetzt und blutig. Er winkte uns zu und zeigte lachend sein weißes Gebiss. Seine Verwundung war anscheinend nur leicht. Ich bückte mich vorsorglich nach einem herrenlosen Stahlhelm unserer Verbündeten und vertauschte ihn mit der Mütze, die ich hinters Koppel schob. Die Grabenbesatzung feuerte, angespornt vom Gebrüll einzelner Korporäle, auf einen Feind, der nicht zu sehen war. Eine Serie schwerer Werfergranaten schlug weiter hinten krachend ein.

Feldwebel Koch, der Stoßtruppführer, der mit der Nahkampfspange, dem EK I und dem Deutschen Kreuz in Gold ausgezeichnet war, sagte vergnügt: »Wir greifen jetzt am besten gleich an, Herr Oberleutnant. Sie müssen dafür sorgen, dass die Rumänen vorgehen, wenn wir den Iwan aus dem Graben geworfen haben.«

Ich fragte ihn, ob es nicht zweckmäßig wäre, Artillerievorbereitung anzufordern, doch der Feldwebel wehrte geringschätzig ab.

»Lassen Sie die Ari aus dem Spiel, Herr Oberleutnant. Bis die sich eingeschossen haben, können die Russen noch und noch Verstärkung nachziehen. Außerdem hauen die womöglich uns aufs Dach.«

Ohne meine Entgegnung abzuwarten, stieß er die Faust hoch und verschwand in dem im Zickzack angelegten schmalen Verbindungsgraben, der zur etwa 80 Meter entfernten ersten Linie führte. Dicht aufgeschlossen folgte der schwerbewaffnete Zug. Die Rumänen hatten das Feuer eingestellt. Drüben bei den Russen schoss ein leichtes MG. Kreischend schwirrten die Geschossgarben über uns hinweg. Die Rumänen zogen ängstlich die Köpfe ein.

Ich stand neben dem Leutnant und beobachtete die freie, von Trichtern zerwühlte Fläche zwischen den Linien. Ein Dutzend gefallener Rumänen lag dicht gedrängt am Rand eines der tiefen Krater. Aus dem vom Feind besetzten Graben ragten Bajonette, ein Zeichen dafür, dass die Russen sich erneut zum Angriff bereitstellten. Unsere Gegenstoßreserve war demnach gerade zur rechten Zeit erschienen. Sie mussten dicht am Feind sein. Ihre Annäherung war bisher unbemerkt geblieben. Auf einmal ertönte, während das feindliche MG unvermittelt verstummte, das scharfe Bellen detonierender Handgranaten, Pulverrauch ballte sich, der riesige Feuerstrahl des Flammenwerfers trat fauchend in Aktion, und zum Knattern von MP-Salven gellten Schreie und Geheul. Erneut schoss, umwallt von schwarzem Qualm, die Flammenwoge wie der feurige Atem eines Ungeheuers über den Graben hin, und der Kampflärm schwoll zu schaurigem Getöse an.

Die Rumänen johlten wie die Zuschauer bei einem Fußballspiel. Es mochten im ganzen 80 Mann sein. Ich fragte mich, wie viele seit Beginn des russischen Angriffs getürmt waren.

Am Ausgang des Gemetzels, das nah vor uns in dem vom Feind besetzten Graben tobte, gab es für mich keinen Zweifel. Feldwebel Koch war über das Regiment hinaus als tolle Nummer bekannt. Er wäre längst Oberfeldwebel und Träger des Ritterkreuzes gewesen, wenn er außer seinem Draufgängertum auch nur einen Funken Disziplin besessen hätte.

Bevor noch die letzten Feuerstöße verhallt waren, tauchte im Verbindungsgraben ein Melder auf.

»Graben aufgerollt. Rumänen nach vorn!«, stieß er außer Atem hervor, drehte sich um und rannte zu seinem Zug zurück, als befürchte er, etwas zu versäumen.

Während ich mich bemühte, dem rumänischen Leutnant, der kaum Deutsch verstand, zu erklären, dass er mit seinen Leuten vorrücken müsse, trafen nacheinander in kleinen Gruppen gefangene Rotarmisten ein. Verstört hielten sie die Hände über den Köpfen. Kaum einer war unter ihnen, der nicht verwundet war. Einige wiesen Brandverletzungen auf. Ihre Uniformen waren halb verkohlt. Etliche schwankten wie betrunken durch den Grabenschacht. Manche wurden von leichter Verletzten gestützt oder geschleppt. Es waren 54 Mann. Zwei Landser von Feldwebel Kochs Zug folgten als Eskorte.

Der rumänische Leutnant hatte mittlerweile begriffen. Brüllend erteilte er den Unteroffizieren seine Befehle und setzte sich als Erster in Bewegung. Widerwillig folgten die Soldaten. Stoßend und fluchend drängten die Korporäle sie in den Verbindungsgraben.

Als Feldwebel Koch kurz darauf mit dem Stoßtrupp zurückkam, brummte er, ohne die Zigarette aus dem Mund zu nehmen: »Macht Spaß, für die Kacker den Ofen auszukehren.«

Er hatte bei dem Unternehmen keinen Mann verloren, nur einer war durch den Splitter einer eigenen Handgranate unerheblich verwundet worden.

»Gut gemacht, Feldwebel Koch«, sagte ich.

Er zuckte die Achseln.»Was tut man nicht alles? Aber jetzt nichts wie ab. Wird nicht lang dauern, dann haut der Iwan mit seiner Ari 'rein.«

Er behielt recht. Auf halbem Weg zum Regimentsgefechtsstand der Rumänen gerieten wir in einen schweren Feuerüberfall der russischen Artillerie, kamen jedoch glimpflich mit nur einem Verwundeten davon.

Fernruf vom Kuban

Im Gefechtsstand am Ostrand des halb zerstörten Dorfes Grigorjewka erwartete mich Oberst Staufer. Der Regimentsstab war bereits zum neuen Standort abgerückt. In den drei Bunkerräumen hatte sich Major Wilhelmis Bataillonsstab eingerichtet, soweit er noch vorhanden war. Ich berichtete dem Kommandeur, was sich bei den Rumänen ereignete und was ich dort beobachtet hatte.

»Halten Sie Ihr Augenmerk nach links, Emser«, sagte Oberst Staufer, nachdem er sich vergewissert hatte, dass niemand zuhörte. »Die 10. Rumänische ist allerdings die längste Zeit unser Nachbar gewesen. Wir setzen uns ab, Emser. Schon in allernächster Zeit. Ist natürlich streng geheim. Schlucken Sie Ihre Zunge 'runter, wenn Sie vom Russen geschnappt werden sollten. Noch eine Frage, Emser?«

»Jawohl, Herr Oberst«, sagte ich. »Wann kann ich mit dem Eintreffen des neuen Bataillonskommandeurs rechnen?«

Oberst Staufer lachte. »Keine Angst, Emser, Sie schaffen das schon. Ich hoffe, dass ich Ihnen den neuen Herrn morgen schicken kann. Habe inzwischen mit dem II a der Division telefoniert.«

Er gab mir die Hand und stapfte die ausgetretene Bunkertreppe hinauf. Ich saß mit ein paar Fernsprechern, Funkern und Meldern in einem Bunker, in dem die Strippen von der Front und den Stäben zusammenliefen, und trug die Verantwortung für ein Infanteriebataillon. Im Jahre 1939 in Polen oder 1940 in Frankreich wäre das undenkbar gewesen. Doch seither hatte es eine ganze Reihe von Umwälzungen gegeben. Der Krieg verschlang das alte Feldheer. Zugführerstellen, zu Beginn des Krieges noch mit jungen Leutnants besetzt, waren längst von Unteroffizieren, ja, häufig sogar von Obergefreiten übernommen worden. Feldwebel befehligten Kompanien, und ich führte als Oberleutnant, wenn auch nur zeitweilig, ein Bataillon, dessen Gefechtsstärke freilich kaum mehr als die Hälfte ihres Solls aufwies. Auch im Winter 42, als die Russen zum ersten Mal erfolgreich zur Offensive übergegangen waren, hatte es absurde Verschiebungen in der Kommandostruktur gegeben, aber damals war wenige Wochen später alles wieder ausgeglichen worden, als der Ersatz aus der Heimat eingetroffen war. Doch nunmehr war der Verfall offenkundig; der Verschleiß an Menschen hatte ein ungeheuerliches Ausmaß angenommen. Es war fast ein Wunder, dass ich bei meiner alten Kompanie noch ein paar bekannte Gesichter gesehen hatte. Ein Meer von Blut hatte der Kubanbrückenkopf in den sieben Monaten seines Bestehens verschlungen. Nun sollte die Kleine Erde, das letzte Überbleibsel gescheiterter Machtpläne, geräumt werden, da die Halbinsel Taman an der Nordküste, am Asowschen Meer, schon von starken Kräften des Feindes überflügelt war.

Ich dachte an die ersten Wochen, an die mörderischen Kämpfe bei Krymskaja. Damals hatten die Russen noch an die Wiederholung ihres Sieges bei Stalingrad geglaubt und alles Verfügbare in gigantischem Ansturm gegen unsere fragwürdigen Stellungen geworfen. Sogar ein Frauenbataillon hatten sie in jenen Tagen ins Minenfeld gejagt, Frauen in erdfarbenen Blusen, knielangen Röcken und hohen Stiefeln, die mit jämmerlichem Geschrei ins Verderben gerannt waren. Im Vorgelände waren sie zu Hunderten verwest und hatten uns Gelegenheit zum Nachdenken über den Wert des menschlichen Lebens in Stalins Reich gegeben. Aber war es um die Humanität bei uns besser bestellt? In allernächster Zeit, hatte Oberst Staufer mir anvertraut, werde die Absetzbewegung beginnen.

Mit Unbehagen dachte ich daran, dass ich dann womöglich noch die Führung des Bataillons innehaben könnte, wenn so rasch kein Ersatz für Major Wilhelmi greifbar sein sollte. Wie um einen Halt zu suchen, einen, der mir beistünde, die notgedrungen übernommene Aufgabe zu erfüllen, rief ich den Gefechtsstand von Leutnant Lemke an, zu dem die Drahtverbindung schon seit dem frühen Nachmittag wiederhergestellt war.

Lemke meldete sich selbst am anderen Ende der Leitung. Ich stellte ihn mir vor, wie er in seinem Deckungsloch hockte. Vielleicht war er gerade dabei, mit Suhrmann das EK I zu feiern. Irgendetwas Alkoholisches hatte er ja immer zur Hand. Es rauschte in der Leitung, dann kam die Verbindung mit Lemke wieder.

»Hallo«, rief er, »hier Abendglocke, Leutnant Lemke. Mit wem spreche ich?«

»Oberleutnant Emser«, antwortete ich, »Sie sind wohl im Bilde, Lemke. Wie schaut's bei Ihnen aus?«

»Mittelprächtig«, gab er zurück. »Gratuliere zu Ihrem hohen Posten. Wollen Sie mich nicht besuchen?

Bin zur Zeit gut mit ›Bols‹ versorgt. Hoffentlich knallt mir der Iwan nicht in mein Vorratslager.«

»Bin leider unabkömmlich«, sagte ich, »jedenfalls bis morgen. Käme sonst gern auf einen Schluck zu Ihnen.«

Plötzlich riss die Verbindung ab.

»Herr Lemke«, rief ich, »sind Sie noch da?«

Keine Antwort. Die Leitung war tot, während draußen das Rumpeln, das die ganze Zeit schwach zu hören gewesen war, sich zusehends verstärkte. Ich rief nach dem Führer des Nachrichtenzuges. Es war ein alter Feldwebel, der eigentlich zu den Landesschützen oder in die Heimat gehört hätte.

»Die Leitung zur Kompanie Lemke ist wieder gestört«, sagte ich. »Schicken Sie zwei Mann los! Die Nachrichtenverbindungen müssen intakt sein.«

»Die Leute können nicht mehr, Herr Oberleutnant«, wandte der Feldwebel ein. »Sie sind seit gestern fast ununterbrochen unterwegs.«

Ich wurde ärgerlich. »Was heißt können nicht mehr? Wenn die Kompanien vorn das sagen, stehen morgen früh die Russen hier. Wenn Ihre Leute schlapp machen, müssen eben Sie selbst 'raus!«

Ich hatte Mitleid mit dem Feldwebel. Er war offensichtlich nicht besser dran als seine Strippenzieher und Funker, abgekämpft, zermürbt von zu wenig Schlaf und durch das seit Wochen anhaltende Artilleriefeuer mit den Nerven fertig. Aber Mitleid war ein Luxus, den sich im Hauptkampffeld des Kubanbrückenkopfes niemand leisten konnte.

Der Feldwebel grüßte stumm und ging hinüber zur Vermittlung. Als ich gleich darauf die Bunkertreppe hinaufstieg und hinaustrat auf die Dorfstraße, die wie verlassen im Zwielicht des hereinsinkenden Abends lag, sah ich zwei Mann im Stahlhelm mit Kabeltrommeln wie Schemen in der Dämmerung verschwinden. Einer der beiden war der alte Feldwebel. Ich wollte ihn zurückrufen, aber ich unterließ es, denn die Leitung war wichtig, wichtiger als das Leben eines Mannes.

Am Südrand des Dorfes krachten die Abschüsse einer Batterie schwerer Haubitzen. Zwischen den in Abständen abgefeuerten Salven waren deutlich die Feuerkommandos des Batterieoffiziers zu vernehmen.

Ich kehrte in den Bunker zurück. Auf dem Tisch, der wie die übrige Einrichtung aus dem Haus stammte, das nach und nach zusammengeschossen worden war, lag auf einem Teller meine Abendverpflegung: zwei Scheiben Wurst, etwas Kommissbrot und ein kleines Stück Butter, dazu Tee mit Rum in einem Trinkbecher.

Ein Mann von der Funkstelle, die in einem Bunker unter der Nachbarruine untergebracht war, erschien mit einem offenen Spruch von »Abendglocke«. Lemke meldete die Abwehr eines starken feindlichen Stoßtrupps, der nach einem schweren Granatfeuerschlag vor dem Drahthindernis aufgetaucht war. Vielleicht versuchten die Russen es nun bei uns, nachdem sie am Nachmittag bei den Rumänen abgeschmiert worden waren? Aber was sollte ich unternehmen? Ich konnte nur warten, um dann, wenn Alarmmeldungen eintrafen, Beschlüsse zu fassen, die der jeweiligen Lage entsprachen. Ich entsann mich jener harten Wochen zu Beginn des Jahres 1942, als ich Adjutant im Regimentsstab von Oberst Metzelbrod gewesen war. Auch damals hatten wir uns durchgebissen, aber der Oberst war auf der Strecke geblieben, weil er seinen eigenen Weg gegangen war.

Im Zusammenhang mit diesen bedrückenden Erinnerungen fiel mir auf einmal der Brief ein, der ungeöffnet in meiner Tasche steckte, der Brief von Anneliese Metzelbrod. Erich, der Sohn des Kommandeurs, der in unserem eingeschlossenen Dorf seinen Wunden erlegen war, hatte mir so oft von seiner Frau erzählt, dass sie beinahe wie eine Freundin für mich war, obgleich ich nie mit ihr zusammengetroffen war. Ich schraubte den Docht der blakenden Kerosinlampe höher, holte den Brief hervor und riss den Umschlag auf – mit einer Ungeduld, als sei es plötzlich lebenswichtig für mich zu lesen, was Erichs junge Witwe mir zu schreiben hatte. Es waren zwei Blätter, auf beiden Seiten dicht mit einer kleinen, klaren Schrift bedeckt.

Eine tiefe Unruhe erfasste mich, während ich den Brief aus dem fernen Deutschland zu lesen begann.

Lieber Herr Emser,
Sie sind der Einzige, der noch geblieben ist, und ich hoffe von ganzem Herzen, dass Sie gesund sind, wenn diese Zeilen Sie erreichen. Wie unglücklich waren wir, die gute Mama, meine Schwiegermutter, und ich, als wir im Juli die Nachricht erhielten, dass Oberst Metzelbrod – für mich wird er trotz allem immer der Oberst sein – gefallen ist. Es war in unserem großen Leid eine innige Freude für uns, dass Ihre liebe Frau unsere Einladung annahm. Ach, hätten wir sie doch nie gebeten, zu uns nach Duisburg zu kommen! Es war der erste Abend. Wir erzählten von Oberst Metzelbrod, von Erich und natürlich auch von Ihnen. Ihre Frau Inge schilderte uns die Urlaubstage, die sie nach Ihrer Genesung von Ihrer Verwundung mit Ihnen in den Tiroler Bergen verbracht

hat. Wir waren einander sehr zugetan. Ihre Frau hatte so viel Verständnis für uns. Dann hörten wir die Sirenen, aber bevor wir im Keller waren, fiel die Bombe auf unser Haus. Ich will Ihnen Einzelheiten ersparen. Es war so schrecklich, dass ich es nicht beschreiben könnte. Nur eines, lieber Herr Emser: Inge hat nicht leiden müssen. Meine Schwiegermutter war schwer verletzt. Ihr erster Gedanke, als sie wieder zu sich kam, war der Wunsch, Ihnen sofort Nachricht zu geben. Ich habe das übernommen, denn meine Verletzungen waren weniger schlimm. Wir kannten einen Herrn vom Wehrbezirkskommando, der sich gleich am nächsten Tag mit dem Personalamt in Berlin in Verbindung setzte. Ich hatte damit gerechnet, dass Sie kommen würden, aber die schweren Kämpfe dort bei Ihnen haben es wohl nicht zugelassen. Die wenigen Tage, die Mama noch lebte, waren ein Martyrium, auch für mich, denn ich konnte ihr doch nicht helfen. Dann hat ein sanfter Tod sie erlöst. Nun bin ich allein, und in meiner Einsamkeit schreibe ich an Sie. Sie waren Erichs Freund, und Sie waren ja auch mit dem Oberst befreundet und haben ihm bis zuletzt die Treue gehalten.

Damals, als die Nachricht von Erichs Tod kam, glaubte ich, mir bliebe doch wenigstens das Kind, das ich erwartete. Es ist tot zur Welt gekommen, gerade in jenen Tagen, als das Verhängnis über Oberst Metzelbrod hereinbrach. Mir war, als müsste ich in einem Meer von Tränen ertrinken. Der Krieg, dieser furchtbare Krieg, er hat mir alles genommen, und nicht nur mir – so vielen hat er das Leben zerstört, auch über Sie hat er unendliches Leid gebracht. Wie sinnlos ist das alles! Wofür die Opfer? Ich weiß es nicht. Ich bin eine Frau. Ich denke *genauso, wie Ihre Inge gedacht hat. Wie grausam ist das alles! Ich begreife es nicht, dass ich überhaupt noch den Mut zum Weiterleben aufbringe. Was gibt es denn noch für mich? Erinnerungen. Und Sie, lieber Herr Emser, sind, so seltsam es klingen mag, ein Teil davon. Ihr Name ist so oft in unseren Gesprächen aufgetaucht. In jedem Brief, den wir von Erich oder von Oberst Metzelbrod erhielten, waren Sie erwähnt. Deshalb schreibe ich Ihnen, und deshalb hoffe ich, dass Sie auch mir Ihre Freundschaft schenken.*

Immer Ihre Anneliese Metzelbrod.

In einem Nachsatz war eine Fernsprechnummer hinzugefügt für den Fall, dass ich einmal auf Urlaub in die Heimat kommen sollte, da ich doch dann sicherlich den Wunsch hätte, Inges Grab zu besuchen. Es sei nicht leicht zu finden. Beim Lesen der Telefonnummer war mir eine fantastische Idee gekommen. Der Zahlmeister im Ferienlager »Krasnaja Swesda« hatte mir einmal unter dem Siegel der Verschwiegenheit mitgeteilt, dass er häufig nachts, wenn es in den Leitungen ruhiger war, seine Frau anrufe und tatsächlich schon des Öfteren Verbindung bekommen habe. Er hatte mir auch, ohne dass ich ihn danach gefragt hatte, die Tricks verraten, die er dabei anwandte.

Sie ist so mutlos, dachte ich. Vielleicht richtet es sie auf, wenn ich ihr sage, dass ich ihren Brief erhalten habe und sie auf mich zählen kann. Zudem fiel mir ein, ich könnte ihr unser Quartier in Oberstdorf, das nun verwaist war, zur Verfügung stellen. Denn Oberstdorf war nicht so sehr von Bomben bedroht wie die Städte im Industriegebiet. Schon hob ich den Handapparat des

Fernsprechers ab und verlangte die Vermittlung unserer Division. Als ich dem Diensthabenden meinen Namen nannte, legte er das Gespräch, ohne rückzufragen, auf die Ic-Leitung, da ich für ihn wohl immer noch als O3 galt. Es meldete sich in hart klingendem Baltisch die Stimme des Sonderführers von Strack. Etwas in mir warnte mich, als ich diese Stimme hörte. Dennoch bat ich Strack, mich mit der Armeevermittlung zu verbinden. Von dort aus war es ein leichtes, zur Heeresgruppe durchzukommen, die in Simferopol auf der Krim lag. Ein Blitzmädel fragte in geschäftsmäßigem Ton, wohin ich weiter verbunden werden wollte.

»Geben Sie mir das OKW in Berlin, Kindchen«, sagte ich, der Anleitung eingedenk, die ich von dem Zahlmeister erhalten hatte.

»Ist das ein Privatgespräch?«, fragte die Mädchenstimme, schon eine Spur persönlicher.

»Es ist dringend, liebes Kind«, sagte ich. »Ich rufe vom Kubanbrückenkopf – vom Kuban. Oberleutnant Emser. Haben Sie verstanden?«

»Schön«, antwortete es im Hörer. »Gedulden Sie sich einen Augenblick. Die Feldmarschall-Leitung wird sofort frei sein.«

Wenige Minuten später meldete sich die OKW-Vermittlung in Berlin. Eine muntere Nachrichtenhelferin wollte wissen, wohin sie das Gespräch legen solle und woher ich anriefe.

»Vom Kuban«, sagte ich. »Oberleutnant Emser, können Sie mir das Fernsprechamt Duisburg geben, liebe Dame?«

»Ausnahmsweise«, kam es so deutlich zurück, als spräche ich mit dem Regiment. »Aber nur ausnahmsweise, hören Sie, weil Sie von so weither sprechen und es so nett gesagt haben.«

Ich wartete eine kleine Weile, dann bat ich das Fräulein vom Amt in Duisburg um die Nummer, die Anneliese Metzelbrod in ihrem Brief angegeben hatte. Der Apparat im fernen Duisburg weckte ein paar Mal, dann rief eine verschlafene Frauenstimme: »Hallo, was ist los? Was wünschen Sie?«

»Hier Oberleutnant Emser«, stammelte ich mühsam, da mir die Aufregung die Kehle zuschnürte, »ich rufe aus Russland an – vom Kuban. Kann ich Frau Metzelbrod sprechen?«

»Momentchen – Momentchen«, antwortete die fremde Frau. »Bleiben Sie dran! Ich rufe Anneliese.«

Dann war es soweit.

»Anneliese Metzelbrod«, tönte es im Hörer, und mir war es, als vernähme ich die Stimme, die es sagte, diese etwas heisere und vor Spannung gepresst klingende Stimme, nicht zum ersten Mal. »Ist es wahr? Aus Russland – Herr Emser? Das ist doch nicht möglich!«

»Ich bin es wirklich«, sagte ich. »Wir haben vielleicht nur ein paar Sekunden Zeit. Dank für Ihren Brief. Ich schreibe bald. Hören Sie noch, Frau Anneliese? Sie sollen dort weg – ja, von Duisburg weg! Gehen Sie nach Oberstdorf – Haus ›Bergblick‹. Haben Sie verstanden? Inge hat dort gewohnt. Bitte – ich bitte Sie darum.«

Auf einmal rief jemand in der Leitung: »Ausnahme – Ausnahme!«

Ich wurde ausgeschaltet, die Verbindung war abgerissen. Ich läutete ab und legte auf. Mir war, als hätte ich das erregende Erlebnis der letzten Minuten geträumt.

Panzeralarm

Um fünf Uhr morgens – die Sonne verbarg sich noch hinter dem östlichen Horizont – brach die Hölle los. Die russische Artillerie begann zu trommeln. Sie trommelte nicht nur auf die Hauptkampflinie, sondern ebenso auf unsere Batteriestellungen und die Nachschubwege, auf denen sich gerade die Trossleute befanden, die nachts Verpflegung und Munition nach vorn gebracht hatten. Der Nachrichtenzugführer, der gegen Mitternacht zurückgekehrt war, nachdem er die zerschossene Leitung zur Kompanie Lemke instandgesetzt hatte, meldete, die Drahtverbindung zu den Kompanien sei bereits wieder gestört, die Funker stünden auf Empfang, hätten jedoch bisher noch nichts von den Kompanien gehört.

»Fragen Sie bei der Artillerie nach«, befahl ich. »Vielleicht ist dort etwas von den vorgeschobenen Beobachtern eingelaufen.«

Der Feldwebel, der sich vor Erschöpfung kaum mehr auf den Beinen halten konnte, entfernte sich. Eine Ordonnanz brachte mein Frühstück, dünnen, angebrannt schmeckenden Ersatzkaffee und etwas Schmalz und Marmelade zum Kommissbrot.

»Heut haut der Iwan wieder schwer auf die Pauke«, sagte der Gefreite, der zugleich auch Fahrer des Kommandeurwagens war. »Der Weg von der Küche herüber war der reinste Eiertanz.«

»Sind die Fahrzeuge einigermaßen in Deckung?«, fragte ich.

Aus der Bestandsmeldung hatte ich entnommen, dass noch einiges fahrbereit war. Der Gefreite zwinkerte mir vertraulich zu.

»Das ist doch klar, Herr Oberleutnant. Jetzt, wo's zurückgeht, werden wir uns doch nicht unsere fahrbaren Untersätze wegpusten lassen.«

Er wollte noch etwas hinzufügen, aber ich fiel ihm beunruhigt ins Wort. »Wie kommen Sie darauf, dass es zurückgehen soll? Woher wissen Sie das?«

»Von einem Muni-Fahrer«, antwortete der Gefreite. »Der hat es von einer Russenfrau in Warenikowskaja, bei der er im Quartier liegt. Gestern Abend haben sie angefangen, die Lager zu räumen. Stimmt es denn nicht, Herr Oberleutnant?«

»Mir ist nichts bekannt«, sagte ich. »Ich rate Ihnen auch, nicht solche Parolen zu verbreiten.«

»Ach so«, murmelte der Gefreite. »Jetzt begreife ich erst.«

Sein Blick war mit ängstlich forschendem Ausdruck auf mich gerichtet.

»Was begreifen Sie?«, fragte ich.

»Dass wir in dieser faulen Ecke verheizt werden sollen. Die Russenfrau hat zu dem Muni-Fahrer gesagt, er soll zusehen, dass er abhaut, wenn er noch übers Wasser will.«

Ich lachte, aber es klang nicht sehr aufrichtig, denn es beseitigte die Besorgnisse des Gefreiten nicht.

»Die da oben machen jetzt ja allerhand Blödsinn«, sagte er. »Seit Stalingrad kann man sich auf alles Mögliche gefasst machen.«

Ich gab ihm im Stillen recht. Aber ich durfte es nicht zulassen, dass sich diese Auffassung ausbreitete im Bataillon.

»Reißen Sie sich zusammen, Mann!«, befahl ich. »Sie haben wohl die Hosen gestrichen voll? Schließlich sind wir auch noch da. Wo gibt's denn so was?«

»Jawohl, Herr Oberleutnant«, sagte der Gefreite und bemühte sich, so etwas wie Zuversicht zur Schau zu tragen.

»Gut«, sagte ich, »abtreten!«

Als ich allein war, rief ich Oberst Staufer an.

»Ja, Emser, gibt's was Neues?«, fragte der Kommandeur. »Ihre Leitung war gestern Abend ziemlich lang belegt. Wollte schon nachschauen lassen, ob bei Ihnen was los ist. Was hören Sie von vorn? Grummelt ja ganz mächtig.«

»Bis jetzt noch nichts Neues, Herr Oberst«, sagte ich. »Ich rufe an, weil mir bekannt geworden ist, dass die Zivilbevölkerung etwas von dem weiß, das Herr Oberst gestern angedeutet haben.«

»Ganz richtig, Emser«, versetzte der Oberst. »Irgend jemand hat da nicht dicht gehalten. Es ist ja nicht das erste Mal, dass die Russen besser unterrichtet sind als wir. In den bewohnten Dörfern hat gestern ganz plötzlich ein großes Packen angefangen. Das Verteufelte dabei ist, wir müssen uns darauf einrichten, dass auch die Rote Armee bereits im Bilde ist.«

In diesem Augenblick erschien der Führer des Nachrichtenzuges und reichte mir ein Formular mit einem soeben eingegangenen Funkspruch. Ich las dem Oberst den Spruch vor. Er kam von Silbertanne, der rechts neben Lemke liegenden Kompanie, die neuerdings von einem Leutnant Grothe geführt wurde. Der Wortlaut war: »Feind in Kompaniestärke eingebrochen. Gegenstoß angelaufen.«

Eine Sekunde war es still in der Leitung, dann war Oberst Staufers Stimme wieder zu vernehmen. »Verfluchte Schweinerei. Holen Sie schnellstens Ihre Eingreifreserve 'ran, Emser! Sie haben ja auch den Pionierzug und einen Pakzug am Ort. Ich werde zusehen, dass ich für alle Fälle ein paar Sturmgeschütze loseisen kann. Die Sache muss unter allen Umständen bereinigt werden. Ist das klar, Emser?«

»Sonnenklar, Herr Oberst«, gab ich zurück.

Im Hinblick auf die bevorstehende Absetzbewegung war es von größter Bedeutung, dass die derzeitige Linie gehalten wurde. Ich ließ mich mit dem Kolchos »Rote Flotte« verbinden. Am anderen Ende der Leitung meldete sich Feldwebel Koch.

»Wo brennt's denn, Herr Oberleutnant?«, fragte er in gönnerhaftem Ton.

Ich befahl ihm, sich sofort mit seinen Leuten nach Grigorjewka in Marsch zu setzen.

»Machen wir, Herr Oberleutnant«, antwortete der Stoßtruppführer, als wäre er ein Feuerwehrhauptmann, der zur Bekämpfung eines Brandes gerufen wird. »Wollte mich übrigens gerade bei Ihnen melden, Herr Oberleutnant«, fügte er hinzu.

»Wieso? Was gibt es?«, fragte ich.

»Wir haben eine Russin hier«, sagte Koch. »Ist gestern Abend im Rumänenabschnitt über den Kuban geschwommen und dabei geschnappt worden. Einer von den Rumänen sollte sie zum Stab der Zigeuner-Division zurückbringen, hat sich aber unterwegs ein bisschen mit ihr amüsieren wollen. Meine Streife ist dazwischengefahren. Der Rumäne hat saftige Prügel bezogen. Das Mädel ist hier bei uns. Soll ich sie mitnehmen, Herr Oberleutnant?«

»Ja, ist wohl das Beste, Koch«, sagte ich. »Wir können sie dann über das Regiment an Ic weiterleiten. Vielleicht ist es eine Agentin.«

»Könnte möglich sein«, entgegnete der Feldwebel. »Also bis gleich, Herr Oberleutnant.«

Er läutete ab, ohne abzuwarten, ob ich noch etwas zu sagen hätte.

Das feindliche Artilleriefeuer schien etwas nachzulassen. Ich gab mich schon der Hoffnung hin, dass sich alles, wie es so oft der Fall war, von selbst wieder glätten würde. Doch dieser Wunsch erwies sich als Trugschluss. Von Leutnant Lemke traf durch den Funk eine verzweifelte Meldung ein, aus der zu entnehmen war, dass auch seine Kompanie in heftigem Kampf mit überlegenen Kräften des Feindes stand.

»Befürchte, nicht mehr lange durchstehen zu können«, lautete der letzte Satz.

Der Funker, der mir den Spruch gebracht hatte, nahm mit unbewegter Miene meine Antwort an Lemke auf. »Stellung unter allen Umständen halten!«

Wie leicht schrieb sich das hin! Ich meldete bei der Vermittlung ein Gespräch mit dem Regimentsgefechtsstand an, und während ich auf die Verbindung wartete, dachte ich daran, wie oft der Befehl ergangen war, eine Linie »unter allen Umständen« zu verteidigen. Doch auch der angreifende Feind handelte auf Befehl, und wenn er mit erdrückender Übermacht kam, war trotz aller Tapferkeit und aller Opfer der Ofen aus, wie die

Landser sagten, wenn es keinen anderen Ausweg mehr gab als Rückzug oder Flucht.

Endlich hörte ich die Stimme von Oberst Staufer.

»Was Neues, Emser?«, fragte er.

Ich gab den Wortlaut des Spruches von Lemke durch.

»Zum Teufel«, brüllte Oberst Staufer, »was heißt das? Haben Sie Ihre Eingreifreserve zur Stelle?«

»Noch nicht, Herr Oberst«, antwortete ich. »Muss aber jeden Augenblick eintreffen.«

»Dann sofort nach vorn damit!«, wetterte der Kommandeur.

»Ich gebe zu bedenken, dass ich dann nichts mehr in der Hand habe, Herr Oberst«, wandte ich ein.

»Machen Sie, was Sie wollen, Emser!«, schrie Oberst Staufer mit schneidender Stimme, so dass es in der Leitung vibrierte. »Aber merken Sie sich das eine: Die Hauptkampflinie muss unverändert in unserem Besitz bleiben und wenn es da eine Panne geben sollte, stehen Sie dafür ein, dass die Lage um jeden Preis wiederhergestellt wird. Verstanden?«

Ehe ich zu antworten vermochte, hatte er aufgelegt. Da war sie wieder, die ominöse Phrase »um jeden Preis«. Es war der Druck von oben, der dem Truppenführer diese Worte in den Mund legte, der ständig fühlbare Druck, der die eigene Initiative und vernunftsgemäßes Ermessen ausschaltete und nur die Ausführung der am grünen Tisch erdachten Befehle zuließ.

Die feindliche Artillerie feuerte erneut ins Dorf. Die Einschläge lagen im Südteil, so dass die Vermutung nahelag, dass der Feind nicht Grigorjewka meinte, sondern unsere schwere Batterie, deren Abschüsse nach einer Pause wieder zu hören waren. Droben auf der

Straße wurde Motorengeräusch laut, das unversehens abbrach. Ich vernahm Stimmenlärm und das Getrappel schwerer Stiefel. Feldwebel Koch erschien auf der Bunkertreppe. Ihm folgte eine barfüßige Gestalt in einem zerknitterten Kleid. Das ärmliche Kleid kam mir bekannt vor, und als ich das schmale, von ungebändigtem schwarzem Haar umrahmte Gesicht sah, wusste ich, wen der Feldwebel mit in den Bunker brachte. Es war die Fallschirmspringerin, für die Hauptmann Peterhans sich so sehr eingesetzt hatte, dass er in den Verdacht der Feindbegünstigung geraten war. Es war unfassbar für mich, dass sie sich nach ihrer geglückten Flucht von Neuem über die Linien gewagt hatte.

Der Stoßtruppführer meldete sich: »Feldwebel Koch mit Bataillonsreserve und einer Gefangenen zur Stelle.« Während er sich halb zu seiner schlanken Begleiterin umwandte, die mich mit erschrockenen Augen anstarrte, fügte er hinzu: »Das ist die Kleine, Herr Oberleutnant. Scharfe Sache, was? 'ne richtige Kratzbürste, sag' ich Ihnen. Die wehrt sich mit Zähnen und Nägeln, wenn man sie anfasst. Der Rumänski hätte wenig Spaß mit ihr gehabt.«

»Wo ist der Kerl abgeblieben?«, fragte ich.

Koch zuckte die breiten Schultern. »Weiß ich nicht, Herr Oberleutnant. Die Prügel, die er bezogen hat, werden ihm gereicht haben.«

»Sie hätten ihn zur Bestrafung melden sollen«, warf ich ein. »Prügel sind wohl nicht das Richtige.«

»Die Rumänski sind dran gewöhnt«, gab der Feldwebel zurück. »Wenn die was ausfressen, werden sie von ihren Offizieren und Korporälen vor versammelter Mannschaft verdroschen.«

Die Russin regte sich nicht. Ihre kräftigen, gebräunten Hände hingen herab. Ein Ausdruck fatalistischer Schicksalsergebenheit stand in ihren dunklen Augen.

»Was fangen wir mit ihr an, Herr Oberleutnant?«, fragte Feldwebel Koch.

»Ja«, antwortete ich, »dürfte wohl 'ne Ic-Angelegenheit sein.«

Die Russin, die zum zweiten Mal in unsere Hand geraten war, blickte starr an mir vorbei. Ich war überzeugt, dass sie jedes Wort verstanden hatte.

»Herr Oberleutnant«, sagte Koch, »ich hätte da einen anderen Vorschlag. Bei Ic wird sie ausgequetscht und kommt dann womöglich der Geheimen Feldpolizei oder dem SD in die Finger. Sollen wir sie nicht zu den Trossen schicken, die da hinten in den Balkas liegen?«

»Wie kommen Sie darauf, Koch?«, fragte ich.

»Ich hab schon zu viele hängen sehen«, knurrte er. »Wenn eine ein bisschen intelligent aussieht, heißt es gleich: Partisanin.«

»Wir reden noch drüber, Koch«, sagte ich. »Vorerst muss sie ohnehin hier bleiben. Wir brauchen jetzt jeden Mann und allein können wir sie nicht abschieben. Sehen Sie jetzt zu, dass Sie Ihre Leute unterbringen – möglichst in der Nähe, damit sie jederzeit greifbar sind. Dann kommen Sie zurück. Vergessen Sie nicht, einen Melder mitzubringen.«

Feldwebel Koch wiederholte den Befehl im Telegrammstil und verschwand. Die Russin stand mit hängenden Armen am Fuß der Treppe. Sie war nicht groß, ihre Figur war schmal, fast zierlich. Mit ihren dunklen Haaren und Augen und den dichten schwarzen Brauen hätte sie eine Griechin oder Italienerin sein können.

»Warum töten Sie mich nicht?«, fragte sie in hartem Deutsch. Sie sagte es in einem Ton, als spräche sie von etwas Nebensächlichem. Ich war nicht überrascht. Die meisten Russen, soweit sie der Intelligenz angehörten, hatten zumindest eine Ahnung von unserer Sprache.

»Wir sind Soldaten«, antwortete ich. »Wir führen Krieg gegen die Rote Armee – nicht gegen Frauen.«

Ihre vollen Lippen verzogen sich zu einem höhnischen Lächeln.»In der Ukraine – auf der Krim – überall sind Frauen getötet worden, sogar Kinder.«

»Davon weiß ich nichts«, sagte ich. »Wir haben damit nichts zu tun.«

Sie antwortete nicht.

»Warum sind Sie noch einmal herübergekommen?«, fragte ich.

Sie hob die schmalen, knochigen Schultern. »Auch Russen haben ein Vaterland.« Sie schien etwas hinzufügen zu wollen, unterbrach sich jedoch und verschränkte wie zur Bekräftigung ihres trotzigen Gesichtsausdruckes die Arme mit stolzer Gebärde vor der Brust.

»Viele Deutsche sind merkwürdig«, sagte sie unvermittelt. »Auch der alte Hauptmann bei Ihrem Stab war merkwürdig. Zu gut – er war zu gut.«

»Sie haben es ihm schlecht gedankt«, entgegnete ich. »Sie haben sein Vertrauen missbraucht. Ich fürchte, dass Sie ihn in große Schwierigkeiten gebracht haben.«

»Wojna«, versetzte sie unbewegt, »es ist Krieg. Die Deutschen haben unser Land überfallen.«

Jemand kam die Treppe herunter. Es war ein Mann von der Batterie, die am Südrand des Dorfes in Feuerstellung lag. Er blickte kurz auf die Russin, dann zu mir und sagte noch atemlos vom raschen Laufen:

»Herr Oberleutnant, unser VB ist verwundet zurückgekommen. Die Hauptkampflinie ist überrannt, die Russen sind mit Panzern durchgebrochen.«

Die Panne, von der Oberst Staufer gesprochen hatte, war demnach eingetreten. Nun lag es an mir, die Katastrophe, die sich anzubahnen schien, »um jeden Preis« zu verhindern.

»Unser Batterieoffizier bittet um Befehle«, fuhr der Artillerist fort. »Die Batterie richtet sich auf Nahverteidigung ein«, sagte ich und griff schon zum Fernsprechhörer. Als die Vermittlung sich meldete, verlangte ich den Führer des Pionierzuges. Nachdem dieser verständigt war, alarmierte ich die Panzerjäger. Unterdessen erschien Feldwebel Koch mit seinem Melder.

»Scheint Arbeit zu geben«, sagte ich zu ihm. »Möglicherweise sind feindliche Panzer im Anmarsch.«

Feldwebel Koch grinste. »Sonst noch was, Herr Oberleutnant?«

Er schickte seinen Melder los mit dem Befehl, seine Leute sollten sich gefechtsbereit machen.

»Alles vollkommen unklar«, sagte ich. »Die Kompanien schweigen sich aus.«

»Wird schon nicht so heiß gegessen werden«, meinte Koch.

Auf die Russin hatte ich nicht mehr geachtet. Sie stand noch immer neben der Treppe.

»Sie gehen besser«, sagte sie auf einmal. »Hier ist bald alles kaputt.«

»Du hältst die Klappe, sonst du kaputt. Ponjemaju?«, warf der Feldwebel trocken ein. »Außer du weißt was. Dann aber 'raus damit, Maruschka, und zwar 'n bisschen fix!« Er baute sich drohend vor ihr auf.

»Ich weiß nichts«, sagte sie hastig, »nichts, nichts.«
»Charascho«, brummte Koch, »und jetzt da hinein mit dir! Hier bist du nur im Weg.«

Er zeigte nach dem kleinen, dunklen Verschlag, der als Schlafraum diente. Die Russin wandte sich wortlos ab und ging.

Als sie verschwunden war, sagte Koch leise: »Kann ja 'n netten Affentanz geben, gerade jetzt, wo diese Affengegend geräumt werden soll.«

»Dann wissen Sie's also auch schon«, sagte ich.

Er nickte grinsend. »Klarer Fall, Herr Oberleutnant. So was bleibt doch nicht lang geheim.«

Der Fernsprecher schrillte. Ich hob ab und meldete mich. Am anderen Ende war Oberstleutnant Frisch.

»Ich verbinde mit dem Herrn General«, sagte er.

Dann vernahm ich General Scheufeles Stimme.

»Wie steht es?«, fragte er.

»Keine Nachricht von den Kompanien, Herr General«, antwortete ich. »Die Artillerie meldet Panzerdurchbruch.«

»Bin schon informiert«, sagte der General. »Halten Sie die Ohren steif, Emser! Ich verlasse mich auf Sie. Vor zehn Minuten ist der neue Bataillonsführer in Marsch gesetzt worden. Er bringt vier Sturmgeschütze nach vorn. Das Bataillon muss es schaffen, Emser! Sie wissen ja, worum es geht.«

»Jawohl, Herr General«, versicherte ich.

»In Ordnung, Emser, Ende.«

Ich hörte, wie drüben in Klein-Bukarest abgeläutet wurde, und legte den Hörer auf.

Feldwebel Koch hatte sich eine Zigarette angezündet. »Wie wär's mit einem Spähtrupp?«, fragte er.

Ich überlegte. Wenn der Feind wirklich durchgebrochen war, durfte ich das, was mir zur Verfügung stand, nicht verzetteln. Andererseits war es unerlässlich, dass die abgerissene Verbindung zu den Kompanien wiederhergestellt wurde. Der Gedanke, dass sie aufgerieben oder von den Russen gefangen genommen worden sein könnten, schien mir völlig absurd.

Ich wollte schon dem Feldwebel zustimmen, doch die Ereignisse überstürzten sich und erforderten andere Entschlüsse. Wir brauchten keine Aufklärung mehr!

Schritte polterten die Treppe herab. Ein von Panik verzerrtes Gesicht tauchte ins kreidige Licht der Lampe. Eine Stimme schrie: »Die Russen kommen!«

Der Landser in der verdreckten Uniform der Grabenkämpfer verschwand gedankenschnell. Feldwebel Koch war schon auf der Treppe. Er war es gewohnt, selbstständig zu handeln.

Ich rief den Führer des Nachrichtenzuges und befahl ihm, sämtliche in der Nähe liegenden Einheiten zu alarmieren. Dann ließ ich eine Verbindung mit dem Regimentsgefechtsstand herstellen. Der neue Adjutant, der reichlich nervös schien, übergab das Gespräch dem Kommandeur.

»Was gibt's, Emser?«, fragte Oberst Staufer.

»Wir müssen mit einem Angriff auf Grigorjewka rechnen, Herr Oberst«, sagte ich. »Soeben hat ein Mann behauptet, die Russen kämen. Muss ein Versprengter gewesen sein. Feldwebel Koch ist inzwischen eingetroffen. Sobald ich Überblick habe, melde ich mich wieder.«

»Fassen Sie alles zusammen, was greifbar ist!«, befahl der Oberst. »Halten Sie mich auf dem Laufenden! Der neue Bataillonsführer dürfte bald bei Ihnen eintreffen.«

»Wie steht es mit den Sturmgeschützen, Herr Oberst?«, fragte ich.

»Kümmern Sie sich um das, was Sie zur Hand haben!«, lautete die Antwort. »Ich wiederhole: Die alte Hauptkampflinie muss, falls sie aufgegeben wurde, zurückgewonnen werden.«

Ich sagte »jawohl«, obgleich mir völlig unklar war, wie dieser Befehl mit dem, was in Grigorjewka verfügbar war, ausgeführt werden sollte.

Feldwebel Stumm, der Führer des Nachrichtenzuges, kam zurück. Sämtliche Trosse und alles, was sonst in der Gegend lag, waren in Alarmzustand versetzt. Doch Hilfe war von dieser Seite nicht zu erwarten, zumal die rückwärtigen Einheiten längst ausgekämmt waren und kaum mehr kampffähige Leute aufwiesen.

Ich übergab dem Feldwebel die Fernsprechwache und verließ die Befehlsstelle. Die feindliche Artillerie feuerte nicht mehr, doch aus geringer Entfernung hallten Abschüsse und Einschläge kleinkalibriger Kanonen. Ich war mir darüber klar, dass es Panzer waren. Sie mochten etwa zwei oder drei Kilometer entfernt sein. Ein MG stotterte einen kurzen Feuerstoß. Ich trat aus der Ruine, zwischen deren Mauerschutt der Eingang zum Bunkersystem des Gefechtsstandes ausgeschachtet war, auf die Straße hinaus. Feldwebel Koch war nicht zu sehen. Auch sonst zeigte sich niemand. Einen Augenblick hatte ich das Gefühl, als sei alles, was in Grigorjewka lag, auf das Gerücht hin, der Feind sei im Anmarsch, Hals über Kopf getürmt, als sei ich mit dem Rest von Major Wilhelmis Stab allein.

Hoch in den Lüften schwoll das Brummen von Flugzeugmotoren an. Ein Pulk russischer Bomber kam in

Sicht. In geschlossener Formation flogen sie über Grigorjewka hinweg. Im Westen begann unsere Flak zu feuern. Die feindlichen Bomber, die ohne Begleitschutz waren, stoben auseinander, behielten jedoch ihren Kurs nach Westen bei.

Der unregelmäßige Gefechtslärm im Osten verebbte zu schwachem Geplänkel. Die Panzer gaben nur noch einzelne Schüsse ab. Auf einmal erblickte ich am Dorfeingang Feldwebel Koch. Er und ein Landser stützten einen Verwundeten, der sich mit schleppenden Schritten zwischen den beiden bewegte. Als sie näherkamen, erkannte ich den Verwundeten, dessen Stahlhelm tief in die Stirn gerutscht war. Es war Leutnant Lemke. Den dreien folgten zwei Krankenträger mit einer Trage, auf der ein anderer Verwundeter lag.

Plötzlich hob ein Rauschen und Jaulen an. Krachend explodierten Granaten zwischen den Ruinen des Dorfes. Mauerreste stürzten ein. Pulverqualm wallte auf, und der hochgeschleuderte Schutt kam prasselnd herab. Ich achtete nicht darauf. Die drei verhielten im Schutz einer Hauswand. Auch die Krankenträger hatten Deckung gesucht. Ich hastete los, während es ringsum einschlug. Als ich Lemke erreichte, der wie leblos zwischen dem Feldwebel und dem Landser hing, brach der Feuerüberfall der feindlichen Artillerie ab.

Lemkes zerhacktes Gesicht war bleich. Schweiß rieselte über seine zernarbte Stirn. Seine großen blauen Augen blickten mich hilfesuchend an.

»Die verdammten Panzer«, murmelte er mit schief gezogenen Lippen.

Die rechte Seite seiner zerfetzten Uniform war blutdurchtränkt. Stöhnend versuchte er sich aufzurichten, aber, wie seiner letzten Spannkraft beraubt, sackte er in sich zusammen.

»Bringt ihn in den Bunker«, befahl ich.

Feldwebel Koch nahm ihn bei den Schultern, der Landser hob ihn an den Beinen hoch. So schleppten sie ihn weg.

Ich ging zu dem anderen Verwundeten. An der Riesengestalt sah ich, dass es Feldwebel Suhrmann war. Sein Kopf war dick verbunden.

»Die Augen«, erklärte einer der Sanitäter, »es sind die Augen. Eine halbe Stunde hat er so am MG gelegen und geschossen. Wir haben ihn erst verbinden und wegtragen können, nachdem er umgekippt war.«

Der Truppenverbandsplatz befand sich in einem Bunker am äußersten Westrand des langgezogenen Dorfes. Ich befahl daher den Sanitätern, auch Suhrmann zunächst zum Gefechtsstand zu bringen, da die Beschießung jeden Augenblick wieder einsetzen konnte.

Als ich in meinen Bunker zurückkam, lag Lemke in tiefer Bewusstlosigkeit auf dem Feldbett, das ich von Oberst Staufer übernommen hatte. Sie hatten es aus dem Verschlag in die Befehlsstelle gebracht. Der Landser und die Russin, deren Anwesenheit ich inzwischen vollkommen vergessen hatte, waren dabei, den verwundeten Leutnant zu entkleiden. Seine rechte Seite war mit Splittern förmlich gespickt. Er musste direkt in den Eisenhagel einer Panzergranate geraten sein. Die Blutung war zum Stillstand gekommen. Die Russin, die sich darauf zu verstehen schien, befestigte mit Pflasterstreifen Mullkompressen aus dem Verbandkasten auf den Wunden. Dann kleidete sie mithilfe des Landsers den Bewusstlosen mit routinierten Griffen wieder an und deckte ihn mit einer Wehrmachtsdecke zu. Erst jetzt blickte sie auf.

»Ist Lazarett in Grigorjewka?«, fragte sie.

»Ja, ein Truppenverbandsplatz«, sagte ich.

Sie nickte, schien ganz ihrer Rolle als Samariterin aufzugehen. »Dieser Offizier hat viel Blut verloren. Man muss ihm eine Injektion gegen Tetanus geben. Wird auf dem Truppenverbandsplatz operiert?«

»Nein – erst auf dem Hauptverbandsplatz, der weiter rückwärts liegt«, antwortete ich.

»Charascho«, sagte die Russin, die als Agentin über die Linien gekommen war und jetzt nur noch an die Rettung des verwundeten Feindes zu denken schien. »Sie bringen diesen Offizier schnell zur Operation, ja?«

In diesem Augenblick kam einer der Sanitäter die Treppe herab.

»Wo ist Feldwebel Suhrmann?«, fragte ich.

»Wir haben ihn oben gelassen, Herr Oberleutnant. Er ist tot.«

Suhrmann tot und Lemke schwer verwundet. Die Kompanie, meine alte Kompanie lag ohne Führung im Schussbereich der durchgebrochenen feindlichen Panzer. Auf meine Frage nach der Kompanie antwortete der Landser, der seinen verwundeten Leutnant zurückgebracht hatte, sie habe sich zuletzt beim Hochwasserdamm gehalten.

Ich wandte mich zu Feldwebel Koch. »Am besten wird sein, Sie übernehmen die Kompanie.«

Koch nahm lässig die Hacken zusammen und wiederholte den Befehl, fügte jedoch hinzu: »Ich muss zu bedenken geben, dass die Eingreifreserve nur unter meiner Führung wirksam eingesetzt werden kann.«

Ich gab ihm recht. Die Kampfkraft des Stoßtrupps musste voll erhalten bleiben.

»Gehen Sie nach vorn«, befahl ich nach kurzem Überlegen dem Landser, der erst seit Kurzem bei der Kompanie war. »Der dienstälteste Unteroffizier löst die Kompanie vom Feind und führt sie zum Ostrand Grigorjewka zurück. Vollzugsmeldung bei mir. Wie viele Panzer sind es?«

»Stücker sieben oder acht, Herr Oberleutnant. Genau kann ich's nicht sagen«, antwortete der Soldat.

»Ist auch Infanterie dabei?«

»Nein, Herr Oberleutnant. Die hat uns aus der Stellung 'rausgeboxt und sich drin festgesetzt. Erst danach sind die Panzer durchgerollt.«

»Gut«, sagte ich. »Sehen Sie zu, dass Sie die Kompanie so rasch wie möglich erreichen!«

Der Landser kletterte eilig die Treppe hinauf.

Feldwebel Koch grinste verständnisvoll. »Ich geh' zu meinen Leuten. Wenn der Iwan anrollt, machen wir ihn fertig. Wir haben ja auch Pak und Pioniere.«

Ein neuer Feuerüberfall schlug ins Dorf. Der Boden zitterte unter der Wucht der laut dröhnenden Explosionen. Lemke erwachte aus seiner Bewusstlosigkeit. Sein Blick erfasste das dunkelhaarige Mädchen, das am Rand des Feldbettes saß.

»Trinken«, flüsterte er mit rauer Stimme, »gebt mir zu trinken!«

Der Nachrichten-Feldwebel reichte mir seine Feldflasche. Ich schnallte den Trinkbecher ab, füllte ihn mit kaltem Kaffee und gab ihn der Russin. Sie schob eine Hand unter Lemkes Kopf und führte mit der anderen den Trinkbecher an seine Lippen. Wie ein Verdurstender schlürfte er mit gierigen Zügen. Als der Becher halb geleert war, murmelte er: »Nicht nach Stalingrad – bringt mich nicht nach Stalingrad!«

»Nein«, sagte ich, »Sie kommen nach Hause.«

»Nicht nach Hause«, entgegnete er mit quengelnder Stimme, »ich will nicht nach Hause.«

Ein schwerer Einschlag ging in der Nähe nieder. Zwischen den Bohlen der Bunkerdecke rieselte Erde herab.

»Nicht!«, schrie Lemke gequält. »Nicht! Feuer einstellen!« Als ob der Feind auf sein Gestammel hören würde.

Die Russin legte ihre Hand auf seine Stirn und sagte leise etwas in ihrer Sprache.

Einer der Fernsprechleute kam von der Vermittlung. »Die Leitung zum Regiment ist gestört.«

»Was heißt das?«, fragte ich. »Beeilung, Mann! Störungssucher 'raus! Oder soll etwa ich gehen?«

»Nein, Herr Oberleutnant«, stammelte der Gefreite und zog betroffen ab.

Lemke begann zu stöhnen. Auf einmal stieß er hastig hervor: »Meldung – Meldung für Major Wilhelmi. Kompanie in aussichtslosem Kampf mit feindlichen Panzern.«

Ich beugte mich über ihn. »Beruhigen Sie sich. Ich bin hier – Emser. Alles wird gut.« Aber meine Worte drangen nicht in sein Bewusstsein. In seinem Gesicht zuckte es. Er schien etwas sagen zu wollen, doch über seine Lippen kam kein Laut. Die beiden Sanitäter traten mit der Krankentrage in den Bunker.

»Wo habt ihr den Feldwebel hingebracht?«, fragte ich.

»Zum Verbandplatz. Dort liegen noch mehr Gefallene im Hof.«

Sie betteten Leutnant Lemke auf die Trage. Die Russin war aufgestanden.

»Ich gehe mit«, sagte sie. Ich hielt sie nicht auf. Meine Gedanken waren bei dem, was vor mir lag.

Sie trugen Lemke die steile schmale Treppe hinauf. Die Russin half dem Mann, der das Fußende der Bahre hochstemmte.

»Wird er durchkommen, Herr Oberleutnant?«, fragte der Nachrichten-Feldwebel.

»Ich weiß nicht«, sagte ich. »Er ist schlecht dran.«

In diesem Augenblick brachte ein Funker einen Spruch, der soeben eingegangen war. Ich atmete auf. Das 1. Bataillon hatte die 10. und 12. Kompanie aufgenommen und den feindlichen Einbruch abgeriegelt. Gegenmaßnahmen waren im Gange.

Plötzlich schrie jemand von oben: »Sie kommen!« Zugleich begannen, offenbar schon am Rande des Dorfes, Kanonen zu feuern. Ich nahm Lemkes Stahlhelm, der auf dem Feldbett liegengeblieben war, und jagte die Treppe hinauf. Vom Ostrand des Dorfes her kam das Dröhnen von Panzermotoren. Als ich ins Freie gelangte, duckte ich mich unwillkürlich. Mit schrillem Jaulen fegten Granaten heran und detonierten tiefer im Dorf. Allem Anschein nach leitete ein Artilleriebeobachter von einem der Panzer aus durch Funkübermittlung das Feuer der feindlichen Batterien.

Unteroffizier Klein, einer der Zugführer von Leutnant Lemkes Kompanie, stürzte auf mich zu.

»Befehl ausgeführt«, brachte er außer Atem hervor. »Kompanie hat am Ostrand Stellung bezogen. Verbindung mit Feldwebel Koch aufgenommen.«

Ich fragte den Unteroffizier nach den Verlusten.

»Es fehlt uns jeder Überblick, Herr Oberleutnant«, gab er zurück. »Alles ist so schnell gekommen. Wir sind zurückgegangen. Die Panzer sind gleich nachgestoßen. Viele Verwundete sind liegengeblieben. Wie steht es mit Leutnant Lemke und Feldwebel Suhrmann?«

»Suhrmann ist tot«, sagte ich. »Leutnant Lemke ist gerade zum Verbandplatz gebracht worden. Wollen hoffen, dass er durchkommt.«

Aber es gab nichts mehr zu hoffen. Ein Mann vom Pionierzug kam aufgeregt angerannt.

»Volltreffer auf den Verbandplatz«, meldete er. »Alles verschüttet. Bis jetzt haben wir nur Tote geborgen.«

Da ich nichts darauf sagte, fragte der Pionier, ob ich Befehle für seinen Zugführer hätte. Ich musste mich erst zurechtfinden.

»Richtig«, sagte ich schließlich. »Panzervernichtungstrupp nach vorn! Am Westausgang Straße sperren! Sind Minen verlegt?«

»Jawohl, Herr Oberleutnant«, antwortete der Pionier. »Am Ostrand ist die Straße vermint. Bin selbst dabei gewesen.«

Dicht an der halb eingefallenen Mauer vorbei, hinter der wir in Deckung kauerten, flitzte kreischend das erste Flachbahngeschoss unserer Pak. Das Krachen des Einschlags folgte, während sich gleichzeitig die feindlichen Panzer kettenrasselnd in Bewegung setzten. In kurzen Abständen ins Leere feuernd, wie um sich selbst Mut zu machen, schoben sie sich gegen das Dorf heran.

MGs begannen zu rattern, Handgranaten krepierten mit bellendem Knall. Mit den Worten »muss zur Kompanie« verschwand Unteroffizier Klein zwischen den

Ruinen. Auch der Melder der Pioniere hatte sich entfernt. Ich war allein.

Ein Donnerschlag übertönte den verworrenen Kampflärm. Wie eine Sturmbö sauste der Luftdruck der gewaltigen Detonation durch das tote Dorf. Ich konnte von meinem Platz aus nichts sehen, aber es stand für mich fest, dass einer die Russenpanzer auf eine Mine gefahren war. Draußen auf der Straße zogen Panzerjäger im Laufschritt ein Geschütz heran, rissen es herum, so dass das Rohr feindwärts zeigte und feuerten sodann in unglaublich rascher Folge. Pioniere, mit geballten Ladungen und Haftladungen bepackt, pirschten sich von Deckung zu Deckung. Zwei Mann schleppten ein »Ofenrohr«, den primitiven Vorläufer der Panzerfaust. Zwischen zwei Ruinen tauchte die massige Silhouette eines T 34 auf. Sein MG sprühte Leuchtspurgeschosse. Seine Kanone suchte hin und her schwenkend die Pak auf der Straße. Doch unbeirrt bedienten die Panzerjäger ihr Geschütz, ohne darauf zu achten, dass es rings um sie her blitzend einschlug. Der T 34 zog sich zurück. Auf einmal stand er still, lahmgelegt durch zwei Treffer in Laufkette und Motor. Der Turmdeckel hob sich. Ich sah ein ölverschmiertes Gesicht unter einem Lederhelm und zielte mit meiner Pistole. Doch bevor ich zum Schuss kam, schloss sich die stählerne Luke – gerade in dem Augenblick, als ein Paktreffer den Turm durchschlug. Schwarzer Qualm quoll aus allen Öffnungen des Kolosses, dann schoss eine Stichflamme hoch, und unter dem Krachen mehrerer Explosionen barst der Panzer, in Flammen und Qualm gehüllt, auseinander.

Eine Viertelstunde später, als die Sturmgeschütze kamen, war der Kampf bereits entschieden. Einer der feindlichen Panzer war im Nahkampf vernichtet worden. Feldwebel Koch hatte eine Stielhandgranate ins Geschützrohr geschoben, war abgesprungen und hatte, bevor er Deckung suchte, noch eine geballte Ladung an der Laufkette zur Entzündung gebracht. Dann waren sie dem wehrlosen und bewegungsunfähigen T 34 mit Haftladungen zu Leibe gerückt. Die Besatzung war beim Aussteigen von MP-Salven gefasst worden. Die übrigen Panzer hatten abgedreht. Zwei waren in den Schussbereich unserer schweren Batterie geraten und brennend liegengeblieben. Nur einem gelang es, unversehrt zu entkommen.

Der Gegenangriff

Mit den Sturmgeschützen war der neue Bataillonsführer eingetroffen, ein junger Hauptmann, kaum älter als ich. Er hieß Vogel und kam von der Krim, wo er im Küstenschutz eingesetzt gewesen war. Aber dies erfuhr ich erst später.

Ich meldete mich bei ihm am Eingang zum Gefechtsstand. Er blickte, scheinbar uninteressiert, an dem brennenden Panzer vorbei, in dem noch immer Munition explodierte. Er hatte ein kantiges, dunkel gebräuntes Gesicht, das auf Härte, Unduldsamkeit und jene eiserne Tatkraft schließen ließ, die bei unserer höheren Führung die Illusion erweckte, die Front sei immer noch imstande, Wunder zu vollbringen. Hauptmann Vogel drehte sich zu mir um.

»Herr Emser«, sagte er, »was für einen komischen Verein übernehme ich da? Ist das eigentlich noch ein Bataillon?«

»Es ist eins, Herr Hauptmann«, sagte ich, »und wenn nur noch eine einzige Kompanie übrig sein sollte.«

»Hm«, machte er zweifelnd. »Bisschen dick aufgetragen, was? Wie steht es denn? Was melden die Kompanien oder das, was noch davon übrig ist?«

»Grothe und Polltau sind in den Abschnitt des 1. Bataillons ausgewichen«, sagte ich. »Die Kompanie Lemke ist auf meinen Befehl bis zum Dorf zurückgegangen.«

»Und wo steckt dieser Unglücksrabe Lemke?«, fragte Hauptmann Vogel.

»Er war schwer verwundet«, antwortete ich. »Ich habe ihn zum Truppenverbandsplatz geschickt. Dort ist ein Volltreffer 'reingegangen. Man kann wohl mit Sicherheit sagen, dass Leutnant Lemke nicht mehr am Leben ist. Auch der Kompanietruppführer, der einzige Feldwebel, ist gefallen.«

Der Hauptmann kniff die Unterlippe zwischen Daumen und Zeigefinger zusammen. »Dann müssen Sie die Kompanie übernehmen, Herr Emser«, sagte er schließlich. »Der Befehl zum Gegenangriff kann jeden Moment eintreffen.«

»Die Kompanie ist zweifellos schwer angeschlagen«, wandte ich ein. »Im Übrigen ließe sich ja auch hier eine Front aufbauen. Muss es denn ausgerechnet dieser ausgesetzte Graben dort vorn im Gelände sein? Wir setzen uns doch ohnehin ab.«

»Sie haben wohl hier einen Debattierclub aufgemacht?«, versetzte der Hauptmann in sarkastischem Ton. Seine hellen Augen waren wie Eis. »Sobald ich den Befehl habe, greift die Kompanie an«, fuhr er fort. »Oder haben Sie etwas anderes vor, Herr Emser?«

»Nein, Herr Hauptmann«, sagte ich, so ruhig ich es vermochte, obwohl es in mir kochte.

Ein Sanitätssoldat kam heran. Sein rechter Arm und sein Kopf waren verbunden. Er brachte das, was man in den Taschen von Leutnant Lemke und Feldwebel Suhrmann gefunden hatte, und meldete den Tod des Kompanieführers. Ein Granatsplitter hatte Lemkes Brust aufgerissen. Ich steckte das wenige ein. Auch die Auszeichnungen der beiden Gefallenen waren darunter. Ein

Zettel fiel zu Boden. Ich bückte mich danach. Es war ein Blatt aus einem Notizbuch. Suhrmann, der Verseschmied, hatte mit der ihm eigenen schrägen Handschrift darauf vermerkt: »Komisch ist das EK eins./Hast du keins, willst du eins./Wenn du's endlich hast,/ist es eine Last.«

»Was haben Sie da?«, fragte Hauptmann Vogel.

»Eine private Notiz des gefallenen Feldwebels Suhrmann«, sagte ich.

Er nahm den Zettel, las mit grimmig verzogener Miene die flüchtig hingeworfenen Zeilen und sagte, als spräche er zu sich selbst: »Verrottete Ansichten. Na ja, das wird jetzt alles anders. Mal bisschen aufmöbeln. Das krumme Volk auf Vordermann bringen.«

»Verzeihung, Herr Hauptmann«, warf ich ein. »Die Kompanie steht seit März am Kubanbrückenkopf in schwerem Abwehrkampf. Sie hat ihre Pflicht bis zum Äußersten erfüllt.«

»Bis zum Äußersten«, wiederholte der Hauptmann in sarkastischem Ton. »Hört sich großartig an. Aber an den anderen Fronten wird auch nicht geschlafen.«

»Gebe ich zu, Herr Hauptmann«, nickte ich, »aber der Kubanbrückenkopf ist schon eine besonders windige Ecke.«

Drunten im Bunker läutete der Fernsprecher. Feldwebel Stumm erschien auf der Treppe. »Gespräch für Herrn Hauptmann Vogel – vom Regiment.«

Der Hauptmann verschwand. Als er wieder zum Vorschein kam, strahlte er förmlich vor Unternehmungsgeist und Draufgängertum.

»Der Angriffsbefehl«, erklärte er. »Sie treten als Kompanieführer an die Stelle von Leutnant Lemke. Sie gehen mit den Sturmgeschützen vor und nehmen die alte Hauptkampflinie wieder in Besitz. Feldwebel Koch mit seinem Zug und eine Pioniergruppe werden Ihnen unterstellt. In 20 Minuten setzt der Feuerschlag der Artillerie ein.«

Ich vergegenwärtigte mir die Feindkarte im Dienstraum des Ic in Klein-Bukarest. Starke Verbände der Roten Armee standen nach dem Durchbruch durch die Mijusstellung in der Nogaischen Steppe. Vielleicht waren sie mittlerweile noch weiter nach Westen vorgestoßen. Wenn sie den Dnjepr erreichten, wäre es zu spät, unsere Armee zur Krim zurückzuführen. Doch noch hatte die Absetzbewegung nicht begonnen. Im Gegenteil – wir sollten nach Osten angreifen, um eine Stellung wiederzugewinnen, die ohnehin aufgegeben werden sollte.

Ich fragte mich, ob jetzt nicht der Zeitpunkt gekommen sei, dem Wahnwitz mit einem harten Nein entgegenzutreten. Ich hatte die Kompanie, die ich jetzt wieder übernehmen sollte, vom Kaukasus zurückgeführt, hatte mit ihr viele Wochen lang auf der blutgetränkten Höhenstellung nordwestlich Krymskaja ausgeharrt, und nun sollte ich sie nach dem Aderlass des heutigen Tages für nichts erneut ins Feuer treiben.

Ich wollte soeben meine Empörung in Worte fassen, als ein heftiger Feuerüberfall der russischen Artillerie den neuen Bataillonsführer und mich zu Boden zwang. Zur gleichen Zeit erhoben wir uns. Meine Wut war in Hass umgeschlagen. Ich hasste den Hauptmann, der von der Krim kam und sich anmaßte, eine Truppe aufmöbeln zu wollen, die ausgeblutet und am Ende ihrer Kräfte war.

Hauptmann Vogel musterte mich mit finsterem Blick, als erriete er meine Gedanken.

»Noch irgendwelche Fragen?«, schnarrte er, und da ich nicht antwortete: »Worauf warten Sie noch? Begeben Sie sich zu Ihrer Kompanie!«

Ich wollte etwas entgegnen, doch ehe ich dazu kam, fuhr draußen auf der Dorfstraße ein Kübelwagen heran, hielt mit kreischenden Bremsen, wurde herumgerissen und brauste davon. In der kurzen Zeitspanne des Anhaltens war ein hochgewachsener Offizier abgesprungen, ein Major in Feldgrau mit der roten Waffenfarbe der Artillerie. Sein Haar war grau. Am Kinn hatte er eine große, gezackte Narbe. Mit weit ausgreifenden Schritten kam er auf uns zu. Ich erkannte ihn sofort. Es war der ehemalige Hauptmann Stiebner, mit dem ich auf dem Vormarsch durch die Ukraine und später während der Winterschlacht am Donez zusammengetroffen war. Er begrüßte Hauptmann Vogel mit gemessener Höflichkeit. Dann streckte er mir die sehnige braune Rechte entgegen.

»Sie, Emser!«, sagte er in seinem breiten ostpreußischen Tonfall. »Dass ich Sie nochmal wiedersehe.«

Doch schon wandte er sich wieder dem Hauptmann zu. »Sie sind wohl der Bataillonsführer, wenn ich nicht irre. Sie können mir sicher sagen, wo ich Leutnant Lemke finde.«

»Leutnant Lemke ist tot, Herr Major«, antwortete ich an Stelle des Hauptmanns. »Wenn Sie den neuen Kompanieführer suchen – ich bin der Nachfolger von Leutnant Lemke.«

»Schön«, sagte Major Stiebner, »sehr schön, Emser. Gehen wir gleich mal nach vorn, damit ich mich orientieren kann.« Er streifte den ausgebrannten Panzer mit einem kurzen Blick und fügte anerkennend hinzu: »Gute Arbeit. Paktreffer, was?«

Ich bestätigte es, während Hauptmann Vogel mit frostiger Miene grüßte und sich zum Bunkereingang umdrehte.

Wir schlugen den Trampelpfad ein, der zwischen Ruinen und durch Gärten zum Ostrand des Dorfes führte.

»Was ist los, Emser?«, fragte Major Stiebner. »Haben Sie Krach mit Ihrem Bataillonsführer?«

Ich wusste, mit dem Major konnte ich offen sprechen. Schließlich war er es gewesen, der damals, als sich das Unheil über dem Haupt meines Regimentskommandeurs zusammenbraute, den Rat gegeben hatte, Oberst Metzelbrod solle sich in Gefangenschaft begeben, um dem drohenden Verhängnis zu entgehen. Ich erklärte, ich sei nahe daran gewesen, den Befehl zu verweigern.

»Dummheiten«, sagte der Major und schüttelte den Kopf. »Was wäre denn dadurch gewonnen? Wer mit dem Kopf durch die Wand will, rennt sich die Hirnschale ein. Und wem ist damit gedient? Gewiss nicht Ihrer Kompanie. Sagt Ihnen das Schicksal von Oberst Metzelbrod nicht genug? Wissen Sie überhaupt, wo er abgeblieben ist?«

Ich berichtete, wie ich damals im Juli den degradierten Oberst angetroffen hatte.

Der Major stieß mit finsterem Blick einen russischen Fluch aus. »Das ist der Anfang vom Ende«, knurrte er, »das ist der Anfang vom Ende. Und was ist aus seiner Familie geworden? Man hört ja neuerdings davon, dass in solchen Fällen auch die Familie in Mitleidenschaft gezogen wird.«

»Außer seiner Schwiegertochter ist niemand übrig geblieben«, sagte ich, erwähnte mein nächtliches Ferngespräch mit Anneliese Metzelbrod in Duisburg und kam dann kurz auf Inges Ende während ihres Besuches bei den Metzelbrods zu sprechen.

»Ja, ja«, murmelte Major Stiebner, »alles zerbricht, alles geht zugrunde. Und das Schlimme ist: Noch stehen wir tief in Russland. Hat man denn eine Vorstellung, was geschehen wird, wenn die Angloamerikaner im Westen landen, wenn die zweite Front Wirklichkeit wird?«

Er verstummte unvermittelt, denn aus den Mauerresten eines zerstörten Hauses kamen Unteroffizier Klein und Feldwebel Koch hervor. Beide meldeten sich bei Major Stiebner. Der winkte ab und deutete auf mich. »Ich bin nur besuchsweise hier. Oberleutnant Emser ist für Sie zuständig.«

»Was gibt's denn Neues, Herr Oberleutnant?«, fragte Feldwebel Koch.

»Wir greifen an«, sagte ich, »müssen die verlorene Stellung wieder holen.«

Der Feldwebel blickte mich ungläubig an. »Was denn? Was denn? Ich denke, wir gehen zurück.«

»Sicher«, sagte ich, »aber vorher ist es wohl notwendig, dass wir den Russen noch eins draufgeben.«

»Und die Panzer, die wir erledigt haben«, meinte Koch bitter, »das ist demnach gar nichts.«

»Es ist schon was«, warf Major Stiebner ein, »aber die Fronteinbuchtung, die da entstanden ist, wird eben als Schönheitsfehler angesehen, der ausgebügelt werden muss. Im Übrigen bin ich hier, um euch die Sache leichter zu machen.« Er wandte mir sein breites, zerfurchtes Gesicht zu. »Emser, wie wäre es, wenn ich mithalte – wie damals in Tscherkasskowka? Erinnern Sie sich noch?«

Natürlich erinnerte ich mich. Major Stiebner hatte damals als Hauptmann eine Kanonenbatterie geführt. Mit einem improvisierten Panzerzug hatten wir Munition nach dem bedrohten Tscherkasskowka bringen sollen, und der alte Ostpreuße hatte uns als vorgeschobener Beobachter seiner Batterie begleitet. Er fragte, ob ein Funkgerät zur Hand sei. Unteroffizier Klein rief den Funker der Kompanie, der sein Tornistergerät in der Ruine aufgebaut hatte. Major Stiebner übergab dem Funker einen Spruch, der den Befehl an seinen Abteilungsstab und seine Stabsbatterie enthielt, unverzüglich zum Ostrand Grigorjewka vorzurücken.

Die Landser hockten trübselig vor den Mauerresten zerschossener Katen in der Sonne, die zwischen grauem Gewölk hervorgekommen war. Major Stiebner ging umher, sprach mit den abgekämpften, erschöpften Männern und verbreitete wie überall, wo er auftrat, Zuversicht und die Überzeugung, dass man immer noch nicht verloren wäre, wenn es auch weit schlimmer käme. Auch ich merkte, wie ich mein Gleichgewicht wiederfand, das in den vergangenen Stunden und vor allem zuletzt erheblich ins Wanken geraten war. Ich hatte das Gefühl, der alte Artillerist sei gerade zur rechten Zeit erschienen.

Ich begleitete den Major nach vorn zum Hochwasserdamm, wo Feldwebel Koch eine MG-Sicherung postiert hatte. Ein Kreuz bezeichnete den Platz von

Major Wilhelmis zerstörtem Gefechtsstand. Von den Verschütteten war nichts mehr gefunden worden.

Major Stiebner suchte mit dem Fernglas das Gelände ab. Auf dem Rückweg zum Dorf sagte er nachdenklich: »Im rückwärtigen Gebiet werden jetzt die Friedhöfe eingeebnet. Man will dem Feind, der nach unserem Abzug nachstoßen wird, keinen Hinweis auf die Zahl unserer Verluste geben. Es sieht schlimm aus, Emser. Wer hätte noch vor einem Jahr an solche Maßnahmen gedacht? Ich bin überzeugt, dass auch diese Einzelheit von oben befohlen worden ist. Man gesteht also ein, dass man nie wieder hierher zurückkommen wird.«

»Wer weiß, ob nicht aus dem Rückzug ein zweites Stalingrad werden wird?«, sagte ich.

»Irrtum«, entgegnete der Major. »Der Rückzug wird planmäßig verlaufen. Ich kenne die vorgesehenen Phasen. Die Armee hat sich ausbedungen, dass ihr während der Absetzbewegung nicht dreingeredet wird. Sie werden es nicht wissen, aber bisher ist es fast immer so gewesen, dass Hitler nachgegeben hat, wenn einer der Generale den Mut fand, mit der Faust auf den Tisch zu schlagen. Auch das Tuapse-Unternehmen im Waldkaukasus ist auf diese Weise abgeblasen worden.«

Als wir das Dorf erreichten, waren die Sturmgeschütze, die unseren Angriff unterstützen sollten, verschwunden. Dagegen war Major Stiebners Abteilungsstab zur Stelle. Die Geschützstaffeln – zwei Batterien schwerer Feldhaubitzen und eine Kanonenbatterie – waren nach dem festgelegten Plan unweit des Dorfes in Feuerstellung gegangen. Die Kompanie hatte Verpflegung und Munition empfangen. Unteroffizier Klein, Feldwebel Koch und der Führer der Pioniere, die sich am Angriff beteiligen sollten, ein Unteroffizier, meldeten Gefechtsbereitschaft.

Nachdem Major Stiebner die letzten Befehle für den vorbereitenden Feuerschlag gegeben hatte, traten wir an. Der Major, der die Beschießung unter gewissen Umständen selbst leiten wollte, nahm seinen Adjutanten, einen jungen Leutnant, mit. Der Leutnant trug ein Tornister-Funkgerät. Als wir den Hochwasserdamm durchquerten, schloss sich uns der MG-Trupp von Feldwebel Kochs Eingreifreserve an.

Wir lagen in Deckung des nach vorn führenden Laufgrabens, als Major Stiebners Batterien zu feuern begannen. Sie sparten nicht mit Munition, wie immer vor Beginn eines Rückzuges. Was verschossen wurde, brauchte nicht abtransportiert zu werden, zumal man sich, wenn es Richtung Heimat ging, den Nachschublagern und Versorgungsbasen näherte. Das Heulen und Rauschen der feindwärts ziehenden Granaten mochte unseren Landsern ebensoviel Auftrieb geben, wie es den Rotarmisten zusetzte, die in unsere Stellung eingedrungen waren.

Von Osten brauste ein Schwarm russischer Schlachtflugzeuge heran. Sie jagten dicht über uns hinweg, ohne von uns Notiz zu nehmen, griffen das Dorf Grigorjewka mit ihren Bordwaffen an und flogen weiter nach Westen.

Nachdem der Lärm der Motoren verhallt war, stiegen, während pausenlos Granaten über uns hinwegorgelten, zur Rechten vor uns grüne Leuchtkugeln auf. Es mussten Leutnant Grothe und Leutnant Polltau sein, die mit der 10. und 12. Kompanie unseren Angriff von der Flanke her unterstützen sollten.

Major Stiebner befahl durch Funk seinen Batterien, Entfernung zuzulegen. Als die Bestätigung eintraf, meinte er: »Ich glaube, Emser, wir können's riskieren.«

Im gleichen Augenblick kam Feldwebel Koch, der mit seinem Zug die Spitze bildete, vor Ungeduld fiebernd heran.

»Kann's losgehen, Herr Oberleutnant?«, rief er mir zu.

»Hals- und Beinbruch, Koch!«, gab ich zurück.

Der Nahkampfexperte machte kehrt und setzte sich mit seinem Zug in Marsch. Sie verließen den Graben und schwärmten im Laufschritt im Gelände aus. Ich folgte mit der Kompanie. Major Stiebner und sein Adjutant blieben dicht bei mir.

Nur schwaches Abwehrfeuer schlug uns entgegen, als wir der Stellung näherkamen. Es verstummte, als Koch mit seinen Leuten mit wildem Hurra-Gebrüll zum Sturm antrat. Verstörte Rotarmisten drängten sich mit erhobenen Händen zusammen, als wir den Kampfgraben erreichten. Verwundete und Gefallene lagen in der Grabensohle.

Ich suchte das Loch, in dem Leutnant Lemke gehaust hatte. Ein Kapitän der Roten Armee lag mit aufgerissenem Schädel davor. Ich schob die zerfetzte Zeltbahn zur Seite. Neben dem zerlegenen Strohlager befand sich Lemkes Rucksack. Ich öffnete ihn, griff hinein und zog den Wachstuchpacken heraus, der Lemkes kostbarster Besitz gewesen war. Ich übergab den Packen Major Stiebner und bat ihn, dafür zu sorgen, dass er auf sicherem Wege den Angehörigen von Leutnant Lemke zugestellt werde.

»Wieso auf sicherem Wege?«, fragte der Major.

»Es sind Aufzeichnungen«, sagte ich. »Ich kenne einiges davon. Für die Zensur ist das nicht geeignet.«

Major Stiebner nickte. »Verstehe. Wahre Geschichten aus dem Osten. Ich will mein Bestes tun, Emser, um das der Nachwelt zu erhalten.«

Er hatte mittlerweile seinen Batterien befohlen, das Feuer einzustellen. »Meine Aufgabe ist hier erfüllt«, sagte er. »Halten Sie die Ohren steif, Emser! Lassen Sie sich nicht unterkriegen! Vielleicht führt uns der Lenker der Schlachten bald wieder zusammen.«

Gefolgt von seinem Adjutanten, trat er den Rückweg an. Die Rotarmisten, die sich ergeben hatten, trotteten hinter den beiden her. Sie schleppten ihre Verwundeten mit. Zwei Mann der Kompanie bewachten sie.

Während wir uns in der Stellung zur Verteidigung einrichteten, fand sich Leutnant Grothe ein, der die rechte Nachbarkompanie führte, die ebenfalls wieder ihren alten Abschnitt besetzt hatte.

»Das wäre wieder mal geschafft«, sagte er. »Die Ari hat ja mächtig 'reingehauen.«

»Der Kommandeur ist ein alter Bekannter von mir«, sagte ich. »Er hat den Angriff mitgemacht.«

»Sie werden wohl jetzt wieder zum Bataillon zurückgehen«, meinte Leutnant Grothe.

»Wieso?«, fragte ich. »Ich hab doch die 11. wieder übernommen. Wissen Sie noch nicht, dass Hauptmann Vogel das Bataillon führt?«

»Schon überholt«, erklärte Grothe. »Beim Tieffliegerangriff auf Grigorjewka hat es ihn erwischt. Hab es grade durch Funk vom zweiten Bataillon erfahren.«

Leutnant Grothe kehrte zu seiner Kompanie zurück. Der Gedanke, dass ich erneut nach Grigorjewka abberufen werden könne, behagte mir nicht. Aber ich befürchtete es umsonst. Denn ich hatte beim Divisionsstab unliebsames Aufsehen erregt. Man hatte herausgefunden, dass ich eine russische Agentin hatte laufen lassen. Sie war in der Nähe des Regimentsgefechtsstandes aufgegriffen, an die Abteilung Ic überstellt und von Hauptmann Scheffler wiedererkannt worden.

Ich hatte die Russin völlig vergessen, die Leutnant Lemke zum Verbandplatz begleitet und sich dann offenbar unterwegs selbstständig gemacht hatte. Sonderführer von Strack, der neue Dolmetscher, hatte überdies gemeldet, dass ich in der vorangegangenen Nacht die »überlasteten Nachrichtenmittel« der Armee für ein Privatgespräch nach der Heimat missbraucht hatte.

Man übertrug die Führung des Bataillons für die Dauer des Rückzuges einem Offizier vom Armeeoberkommando. Ich behielt zu meiner Genugtuung die Kompanie. Als die Fernsprechleitung zum Regiment wieder eingerichtet war, gab mir Oberst Staufer, der Regimentskommandeur, nach einer Standpauke, die ich ohne Widerspruch über mich ergehen ließ, zu verstehen, dass der Orden nun ausblieb, den man mir zugedacht hatte. Er konnte nicht wissen, dass ich nach allem, was ich erlebt und erfahren hatte, keinen Wert auf Orden legte. Auf meine Frage, ob man gegen mich Tatbericht eingereicht habe, erklärte der Oberst, die Division habe eine Beurteilung angefordert. Falls sich Weiterungen für mich ergeben sollten, könne ich voll und ganz auf seinen Beistand zählen.

Ich nahm die Aussicht, wie mein einstiger Kommandeur vor ein Kriegsgericht gestellt zu werden, gelassen auf. Das Gespräch, das ich mit Anneliese Metzelbrod geführt hatte, bereute ich ebensowenig wie die Begünstigung der russischen Agentin, die wohl bei Sonderführer von Strack eine andere Behandlung erfahren hatte als bei Hauptmann Peterhans, der auch in Uniform danach trachtete, ein Mensch zu bleiben. Der General, sagte ich mir, würde meine Verfehlungen kaum strenger beurteilen als Oberst Staufer.

Roter Stern im Pulverqualm

Eine russische »Nähmaschine« schwirrte über der Hauptkampflinie. Wie ein illuminiertes Hündchen folgte der stoßweise brummenden Mühle ein Leuchtfallschirm, der allem Anschein nach an einem Draht befestigt war. Sein wandernder Schein tauchte unseren Graben in fahles Licht. Wir warteten mit angehaltenem Atem auf das Rauschen der Bomben, aber sie fielen nicht.

Ich blickte unruhig auf die Leuchtzeiger meiner Uhr. Noch zehn Minuten. Endlich drehte das Flugzeug nach Osten ab und verschwand. Leise gab ich den Befehl zum Abmarsch. Wir kletterten aus dem Graben und verließen die Stellung, die wir 52 Stunden zuvor dank Major Stiebners schlagkräftiger Hilfe ohne Verluste wieder besetzt hatten. Die Nacht war wolkenschwer und von so tiefer Dunkelheit, wie wir es uns für unser heimliches Vorhaben nur wünschen konnten. Kurz zuvor war Vollmond gewesen, aber tief hängende Wolken, aus denen schwacher Regen herabsprühte, verbargen das verräterische Himmelslicht. Schatten bewegten sich über das Brachland. Schanzzeug und Waffen klirrten gedämpft. Drüben beim Feind stiegen weiße Leuchtkugeln auf, aber ihr Schein erreichte uns nicht.

Wieder einmal hatten wir den Schritt ins Ungewisse getan – wie damals, im Januar, als wir unsere Stellungen in den Waldbergen verließen. Und wieder – wie stets – wussten wir nichts von dem, was außerhalb unseres

Bereiches vorging. Der Befehl hatte gelautet: »Das Bataillon räumt um 22 Uhr die Stellung. Die Gefechtsteile sammeln um 23 Uhr am Westausgang von Grigorjewka.«

Ich rechnete damit, dass man der Kompanie in der ersten der vorbereiteten Aufnahmestellungen einen neuen Abschnitt zuweisen würde. Bruchstückweise erfuhr ich später, dass zu dem Zeitpunkt, als wir in tiefer Finsternis dem zerschossenen Dorf zustrebten, der Rückzug bereits seit zwei Tagen in vollem Gange war. Pausenlos pendelten Marine-Fährprähme sowie Landungsboote und Siebelfähren der Pioniere zwischen Taman und Kertsch und beförderten Nachschubgüter, Mannschaften der rückwärtigen Dienste, Kraftfahrzeuge, Pferde, Panjewagen und ganze Viehherden über die Straße von Kertsch zur Krim. Feindliche Bomber und Tiefflieger griffen auf See und in den Häfen die Transportschiffe an. Die Abwehrverbände der Luftwaffe, der Marine und des Heeres kamen nicht mehr zur Ruhe. Ununterbrochen standen die Flak-Kanoniere an ihren Waffen, um den Rückzug der 17. Armee über die Meeresstraße zu sichern.

Wir aber, eine ausgeblutete Infanteriekompanie, entfernten uns in tiefer Dunkelheit mit jedem Schritt weiter vom Feind, der im Osten, jenseits der verlassenen Hauptkampflinie, in seinem Graben lauerte. Keinen brauchte man zur Eile anzutreiben und keinen zum Schweigen zu ermahnen. Ein jeder wusste, was geschehen würde, wenn die Russen vorzeitig herausfänden, dass sich die kämpfende Truppe absetzte.

Als wir uns den düsteren Ruinen von Grigorjewka näherten, schwenkte soeben die 10. Kompanie vor uns von links her ein. Auch ihr war es gelungen, sich unbemerkt zu lösen, wie die immer noch anhaltende Stille in unserem Rücken bewies. Am Eingang des Dorfes formierte die Kompanie sich zur Marschordnung, ohne dass ich es zu befehlen brauchte. Böiger Westwind trieb uns kalten Regen entgegen. Die Landser hatten ihre Zeltbahnen umgehängt. Wie unförmige schemenhafte Fabelwesen tappten sie unter der Last der Waffen durch das tote Dorf, das der Feind bald in Besitz nehmen würde. Leutnant Lemke, Feldwebel Suhrmann und viele andere waren auf dem Soldatenfriedhof außerhalb des Dorfes zur letzten Ruhe gebettet worden. Auch hier hatte man wohl die Gräber eingeebnet und die Kreuze entfernt, um dem Feind, wenn er kam, keinen Aufschluss über die Höhe unserer Verluste zu geben.

Als Letzte trafen wir am Sammelplatz ein. Auch die 12. Kompanie unter Leutnant Polltau war bereits zur Stelle. Während ich nach vorn ging, um mich beim interimistischen Bataillonskommandeur zu melden, fiel mir eine Kolonne schwerer Lkws auf, die mit abgestellten Motoren links am Straßenrand aufgereiht standen. Zur Rechten drängten sich fröstelnd die Landser in der Kühle der herbstlichen Regennacht. Der Bataillonskommandeur, ein älterer Major mit Regenumhang und Kordelmütze, stand zwischen Oberst Staufer und Major Stiebner. Ich machte meine Meldung und wollte zu den Leutnanten Grothe und Polltau treten, die sich etwas abseits von den »hohen Tieren« hielten, als Major Rieneck, der Neue, mich an den Regimentskommandeur verwies.

»Sie waren doch an der Schwarzmeerküste in diesem Dings da – wie heißt es – ›Krasnaja Swesda‹«, sagte

Oberst Staufer in seiner bärbeißigen Art. »Sie kennen doch das Gelände einigermaßen, Emser?«

»Jawohl, Herr Oberst«, sagte ich, ohne zu ahnen, was die Frage bedeuten sollte.

Oberst Staufer wandte sich zu Major Stiebner. »Oberleutnant Emser – Sie sind ja alte Bekannte – wird Ihnen sicher gute Dienste leisten, Herr Stiebner.«

»Davon bin ich überzeugt, Herr Oberst«, antwortete der alte Artillerist.

»Ja, Emser«, sagte der Oberst unter trockenem Auflachen. »Jetzt handelt es sich aber nicht um Ferien am Schwarzen Meer, sondern darum, dass die Russen gestern Abend mit stärkeren Kräften an der Küste vor ›Krasnaja Swesda‹ gelandet sind. Die Aufgabe des Bataillons, das aus diesem Grund vorübergehend aus dem Regimentsverband ausscheidet und ab sofort der Kampfgruppe von Herrn Major Stiebner unterstellt ist, wird es sein, die Russen ins Meer zu werfen, um den Rückzug aus Noworossijsk und Anapa, der gleichfalls heute Nacht anläuft, zu sichern. Halten Sie sich 'ran, Emser! Sie wissen ja, bei der Division sind Sie derzeit nicht übermäßig gut angeschrieben. Der neue Dolmetscher hat es auf Sie abgesehen. Hatten Sie denn Krach mit dem Mann?«

»Nein, Herr Oberst«, sagte ich, »nicht dass ich wüsste. Der Sonderführer ist wohl etwas übereifrig.«

»Ja, ja, Emser«, grinste der Oberst anzüglich, »cherchez la femme. Mit der einen führen Sie nachts Ferngespräche, die andere lassen Sie einfach laufen, obwohl Sie doch genau wussten, dass sie vor einiger Zeit als feindliche Fallschirmagentin geschnappt worden und ausgerissen war.«

»Bei mir wird Oberleutnant Emser keine Gelegenheit zu Eskapaden finden«, warf Major Stiebner lachend ein. »Ich werde schon auf ihn aufpassen, Herr Oberst.«
Oberst Staufers Rechte fuhr flüchtig ans Schild der alten Feldmütze. »Also, meine Herren, keine Müdigkeit vorschützen! An die Gewehre! Auf der Krim sehen wir uns wieder.«

Wir begaben uns zu meiner Kompanie. Wenige Minuten später war alles auf den wartenden Lkws aufgesessen. Major Stiebner räumte mir einen Platz in seinem Kübelwagen ein. Ich wickelte mich in eine Decke, lehnte mich zurück und fiel sofort in Schlaf.

Major Stiebner und ich erwachten zu gleicher Zeit. Neben der Straße war etwas mit einem donnernden Schlag explodiert. Ein Brummen, das aus der Schwärze des Nachthimmels kam, verriet, dass ein feindliches Flugzeug versucht hatte, die Straße zu bombardieren. Die Kolonne hatte angehalten, doch schon setzte sie sich wieder in Bewegung.

Major Stiebner blickte auf seine Uhr. »2.15 Uhr«, brummte er. »Dass diese Brüder einen alten Mann nicht schlafen lassen können.«

»Warum schickt man eigentlich ausgerechnet uns hinunter nach dem Süden?«, fragte ich. »Unsere Division steht doch im nördlichen Abschnitt der Armee.«

»Sie scheinen nicht mehr sehr einsatzfreudig zu sein, junger Freund«, erwiderte Major Stiebner. »Aber Spaß beiseite. Es liegt daran, dass die Frontlinie sich jetzt laufend verjüngt. Ihre Division wird ab morgen oder übermorgen überzählig sein. Sie wird herausgezogen und übergesetzt. Ich vermute, dass sie auf der Halbinsel Kertsch Stellung beziehen wird. Es könnte ja den Russen einfallen, drüben auf der Krim zu landen, um der Armee den Rückweg abzuschneiden.«

»Gehören Sie denn nicht zu unserer Division, Herr Major?« fragte ich.

»Nein«, antwortete dieser, »der alte Stiebner hat eine Lebensstellung bei der Heeresartillerie. Sie erinnern sich doch an meine Kanonenbatterie, die damals im Winter wie die Feuerwehr überall dort ein Gastspiel gab, wo es lichterloh brannte. Im Frühjahr 42, nach meiner Rückkehr aus dem Lazarett – Sie wissen ja, dass ich damals in Tscherkasskowka etwas abbekam – wurde aus meiner Batterie die Abteilung, die ich seither führe. Wir sind weit herumgekommen, haben sogar im Dezember beim Entlastungsangriff für Stalingrad unter Hoth mitgemacht. Dann – als der Angriff 40 Kilometer vor der Front der 6. Armee zum Stehen kam, schickte man uns zur 1. Panzerarmee, die sich zu dieser Zeit gerade vom Terek löste. Wir waren beim Rückzug übers Eis des Asowschen Meeres dabei und flitzten drei Monate lang an der neugebildeten Mijusfront herum. Schließlich bugsierte man uns über die Krim und die Straße von Kertsch hierher zum Kubanbrückenkopf. Seltsam, Emser, als wir damals durch die Krim rollten, hatte ich das Gefühl, dass die Halbinsel, die ja jetzt Gotenland heißt und einem Reichskommissar mit dem bedeutungsvollen Namen Frauenfeld unterstellt ist, nicht nur uns, sondern Tausenden zum Schicksal werden würde.«

»Wie meinen Sie das, Herr Major?«, fragte ich mit Unbehagen. Major Stiebners Vorahnungen hatten niemals getrogen.

Der alte Artillerieoffizier schwieg eine Weile. Dann sagte er: »Wir sind alte Kampfgefährten, Emser. Mit

Ihnen kann ich darüber reden. Die Armee wird hinüberkommen zur Krim. Der Rückzug ist mustergültig geplant – ein Schulbeispiel für eine Absetzbewegung über See. Aber die Krim wird für uns ein zweites Stalingrad werden, so wahr ich Stiebner heiße. Schon jetzt ist klar ersichtlich, dass die 17. Armee die Aufgabe erhalten wird, sich auf der Krim zur Verteidigung einzurichten. Sie wissen ja, dass die Mijus-Stellung teils umgangen, teils durchbrochen ist. Den nächsten Rückhalt wird die neuaufgestellte 6. Armee am Dnjepr finden. Aber selbst wenn sie sich dort einige Zeit behaupten könnte, wäre unsere Nordflanke freigelegt. Die Russen werden dort ungehindert starke Kräfte konzentrieren, und eines Tages, der nicht allzu fern sein dürfte, werden sie durchbrechen, und niemand wird uns beistehen können, wie auch denen in Stalingrad von außen niemand mehr helfen konnte. Ich übrigens glaube nicht daran, dass die Dnjeprlinie lange gehalten wird, und deshalb ist der Plan, die Krim zu halten, um so verwerflicher.«

»Was wäre denn nach Ihrer Ansicht jetzt erforderlich, Herr Major?«, fragte ich.

»Etwas, das Hitler niemals gutheißen würde«, entgegnete Major Stiebner. »Die alte Reichsgrenze im Osten müsste beschleunigt befestigt werden, und die gesamte Ostfront müsste unter hinhaltendem Widerstand auf diese Befestigung zurückfallen. Nur so wäre es einer neuen deutschen Regierung möglich, mit den westlichen Alliierten einen annehmbaren Frieden auszuhandeln. Aber es ist müßig, solche Gedanken zu erörtern, denn Hitler wird niemals zurücktreten, wie er auch niemals einen allgemeinen Rückzugsbefehl geben würde.«

»Wir sollen also untätig zusehen, wie alles zugrunde geht?«, warf ich ein.

»Man kann nichts dagegen tun«, entgegnete Major Stiebner. »Auch der Ruf ›in tyrannos‹, wenn er käme, würde ungehört verhallen. Wir sind trotz aller Leistungen in diesem Krieg ein innerlich zerrissenes Volk. Die Infiltration der Spitzel ist mit teuflischer Geschicklichkeit durchgeführt worden. Nicht einmal das Offizierkorps ist ein geschlossenes Ganzes. Wir haben Generale, die sich innerlich auflehnen, und solche, die vor Opportunismus den Buckel bis zur Erde krümmen. Denn an die Feldherrntüchtigkeit des Führers glaubt wohl selbst die SS nicht mehr. Aber man verschließt die Augen vor dem Verhängnis, das auf uns zukommt.«

»Eine bittere Lektion auf nüchternen Magen«, sagte ich. »Ich frage mich nur, was würde Herr Oberst Metzelbrod, wenn er noch lebte und unter uns wäre, in dieser Stunde unternehmen?«

»Er würde das Äußerste zur Rettung wagen«, erklärte Major Stiebner, ohne nachzudenken. »Deshalb musste er ja untergehen, Emser. Man hat frühzeitig erkannt, welche Gefahr ein Mann wie er darstellte. Er war ja nicht der Erste und wird auch nicht der Letzte sein, den die derzeitige Führung beiseiteräumt. Schlimme Zeiten, Emser, verdammt schlimme Zeiten. Trotzdem müssen wir heute und in Zukunft unsere Aufträge ausführen. Das Schicksal ungezählter Kameraden, die in gutem Glauben ihre Pflicht erfüllen, hängt davon ab.« Major Stiebner zündete sich eine Zigarette an. »So ist das, Emser«, sagte er betrübt und fiel in Schweigen.

Der Himmel begann sich zaghaft aufzuhellen. Es hatte aufgehört zu regnen. Die Wolken zogen ostwärts ab.

Wir fuhren an rastenden oder marschierenden Kolonnen vorbei. Lange Reihen bespannter oder motorisierter Fahrzeuge lösten einander ab. In mäßigem Tempo bewegten sie sich nach Westen, während wir »wie die Feuerwehr« – um Major Stiebners Ausdruck zu gebrauchen – die auf dem Rückzug befindlichen Einheiten in höchster Eile überholten.

Das Riesendorf Gostagajewskaja, durch das wir bei Tagesanbruch fuhren, glich einem Heerlager. Schwere und leichte Flakgeschütze reckten ihre Rohre feuerbereit zum Himmel. Nachdem die Ortschaft zurückgeblieben war, rollten wir an Major Stiebners Abteilung vorbei, die am Straßenrand im Schutz eines Waldstückes zu einer Marschpause angehalten hatte. Wir scherten aus, und der Major sprach kurz mit den Offizieren seines Stabes. Wir erhielten heißen Kaffee und belegte Brote, bevor wir weiterfuhren. Die Straße, die von Anapa heraufführte, war stellenweise mit Rückzugskolonnen verstopft, und zeitweilig dauerte es mehr als eine halbe Stunde, bis die Feldgendarmerie eine Stockung entwirrte und den Abfluss der Fahrzeuge nach beiden Richtungen in Gang brachte.

Major Stiebner war besorgt. Er befürchtete, dass die Russen ihren Landekopf bei »Krasnaja Swesda« ungehindert erweiterten und dass unser Bataillon nicht ausreichen würde, den Feind ins Meer zu werfen, wie der Befehl lautete. Doch nicht nur entgegenflutende Kolonnen hielten uns immer wieder auf. Immer häufiger erschienen feindliche Flugzeuge am Himmel, und obgleich deutsche Jäger in erstaunlich hoher Zahl zum Schutz des Luftraumes über den Rückmarschstraßen patrouillierten, gelang es doch hin und wieder einer

IL II oder einer Rata, zum Tiefangriff herabzustoßen. Brennende Fahrzeuge und Gefallene blieben dann zurück, zumal die Trosse nicht über Abwehrwaffen verfügten. Von unseren Lkws jedoch, von denen die Planen entfernt worden waren, und von den Fahrzeugen der mit geringem Abstand folgenden Artillerie schlug den angreifenden Tieffliegern so heftiges MG-Feuer entgegen, dass sie abdrehten, bevor ihre Bordwaffen zur Wirkung kamen.

Endlich, wenige Kilometer nordwestlich der Hafenstadt Anapa, bogen wir rechts ab und hatten nun die unweit der Küste entlangführende Straße vor uns. Die Sonne war im Osten aufgegangen. An der Einmündung eines landeinwärts abzweigenden Weges stand ein Einweiserposten im Stahlhelm. Wir folgten dem Weg etwa zwei Kilometer und hielten bei einem Kolchos an, dessen Gebäude die Spuren früherer Kämpfe aufwiesen. In der Nähe krachten die Einschläge russischer Werfergranaten. Aus einem von Brandspuren und Einschlägen gezeichneten Haus trat ein älterer Hauptmann, gefolgt von einem Feldwebel mit einem buschigen, rötlichen Schnurrbart. Beide trugen Stahlhelme, erweckten aber nicht den Eindruck, als hätten sie bei der kämpfenden Truppe gedient. Der Hauptmann begrüßte Major Stiebner und Major Rieneck mit sichtlicher Erleichterung. Die drei verschwanden in dem Haus. Der Feldwebel blieb ihnen dicht auf den Fersen. Unsere Lkws wendeten, nachdem alles abgesessen war, eilends zur Rückfahrt. Nur Major Stiebners Kübelwagen und der Pkw von Major Rieneck suchten Deckung in einem langgestreckten Schuppen, in dem Landmaschinen untergestellt waren.

Die drei Batterien von Major Stiebners Abteilung waren uns nicht gefolgt. Sie waren bereits vor der Abzweigung des Seitenweges ins Gelände abgebogen, um an den vorgesehenen Punkten in Feuerstellung zu gehen. Es war heiß geworden. Die Sonne brannte mit sommerlicher Kraft vom wolkenlosen Himmel. Ich saß im Schatten einer Akazie auf einem Sägebock und zündete mir gerade eine Zigarette an, als Grothe und Polltau herankamen. Leutnant Grothe war vor Kurzem zwanzig geworden, Polltau dagegen war Zwölfender und wegen hervorragender Tapferkeit zum Leutnant befördert worden.

»Schöne Sauerei«, meinte Grothe, »die anderen gehen zurück, und wir sind wieder mal die Dummen.«

»Wir sind eben zu gut«, warf Polltau ein. »Wenn wir nicht so zackig wären, wäre niemand auf den Einfall gekommen, uns hierher zu verfrachten. Ist es nicht so, Herr Emser?«

»So ungefähr«, gab ich zu. »Ich hoffe nur, dass es bald losgeht. Immer steht man herum und wartet auf irgend etwas.«

»Die Hälfte seines Lebens wartet der Soldat vergebens«, versetzte Polltau, der es wissen musste, da er seit 14 Jahren Uniform trug.

In diesem Augenblick öffnete sich die Tür des Hauses, das den Gefechtsstand der Alarmkompanie beherbergte, die man eilig zusammengestellt hatte, um eine Ausweitung des russischen Landekopfes nach Südosten zu verhindern. Major Stiebner trat allein auf den vom Sonnenlicht überfluteten Kolchoshof. Er nahm die uralte, ausgebleichte Feldmütze ab, die ich von früher her kannte, wischte sich den Schweiß von der Stirn und schlenderte gemächlich heran. Ich stand auf, und gleich mir nahmen auch die beiden Leutnante Haltung an.

»Sobald die Batterien Feuerbereitschaft melden«, sagte der Major, »rücken wir vor, meine Herren. Für Sie, Herr Emser, gibt es inzwischen eine Sonderaufgabe. Suchen Sie sich ein paar zuverlässige Leute aus. Wir müssen wissen, was da vorn geboten wird. Die Baupioniere, die vorn eingesetzt sind, haben sich nicht weit von hier eingegraben. Der bedauernswerte Kompaniechef hat einen Erkundungsvorstoß befohlen, aber die Gruppe, die vorging, geriet in Granatwerferfeuer und machte schleunigst kehrt. Immerhin scheint festzustehen, dass die Russen außer Granatwerfern bisher keine schweren Waffen gelandet haben. Das ist schon etwas und erleichtert uns unsere Aufgabe.«

Er holte bedächtig seine Karte hervor, breitete sie auf dem Sägebock aus und zeigte mir den Streifen, auf dem das Bataillon angreifen sollte.

»Lassen Sie sich nicht auf Gefechtsberührung ein, Emser«, setzte er hinzu. »Wichtig ist nur festzustellen, welche Linie der Gegner erreicht hat. Alles klar, Herr Emser?«

»Jawohl, Herr Major, alles klar«, antwortete ich, grüßte und wandte mich zum Gehen. Feldwebel Koch, der mit seiner Eingreifreserve mitgekommen war, blickte mir erwartungsvoll entgegen, als wüsste er, dass ich mich an ihn wenden würde.

»Machen Sie sich fertig«, sagte ich, »wir gehen zur Erkundung vor.«

»Wir beide allein?«, fragte er.

»Ja«, nickte ich, einem plötzlichen Einfall folgend, »ist vielleicht das Beste.«

Bei Aufgaben wie der mir zugedachten war es am zweckmäßigsten, nicht mit einer großen Streitmacht aufzutreten. Ich übergab Unteroffizier Klein den zeitweiligen Befehl über die Kompanie. Feldwebel Koch überließ seinen Haufen ebenfalls dem dienstältesten Korporal. Der Kolchos, in dem allem Anschein nach die Arbeit ruhte, blieb hinter uns zurück. Wir bahnten uns den Weg durch die vergilbten Stauden eines Sonnenblumenfeldes, überquerten eine Fläche unbebauten, versteppten Landes und drangen in ein Rebenfeld ein, zwischen dessen Weinstöcken, an denen spärliche Trauben hingen, Unkraut und Disteln wucherten. Zwischen Feldwebel Kochs Lippen hing eine erloschene Zigarette. Den Stahlhelm hatte er ins Genick geschoben.

»Alles Krampf«, murmelte er vor sich hin, »alles ein verdammter Krampf.«

Seine Rechte kramte aus der Seitentasche, die dick ausgebaucht vor Eierhandgranaten war, einen Zettel hervor, eines der russischen Flugblätter, die neuerdings wieder in rauen Mengen vom Himmel flatterten.

»Wenn man nur wüsste, wie es drüben ist«, sagte er, als spräche er zu sich selbst. »Wenn man das nur wüsste. Man hätte den ganzen Mist hinter sich und könnte sich endlich mal auspennen.«

»Sie waren doch im August auf der Höhenstellung«, sagte ich.

»Klar«, antwortete er und stopfte das Flugblatt wieder in die Tasche. »Wir haben ja damals den Gegenangriff mitgemacht. Ein paar Meter vor mir hat es den General erwischt. War auch so 'ne verdammte Kiste. Warum meinen Sie – was war auf der Höhenstellung?«

»Der Ausblick auf eine Straße, die drüben beim Iwan von deutschen Landsern gebaut wurde«, sagte ich.

Koch lachte höhnisch auf.»Wenn ich hinüberginge, könnte mir das nicht passieren. Ich würde denen schon ein Licht aufstecken. Ich bin doch nicht dämlich.«

»Glaube ich Ihnen, Feldwebel Koch«, sagte ich, »aber Sie reden reichlich kariertes Zeug.«

»Stimmt«, bestätigte er spöttisch. »Ich bin ja bekannt dafür. Sie wissen es doch selbst, dass alles verbockt und verfahren ist. Sie stopfen ein Loch zu und reißen das andere auf. Irgendwann landen wir doch alle beim Iwan, wenn wir nicht vorher ins Gras beißen, was noch wahrscheinlicher ist. Warum da nicht ein bisschen nachhelfen?«

»Jetzt halten Sie mal die Luft an!«, befahl ich. »Sie können nicht von mir erwarten, dass ich mir das noch länger anhöre.«

»Nein«, brummte er gekränkt, »kann ich nicht erwarten. Aber es muss doch mal gesagt werden. Die treiben ja nur noch Schindluder mit uns.«

Wir verließen das verrottete Weinfeld. Zur Linken schimmerte der unbewegte Spiegel eines der zahlreichen Limane, die mit ihren dichten Schilfrändern ein Paradies für alle Arten von Wasservögeln waren. Vor uns stieg der Boden leicht an. Ein Blick auf meine Karte zeigte mir, dass wir nur noch etwa vier Kilometer von der Erholungsstätte »Krasnaja Swesda« entfernt waren. Der Kolchos lag knapp einen Kilometer zurück.

Wir hielten uns halb links, um der Küste näherzukommen. Ein schütteres Akazienwäldchen nahm uns in seinen Schatten auf. Nicht weit vor uns schlugen Werfergranaten ein. Vom Meer her knallten die Abschüsse von Schiffsgeschützen, und mit laut hallendem Krachen detonierten vor uns schwerkalibrige Granaten. Dazu begann MG-Feuer zu rattern, ein Zeichen, dass ein Gefecht begann. Da es dem Klang nach russische Maschinengewehre waren, musste man kein Hellseher sein, um zu erraten, dass die provisorische Stellung der Baupioniere angegriffen wurde.

Wir setzten uns, ohne dass es vieler Worte bedurfte, in Trab. Das Wäldchen lichtete sich. Eine Anzahl Landser kam den vor uns ansteigenden Hang herab auf uns zu. Es waren ältere Leute, die sich schwerfällig, aber doch in sichtlicher Eile bewegten. Das feindliche Feuer hatte nachgelassen.

Wir stellten uns der zurückgehenden Schar entgegen, die von der Anhöhe her immer noch Zuzug bekam. Zögernd hielten die Ersten an, während die anderen nachdrängten. Alle waren der schwarzen Waffenfarbe nach Pioniere.

»Was habt ihr denn vor?«, fragte ich.

Ein Feldwebel mit einem runden, geröteten Gesicht stammelte außer Atem: »Die Russen kommen, Herr Oberleutnant. Angriff – wir haben nur ein einziges MG.«

»Wo habt ihr es denn?«, fragte ich scharf.

Der Feldwebel blickte sich unsicher um. »Es muss«, stotterte er, »es muss – muss stehengeblieben sein.«

Ich gab Feldwebel Koch einen Wink. Er verstand sofort, trat ein paar Schritte zur Seite und brachte seine Maschinenpistole in Anschlag.

»Alles herhören!«, rief ich. »Kehrt marsch! Zurück in die Stellung! Ihr seid mir ein feiner Verein! Ausreißen ist Feigheit vor dem Feinde! Was darauf steht, wisst ihr ja wohl. Kehrt marsch, sage ich! Oder ist einer dabei, der sich besonders bitten lassen will?«

Mit mürrischen, ängstlichen Mienen befolgten sie den Befehl. Ich setzte mich an die Spitze. Feldwebel Koch folgte am Schluss, um zu verhindern, dass sich jemand unterwegs anders besann. Als ich die Höhe erreichte, sah ich in drei- oder vierhundert Meter Entfernung erdbraune Gestalten verstreut durchs Gelände hasten. Plötzlich warfen sie sich nieder und eröffneten aus Gewehren und einem leichten Maschinengewehr das Feuer. Wir nahmen Deckung und arbeiteten uns zu dem nahen Graben vor, den die kampfungewohnten Baupioniere vorzeitig preisgegeben hatten.

Das MG, das sie im Stich gelassen hatten, war eine veraltete wassergekühlte Waffe vom Typ 08/15. Ich übernahm es und streute mit kurzen Feuerstößen das Vorgelände ab, wo die Rotarmisten sich anschickten, ihren Angriff fortzusetzen. Die Baupioniere, die wieder Mut gefasst hatten, unterstützten mich eifrig mit ihren Karabinern. Während ich auf einen neuen Patronengurt wartete, winkte ich Feldwebel Koch heran und gab ihm den Auftrag, sich auf dem schnellsten Wege zu Major Stiebner zu begeben und ihm den Vorschlag zu überbringen, das Bataillon oder wenigstens meine Kompanie sofort in Marsch zu setzen.

Koch war mit einem Sprung aus dem Graben und jagte im neu auflebenden feindlichen Feuer davon. Ich sah, wie er stolperte und zu Boden ging. Doch schon raffte er sich wieder auf, und im nächsten Augenblick war er von der Anhöhe verschwunden. Trotz seiner unüberbietbaren Widerborstigkeit wusste ich, dass ich mich auf ihn verlassen konnte wie auf keinen anderen.

Die russischen Granatwerfer traten wieder bedrohlich in Aktion. Auch die Schiffsgeschütze feuerten erneut, doch die Einschläge lagen weit rechts und richteten keinen Schaden an. Als jedoch auf einmal das zornige Brummen von Stuka-Motoren und dann das Jaulen der niederstürzenden Maschinen und die gewaltigen Detonationen explodierender Bomben laut wurden, verstummten die Geschütze, und an ihrer Stelle begann leichte russische Flak zu hämmern. Zur Linken stiegen einzelne fehlgehende Leuchtspurgeschosse in den Himmel, und wenig später trat unversehens Stille ein. Das Meer war von der Höhe, auf der wir lagen, nicht zu sehen, da wir zu weit landeinwärts waren.

Die Zeitspanne, in der uns die Werfergranaten in volle Deckung zwangen, hatten die Rotarmisten vor uns dazu benützt, sich einzugraben. Vielleicht warteten sie auf Verstärkung oder auf eine intensivere Vorbereitung durch ihre Granatwerfer, ehe sie darangehen wollten, den Angriff zur Ausweitung ihres Landekopfes fortzusetzen.

Ich hoffte, dass die Atempause, die uns der Feind gewährte, bis zur Ankunft des Bataillons anhalten würde. Die Baupioniere hatten zwar zunächst ihr Selbstvertrauen wiedergewonnen, waren aber kaum geeignet, einen mit Nachdruck geführten Angriff im Nahkampf abzuwehren. Der Gedanke, dass sich zur gleichen Zeit, während ich mit fremden Landsern, die ich mit Kochs Hilfe unter drastischen Umständen nach vorn getrieben hatte, eine höchst fragwürdige Linie hielt, eine ganze Armee im Aufbruch befand, erschien mir absurd. Womöglich vergaß man uns an dieser entlegenen Ecke und ließ uns auf verlorenem Posten kämpfen, während alle anderen Truppenteile sich zur rettenden Fahrt nach der Krim einschifften. Auch für solche Vorkommnisse gab es Beispiele, seitdem ein größenwahnsinniger Gefreiter es sich anmaßte, Armeen nach seinen ständig wechselnden Einfällen zu dirigieren.

Ein Geräusch, das Musik in den Ohren jedes Frontkämpfers war, weckte mich aus meinen Gedanken. Es war der Paukenwirbel von Abschüssen der eigenen Artillerie. Major Stiebners Batterien nahmen den feindlichen Landekopf unter Feuer. Ich schloss aus dem Beginn der Beschießung, dass Feldwebel Koch den Major erreicht und ihm berichtet hatte, wo sich unsere Linie befand und bis wohin die Russen vorgedrungen waren. In dichter Folge rauschten Granaten über uns hinweg und schlugen außer Sichtweite ein. Ich stellte mir vor, wie das Ferienlager der Roten Armee unter Blitz und Donner zu Bruch ging – kurze Zeit, bevor es den ursprünglichen Besitzern ohnehin wieder zugefallen wäre. Das deutsche Personal war wohl, sofern es noch in »Roter Stern« gewesen war, bei Beginn der feindlichen Landung geflohen. Ich fragte mich, ob auch die russischen Hiwis mit den Deutschen abgezogen waren oder ob sie den neuen alten Herren bei deren Ankunft ihre Dienste wieder angeboten hatten. Auch bei den Trossen unserer Kompanien, die unabhängig von uns den Rückzug angetreten hatten, befanden sich etliche Hiwis, aber die von »Krasnaja Swesda« waren doch etwas Besonderes gewesen, als seien sie mit dem Lager an der Meeresküste verwurzelt, gleich welche Uniformen unter den Pinien und Zypressen getragen wurde.

Die feindlichen Granatwerfer schwiegen, während unsere Batterien immer neue Lagen zu den Russen hinübersandten. Auf einmal, während ich zum Feind hinüberspähte, der sich in seinen rasch ausgehobenen Deckungslöchern unsichtbar machte, drang eine vertraute Stimme an mein Ohr.

»Emser«, sagte Major Stiebner, der unvermutet neben mir im Graben stand, »es ist so weit. Sie übernehmen Ihre Kompanie, sobald sie anrückt. Die Stukas greifen jetzt noch einmal an. Dann, sofort nach Beendigung des Feuerschlages meiner Batterien, gehen Sie vor. Leutnant Grothe ist links von Ihnen, Leutnant Polltau schließt rechts an. Den Zug von Koch habe ich Grothe gegeben, weil er dem Landeplatz am nächsten kommen wird.«

»Wo ist denn Koch, Herr Major?«, fragte ich beunruhigt. Bei dem eigenwilligen Feldwebel musste man immer gewärtigen, dass er über die Stränge schlug. Doch Major Stiebners Antwort enthob mich solcher Befürchtungen. Feldwebel Koch war mit einem Steckschuss im Oberschenkel bei ihm angelangt. Im Augenblick seiner Meldung war das verwundete Bein eingeknickt, aber Koch hatte sich noch so lange aufrecht gehalten, bis alles gesagt war, was er zu bestellen hatte. Erst dann hatte er sich mörderisch fluchend zu Füßen Major Stiebners hingesetzt.

Einer nach dem anderen ging dahin. Der eine fiel, der andere schied verwundet aus. Wie viele hatten die Kompanie seit jenem Abend im August verlassen, an dem ich sie an Leutnant Lemke abgegeben hatte, um mein kurzes Gastspiel beim Stab unserer Division anzutreten! Lemke hatte sich fast auf den Tag an die Statistik gehalten, die dem Infanterieoffizier in der vorderen Linie eine Lebensdauer von nicht viel mehr als vier Dekaden zumaß. Auch Feldwebel Suhrmann, der noch in letzter

Stunde seine »verrotteten Ansichten« über den Wert von Orden niedergeschrieben hatte, war es nicht bestimmt gewesen, das Ufer der Krim zu erreichen

In Major Stiebners Begleitung befanden sich ein Fernsprech- und ein Funktrupp seines Stabes. Die Fernsprechleute schlossen ein Gerät an, und Major Stiebner gab in der Kommandosprache der Artillerie Befehle an seine Batterien durch, worauf das Feuer, das immer noch mit unverminderter Stärke anhielt, dorthin verlegt wurde, wo wir die angreifenden Rotarmisten zum Stehen gebracht hatten. Qualmpilze wuchsen in dichter Folge aus der freien Fläche auf. In das Donnern der einschlagenden Granaten mischten sich das tiefe Motorengebrumm und das durchdringende Heulen der erneut anfliegenden Stukas, die ihre Bomben wie zuvor über der Landungszone der Russen abluden.

Währenddessen kam meine Kompanie heran. Sie blieb in der Deckung des Gegenhanges, bis von links und rechts die Meldung eintraf, dass auch die anderen Kompanien die Ausgangsstellung erreicht hatten. Bevor wir antraten, nahm Major Stiebner mich beiseite.

»Sehen Sie zu, Emser, dass Ihre Leute nicht liegenbleiben«, sagte er. »Je schneller Sie durchstoßen, desto geringer werden Ihre Verluste sein. Und vergessen Sie nicht, wenn der Widerstand stärker als erwartet sein sollte, fordern Sie, ohne lange herumzustochern, durch den Funker, den ich Ihnen mitgebe, Artilleriefeuer an.«

Er gab mir die Hand. »Hals- und Beinbruch, Emser! Es wird wohl der letzte Streich sein, den wir am Kubanbrückenkopf zu führen haben.«

Ich rief die Zug- und Gruppenführer zusammen. »Sie wissen, worum es geht«, sagte ich. »Der Feind ist im

Rücken des rechten Flügels unserer Armee gelandet, der mit seinen Nachhuten in schwere Rückzugskämpfe verwickelt ist. An uns liegt es, den planmäßigen Ablauf der Absetzbewegung zu sichern. Und jetzt los!«

Die Korporäle und Obergefreiten brachten die Leute, die schweigend warteten, in Bewegung. Wir sprangen über den Graben, in dem Major Stiebner mit den Baupionieren zurückblieb.

Der Artilleriebeobachter, ein Unteroffizier, der mit einem T-Funkgerät ausgerüstet war, befand sich an meiner Seite. Dicht hinter uns folgte die Kompanie in breiter Front. Der Feuerschlag unserer Batterien war verstummt. Auch der Feind regte sich nicht. Zur Linken und zur Rechten gingen Leutnant Grothes und Leutnant Polltaus Leute auf gleicher Höhe vor. Ungehindert erreichten wir die vom Feind besetzte Linie, die von Granaten schauerlich aufgewühlt war. Zahlreiche Rotarmisten lagen noch in ihren Deckungslöchern. Viele hielten das Gewehr im Anschlag, aber kein Schuss fiel. Wir gingen zwischen den Toten hindurch und näherten uns im grellen, sommerlich heißen Sonnenschein einer von Dunst verhüllten Ansammlung von Pinien und Zypressen, zwischen denen helle Flecke schimmerten.

Als wir bei dem Soldatenfriedhof anlangten, auf dem im August Oberstleutnant Schwartau-Zistig begraben worden war, schlugen hageldicht fast unhörbar herankommende schwere Werfergranaten ein. Ohne Ausfall brachte die Kompanie sich in den Splittergräben einer verlassenen Flak-Stellung in Deckung. Als das Feuer nachließ, gab ich das Zeichen zum weiteren Vorgehen. Doch erst nach einigem Zureden gelang es mir, die Männer zum Verlassen der schützenden Gräben zu bewegen. Scharfer Gefechtslärm von links ließ erkennen, dass auch die Kompanie Grothe auf den Feind gestoßen war. Allem Anschein nach lag sie im pausenlos ratternden MG-Feuer die Russenn fest. Beim rechten Nachbarn jedoch war es noch ruhig. Ich sah, wie Polltau mit einer Anzahl seiner Leute zum Einfahrtstor des Ferienlagers einschwenkte. Erst dort zwang ein Feuerüberfall schwerer Granatwerfer die vorgehende Gruppe zu Boden.

Wir waren unterdessen bis zur Umzäunung des Ferienlagers vorgedrungen. Vom Gegner war nichts zu sehen. Zweifellos hatte er sich zwischen den verstreut unter den Parkbäumen liegenden Häuschen verschanzt. Granaten hatten Zerstörungen angerichtet. Auch der Zaun war stellenweise niedergelegt worden. Durch die Breschen sprangen wir geduckt in den Schutz der Bäume, als mit einem Schlag die Hölle losbrach. Nicht nur von meisterhaft getarnten Kampfständen, sondern auch aus den Schirmkronen der Pinien und von den flachen Dächern der Bungalows prasselten uns die Feuerstöße von MGs und Maschinenpistolen entgegen. Ich dachte an die Worte Major Stiebners, aber zugleich wurde mir flau zumute bei der Vorstellung, die Kompanie den Geschossgarben der unsichtbaren feindlichen Schützen preiszugeben. Sie würde niedergemäht werden, ehe es uns gelänge, auch nur ein einziges MG außer Gefecht zu setzen.

Major Stiebners Funker war nicht von meiner Seite gewichen. Wir lagen hinter dem Stamm einer mächtigen Zypresse.

»Ohne Ari-Unterstützung kommen wir nicht weiter«, sagte ich.

»Zu nah«, entgegnete der Artillerist. »Wenn die Batterien eingreifen sollen, müssen wir bis zur Flakstellung zurückgehen.«

Ich gab ihm recht. Wenn wir in eigenes Artilleriefeuer gerieten, bestand die Gefahr, dass die Kompanie sich auflöste und die Mehrzahl der Männer türmte. Es gab nichts, was der demoralisierenden Wirkung von eigenem Granatbeschuss gleichkam.

Ein Melder von Leutnant Grothe schob sich robbend heran. Grothe saß fest, wie ich zu meiner Bestürzung hörte. Auch er war zu dicht am Feind, als dass er es wagen konnte, bei der Artillerie Hilfe anzufordern.

»Der Iwan steckt in der Falle«, fügte der Melder hinzu. »Die Stukas haben die Landungsboote versenkt. Herr Leutnant Grothe lässt fragen, ob Sie uns nicht ein bisschen Luft verschaffen können.«

»Werden uns alle Mühe geben«, sagte ich. »Sie sehen ja, was hier los ist.«

Der Melder entfernte sich kriechend. Bald war er zwischen Büschen und hohem, vergilbtem Gras verschwunden.

»Was wollen Sie tun?«, fragte der Artillerieunteroffizier.

»Zurück können wir nicht«, sagte ich. »Ich fürchte, dass die Leute ein zweites Mal nicht mehr vorgehen. Im Übrigen wissen Sie wohl, wie fanatisch der Iwan kämpft, wenn ihm der Rückweg abgeschnitten ist. Und das scheint der Fall zu sein, wenn die Schiffe wirklich versenkt worden sind. Nehmen Sie Verbindung mit Ihrer Abteilung auf. Ich muss es riskieren.«

Während der Funker sein Gerät vom Rücken nahm, gab ich Unteroffizier Klein, der zwei Meter hinter mir lag, den Befehl, dafür zu sorgen, dass die Kompanie sich eingrub. Die Funksprechverbindung war hergestellt. Während es ringsum hageldicht pfiff, verständigte sich der Artillerist mit dem Gefechtsstand seiner Abteilung. Wenige Minuten später jaulte es über uns, und dicht vor uns schlug donnernd eine Granate ein. Nach Korrektur der Entfernung lag der zweite Schuss knapp neben einem der Bungalows. Als der Qualm sich verzog, war eine Seitenwand des Häuschens eingestürzt, und das Zinkdach hing schief herab.

Der Unteroffizier forderte eine Gruppe an. Drei Granaten gingen ins Ziel, nur eine detonierte als Kurzschuss bedenklich nah bei uns. Hinter mir schrie jemand nach dem Sanitäter. Der Funker warf mir einen fragenden Blick zu. Ich nickte zum Zeichen meiner Zustimmung. Es gab keine andere Wahl! Krachend und brüllend trommelte der Feuerschlag ins Lager. Bäume zersplitterten, Gebäude stürzten prasselnd zusammen. Schwarzbrauner Pulverdampf verdichtete sich und raubte die Sicht. Das feindliche Feuer war verstummt. Flach an die Erde gepresst, hob ich die rechte Hand. Der Funker verstand, der Beschuss brach ab.

»Auf!«, brüllte ich mit vor Erregung krächzender Stimme, sprang hoch und jagte in die Schwaden aus Qualm und Rauch hinein.

Plötzlich prasselte MG-Feuer mit schrillem Gehämmer. Ich sah es aufblitzen, schleuderte eine Handgranate und rannte weiter, wie angetrieben von einer unwiderstehlichen Kraft. Gestalten wankten vor mir im Pulverqualm. Ich feuerte meine Maschinenpistole im Laufen ab und stürzte wie einer, der sich vor heftigem Regen oder Hagelschlag schützen will, in ein Gebäude, das unversehens vor mir auftauchte. Jemand taumelte auf mich zu. Ich schoss wie von Sinnen und kam erst zu mir, als die Gestalt in ihrer erdbraunen Uniform vor mir in die Knie brach, vornüberfiel und schwer mit dem Kopf auf den Boden aufschlug. Beißender Rauch erfüllte den Raum. Irgendwo schien es zu brennen. Ich stieß das Fenster auf, dessen Scheiben seltsamerweise unversehrt waren, schob ein neues Magazin in die leergeschossene MP und erblickte auf schlanker weißer Säule den roten Stern, das Wahrzeichen des Lagers, das unvermittelt aus den verwehenden Schwaden hervorkam. Meine Ohren waren wie taub. War das Gefecht zu Ende? Hatten wir den Feind zurückgeworfen? Auf einmal kam mir erschreckend der Gedanke, dass ich wie ein Amokläufer ins Lager »Krasnaja Swesda« eingedrungen war und nun allein unter den Russen stecken mochte. Doch diese Befürchtung traf nicht zu. Ich hörte Schritte, drehte mich mit vorgehaltener Waffe um und senkte erleichtert den Lauf der MP. Unteroffizier Klein trat ein. Sein Gesicht unter dem Stahlhelm war nass vom Schweiß.

»Das«, stammelte er atemlos, »das wäre geschafft, Herr Oberleutnant.«

Doch er triumphierte zu früh. Feindliche Granatwerfer schossen einen Feuerüberfall. Ich duckte mich unter dem Fenster. Als ich aufblickte, war der riesige rote Stern verschwunden. Nur ein Stumpf der weißen Säule ragte zwischen verwelkten Blumen wie ein abgebrochener Zahn.

Das Gefecht flammte noch einmal auf. Ich sah eine Anzahl Landser, die am Saum der Steilküste vorstürmten. Etliche verschwanden hinter der Kante.

Handgranaten detonierten. Ein deutsches MG ratterte los. Dann erschien eine Gruppe Rotarmisten mit erhobenen Händen in meinem Blickfeld. Einzelne Gewehrschüsse fielen noch, dann wurde es still.

Ich verließ den Bungalow, in dem der tote Russe in einer Blutlache zurückblieb. Unteroffizier Klein hatte sich schon vorher entfernt. Leutnant Grothe kam auf mich zu.

»Verdammt und zugenäht«, sagte er strahlend, »das wäre beinah ins Auge gegangen.«

Nach und nach fand sich meine Kompanie vor dem halb zerstörten Verwaltungsgebäude des Lagers zusammen. Aus einem riesenhaft erweiterten Fenster drangen Rauch und Flammen. Das Komsomolzen-Mädchen neben dem Eingang hatte den Kopf und einen Arm verloren. Nur der gipserne Junge stand unbeschädigt mit seiner Trommel, deren Schlegel keinen Ton hervorbrachten. Die Zugführer traten heran und machten Meldung. Aber auch ohne ihre Angaben sah ich, wie sehr die Reihen sich erneut gelichtet hatten.

Ich fragte nach Major Stiebners Funker. Ein Obergefreiter meldete sich, der den Artilleristen hatte fallen sehen. Ich nahm den Stahlhelm ab und zündete mir eine Zigarette an. Früher, wenn wir einen Angriff erfolgreich bestanden hatten, war ich von dem Bewusstsein, es den anderen, denen in der erdbraunen Uniform, wieder einmal gezeigt zu haben, beschwingt gewesen. Diesmal jedoch blieb das Gefühl des Triumphes aus. Ich wusste, wir hatten keinen Sieg errungen, sondern nur dazu beigetragen, das Unabwendbare hinauszuschieben.

Mit schweren Schritten, als seien meine Stiefel mit Blei gefüllt, bewegte ich mich zwischen Gruppen aufgeregt durcheinanderredender Landser hindurch zum Rand des Steilabfalls. Unbewegt dehnte sich das Meer im Sonnenschein. Unweit des hellen Badestrandes, auf dem mehrere tote Rotarmisten neben ihren Waffen lagen, ragten die zerfetzten Aufbauten von drei gesunkenen Prähmen aus dem Wasser. Ich dachte an die kleine Bucht, in der ich einem Mädchen begegnet war, das längst tot war wie die russischen Soldaten dort unten.

Das Geräusch eines Kraftwagenmotors riss mich aus meinen Gedanken. Ich wandte mich um und erblickte Major Stiebner, der aufrecht in seinem Kübelwagen stand. Leutnant Polltau ging auf den Wagen zu und hob grüßend die Rechte an den Stahlhelmrand. Ein zweiter Wagen brachte Major Rieneck, unseren zeitweiligen Bataillonskommandeur, der mit seiner Kordelmütze und der maßgeschneiderten feldgrauen Uniform inmitten von Tod und Zerstörung, Granattrichtern, Flammen und Rauch wie ein aus den stillen Bereichen höherer Stäbe kommender Schlachtenbummler wirkte. Später jedoch – denn Major Rieneck blieb bei uns – erwies er sich trotz seiner piekfeinen Aufmachung, die er beibehielt, als ein Vorgesetzter, der sich auch in den schwärzesten Stunden durch Umsicht, Besonnenheit und persönlichen Mut auszeichnete.

Major Rieneck stieg aus, sprach ein paar Worte mit Leutnant Polltau, dessen Kompanie das Gefechtsfeld nach versprengten Rotarmisten absuchte, und schüttelte Leutnant Grothe und mir, als wir uns bei ihm einfanden, anerkennend die Hand.

Major Stiebner dagegen blieb in seinem Wagen. Er winkte mich heran und sagte: »Unsere Wege trennen sich wieder einmal, Emser. Es brennt an einer anderen

Ecke. Für die Heeresartillerie gibt es in angespannten Zeiten keine Ruhe. Ja, und damit ich es nicht vergesse: Ich habe noch das Päckchen von Leutnant Lemke bei mir. Nehmen Sie's wieder an sich, Emser. Sie finden wohl eine Möglichkeit, es auf den Weg zu bringen, sobald Sie auf der Krim sind. Wenn mich nicht alles täuscht, werden Sie früher dort sein als ich.«

Er übergab mir den Wachstuchpacken mit den Aufzeichnungen des Leutnants Lemke und reichte mir zum Abschied die Hand. »Augen auf, Emser, und keine Torheiten, mein junger Freund, was auch kommen mag! Denken Sie an Oberst Metzelbrod!«

Er winkte den anderen Offizieren und den umherstehenden Landsern zu, während sein verbeulter, mit Einschüssen gespickter Kübelwagen Fahrt aufnahm. Er fuhr in den Tod. Unweit von Krassno Medwezowskaja wurde, wie ich später erfuhr, die Fahrzeugkolonne seiner Abteilung von Tiefffliegern angegriffen. Als er den Platz eines gefallenen MG-Schützen übernahm, traf ihn ein Bordwaffengeschoss.

Unsere Verwundeten wurden gemeinsam mit denen des Feindes in Sankas abtransportiert. Die Toten, deren Zahl erschreckend hoch war, begruben wir außerhalb des Lagers auf dem Flak-Friedhof, an dessen Einebnung beim überstürzten Abzug niemand gedacht hatte. Wir fügten den mit welken Blumen geschmückten Kreuzen neue hinzu und kehrten ins Lager zurück, wo mittlerweile ein Lkw mit Verpflegung eingetroffen war.

Der Brand im Verwaltungsgebäude war erloschen. Ich warf, während das Bataillon sich zum Abmarsch formierte, einen letzten Blick auf den roten Stern. Er war von der weißen Säule herabgestürzt, aber er war nicht zerbrochen. Im Sonnenlicht funkelnd lag er in dem Blumenbeet, das auch während der kurzen Zeit unserer Herrschaft sorgsam gepflegt worden war. Bald, sagte ich mir, würden sich Soldaten in erdbraunen Uniformen einfinden und das Symbol des bolschewistischen Russland wieder aufrichten, ob sie es nun schätzten oder nicht.

Das Bataillon rückte ab. Die Sicherung des Küstenstreifens sollte bis zum Eintreffen von Kampftruppen aus Anapa die Baupionierkompanie übernehmen, aus deren Stellung wir wenige Stunden zuvor angetreten waren. Gegen Abend trafen wir auf eine der Rückzugsstraßen, die zu den Verschiffungshäfen im Westen führten. Endlose Kolonnen von Gefechts- und Versorgungsfahrzeugen überholten uns, die Infanterie. Eine Armee befand sich im Aufbruch. 200 000 Mann setzten sich nach einem bis ins kleinste ausgefeilten Zeitplan in Bewegung. Mit ihnen Tausende von Pferden, die vor Geschütze und Troßwagen gespannt waren. Im Osten grollte wie das Murren von Gewittern die unerbittliche Stimme der Front. Während die einen Tag und Nacht marschierten, dem Meeresstreifen entgegen, der uns von der ersehnten Küste der Krim trennte, standen andere, die das Los der Nachhut gezogen hatten, in hartem Kampf. Denn der Feind, der sieben Monate lang vergebens versucht hatte, den Kubanbrückenkopf zu überrennen, setzte alles daran, den geordneten Rückzug unserer Armee in ein Chaos zu verwandeln.

Die Überfahrt

General Scheufele stand auf der Hafenmole von Taman. Er stand auch noch dort, als die Russenbomber kamen und die massierten Batterien der schweren Flak wie rasend zu schießen begannen.

Während Bomben brüllend im Wasser und an Land einschlugen und Splitter der Flakgranaten herabregneten, stand der kleine, fast zierliche Mann mit den buschigen, weißblonden Augenbrauen, dem goldverzierten ausgeblichenen Krätzchen, dem goldenen Eichenlaub am Kragen und den breiten roten Streifen an den Reithosen unbewegt wie eine Statue auf der Mole aus festgefügten Steinquadern. Das Meer wogte wie von einem Sturm aufgewühlt. Die an der Mole vertäuten Fähren – Fährprähme der Kriegsmarine und Siebelfähren der Pioniere – hoben und senkten sich rollend in der von den Explosionen erzeugten Brandung.

Die Einschiffung des Regiments Staufer durfte nicht verzögert werden. Schon waren die übrigen Teile unserer Division in Anmarsch, und hinter diesen drängten andere Verbände nach. Die »Kleine Erde« entvölkerte sich zusehends. Je mehr von uns die Küste der Krim gewannen, desto wütender wurden die Anstrengungen des Russen, die Absetzbewegung unserer Armee zu stören. Er konnte nicht ahnen, dass der »Größte Feldherr aller Zeiten«, wie Lemke sich ausgedrückt hatte, die Krim der 17. Armee als Grab zugedacht hatte oder zum

Mindesten nichts unternahm, um die Armee aus der Falle herauszuführen, in die wir arglos gingen.

Die Russenbomber zogen ab. Der Schaden, den sie angerichtet hatten, war im Verhältnis zur Zahl der abgeworfenen Bomben gering. Die See beruhigte sich. Unser Bataillon ging an Bord der Fähren. Matrosen und Pioniere verteilten Schwimmwesten. Alle verfügbaren MGs wurden zur Fliegerabwehr aufgebaut. Major Rieneck, Polltau, Grothe und ich überwachten von der Mole aus die Einschiffung. Niemand brauchte zur Eile angetrieben zu werden. Alle, auch wir, waren von dem Wunsch beseelt, das Unvermeidliche rasch hinter uns zu bringen.

Als das Bataillon verladen war, legten die Fähren ab und bewegten sich mit beklemmender Langsamkeit nach Nordwesten der Küste zu, die im Dunst des sonnenhellen Herbsttages nur undeutlich am Horizont zu erkennen war. Ein Schnellboot der Kriegsmarine legte an der Mole an. General Scheufele winkte uns auffordernd zu. Wir folgten ihm über ein schwankendes Laufbrett auf das Boot. Mit Vollgas jagte es hinter den Fähren her, die ausgeschwärmt wie große Wasserkäfer vor den Schaumspuren ihrer Kielwasserstreifen herzogen.

General Scheufele, den ich seit Grigorjewka nicht mehr gesehen hatte, warf mir einen Blick zu. Ich verstand, trat neben ihn und nahm Haltung an.

»Wir haben einen sehr strengen jungen Herrn im Stab«, sagte er. »Er ist Balte, hasst die Bolschewiken und überschätzt ganz entschieden die Seite, auf der er dient. Sie wissen, wen ich meine, und Sie wissen auch, Emser, dass Sie einer Person, die schon unserem Hauptmann Peterhans zum Verhängnis geworden ist, eine sagen wir

– allzu nachsichtige Behandlung haben zuteil werden lassen. Im Übrigen haben Sie ohne Genehmigung ein nächtliches Ferngespräch mit der Heimat geführt. Auch darüber hat Sonderführer von Strack eine Meldung verfasst, wie Ihnen bekannt sein wird. Ich möchte dazu bemerken, dass ich den übereifrigen Sonderführer für eine andere Verwendung freigeben werde, sobald wir auf der Krim sind. Sie haben damals nachts mit der Schwiegertochter Ihres früheren Regimentskommandeurs gesprochen?«

»Jawohl, Herr General«, sagte ich, überwältigt von der Erkenntnis, dass auch dieser Mann mit dem Rang eines Generalmajors bestrebt war, in seiner Uniform ein Mensch zu bleiben.

»Ich habe mich über das Schicksal dieses bemerkenswerten Offiziers, des von Ihnen so sehr verehrten Oberst Metzelbrod, unterrichten lassen«, fuhr General Scheufele fort. »Jedem von uns, Emser, kann das Gleiche zu jeder Stunde widerfahren. Ich wünsche nur, dass ich, wenn an mich eine solche Prüfung herantreten sollte, ein Offizierskorps um mich habe, das vom gleichen Geist erfüllt ist wie das Ihres früheren Regiments.«

»Gehorsamsten Dank, Herr General«, sagte ich und hob salutierend die Hand zur Mütze.

Die anerkennenden Worte General Scheufeles, den Leutnant Lemke einmal für einen »Ausflieger« gehalten hatte, waren mehr wert für mich als alle Orden.

Das Schnellboot, das mit zwei leichten Flakgeschützen bestückt war, hatte die Fähren eingeholt und kreuzte im Zickzackkurs zwischen ihnen wie ein Wachhund in einer Herde. Als ein Schwarm Tiefflieger dicht über der Wasserfläche heranjagte, wandte das Boot ihnen seinen Bug zu, und die Leuchtspurgeschosse der Flak sprühten den feindlichen Maschinen in rasendem Schnellfeuer entgegen. Auch die Flak der Marinefähren und die von unseren Leuten bedienten MGs beantworteten die hämmernden Feuerstöße der Bordwaffen mit einem Hagel von Geschossen. Die Flugzeuge drehten ab, flogen eine Schleife und formierten sich erneut zum Angriff. Ein Marinefährprahm geriet in Brand. In dichten Trauben sprangen die Landser ins Meer, während die Flak zwischen Flammen und Rauch unbeirrt weiterfeuerte, bis eine Explosion die Aufbauten des Schiffes in Fetzen riss.

Im gleichen Augenblick, als der brennende Prahm zu sinken begann, stürzte eine der feindlichen Maschinen mit einer schwarzen Rauchfahne ins Meer. Die Übrigen umkreisten uns noch einmal, griffen jedoch nicht mehr an und flogen davon.

Die schwimmenden Landser wurden von den am nächsten befindlichen Fähren aufgenommen. Auch Tote trieben, von den Schwimmwesten getragen, dort, wo der Prahm in den Fluten verschwunden war. Sie wurden wie die Lebenden an Bord der Fähren gezogen.

Ich blickte zurück. Über der Steilküste von Taman, die sandgelb aus dem türkisblauen Meer aufstieg, wuchs wie ein Sinnbild kommenden Unheils eine riesenhafte pechschwarze Wolke empor. Die »Kleine Erde« – ein schwarzer Rauchpilz war schließlich alles, was noch von ihr zu sehen war.

Der General wandte sich der entschwindenden Küste zu und legte stumm die Rechte an die Feldmütze, als grüße er das Heer der Toten, die wir auf dem Kubanbrückenkopf zurückgelassen hatten.

Von neuem ertönte das singende Geräusch von Flugzeugmotoren, doch diesmal war es eine Staffel deutscher Jäger, die wie blitzende Pfeile über uns auftauchten. Sie kurvten einige Male über den Fähren, entfernten sich nach Südosten und stießen plötzlich im Sturzflug nieder.

Voraus nahm die Hafenstadt Kertsch, von kahlen Höhen überragt, zusehends Gestalt an. Entladene Fähren kamen uns entgegen, begleitet von Schnellbooten, deren schnittiger Bug von hoch aufschäumenden Wellen überspült wurde.

Wir näherten uns dem mit Landsern bevölkerten Kai, legten an und folgten dem General an Land.

»Wir sehen uns bald, meine Herren«, sagte er, grüßte knapp und begab sich zu einer Gruppe hoher Offiziere. Es war der Führungsstab unserer Division, die, wie wir bei der Ankunft in Taman erfahren hatten, für Verteidigungsaufgaben im Nordteil der Krim vorgesehen war. Der Feind stand bereits vor Meütopol, und weiter im Norden, am Dnjepr, war Saporoshje bedroht.

Das Ende

Wir lagen am Perekop, der nordwestlichen Landbrücke zur Halbinsel Krim. Zur gleichen Zeit, als die Letzten der Kuban-Armee in Pioniersturmbooten von der Tschuschka-Landzunge abstießen, waren wir, nachdem wir die Krim in Eilmärschen durchquert hatten, in die frisch ausgebauten alten Russenstellungen vom Herbst 1941 eingezogen. Die im Norden kämpfende 6. Armee, die nach dem Fall von Stalingrad neu aufgestellt worden war, hatte die Dnjeprlinie nicht lange zu halten vermocht und war in fluchtartigem Rückzug auf Odessa zurückgefallen.

An jenem trüben Oktobertag, an dem wir den ersten von zahlreichen Angriffen der Russen abgewehrt hatten, war zum ersten Mal seit dem Abzug vom Kubanbrückenkopf wieder Feldpost für uns eingetroffen. Für mich war ein Brief aus Oberstdorf dabei – ein Brief von Anneliese Metzelbrod. Sie hatte meinen Rat befolgt. Zwei Tage nach ihrer Abreise war ihr Ausweichquartier in Duisburg einem neuen Bombenangriff zum Opfer gefallen. Es hatte also doch einen Sinn gehabt, die überlasteten Nachrichtenmittel der Armee zu missbrauchen.

Dem ersten Brief waren viele andere gefolgt. Es war Winter geworden. Im Führerhauptquartier schien man die 17. Armee auf der Krim vergessen zu haben. Immer weiter war der südliche Flügel der Ostfront nach Westen zurückgewichen. Längst wurden wir aus der Luft und über See versorgt. Wenn mich die Landser fragten, ob man uns abgeschrieben habe wie vor Jahresfrist die Stalingrad-Armee, konnte ich nur ausweichend Antwort geben.

Der Winter verging. Es wurde April – April 1944. An einem klaren, sonnigen Morgen durchbrach der Feind unsere Stellungen. Zwei Stunden später erschoss sich unser General in seinem Quartier. Gegen Tod und Teufel hatte er angehen wollen, um zu verhindern, dass sich die Katastrophe von Stalingrad wiederholte. Doch auch ihm waren die Hände gebunden. Der Tod kam von Osten, der Teufel saß in der Heimat. Dazwischen standen wir.

Als wir an einem Tag Anfang Mai im Feuer russischer Maschinengewehre bei Eupatoria an Bord eines der Schiffe gingen, die durch die verminte See gekommen waren, um die Reste der 17. Armee aufzunehmen, war meine Kompanie auf sieben Mann zusammengeschmolzen. Wir hatten alles hinter uns; keiner glaubte daran, dass es noch eine Rückkehr ins Leben gab. Eine Stalinorgel begann zu feuern. Das Schiff lichtete seine Anker. Die See war rau. Das sonnige Gestade der Krim blieb zurück. Ein Hauptmann, der neben mir an der Reling stand, weinte wie ein kleines Kind.

Weitere Bücher im Rosenheimer Verlagshaus

Befehle von oben
256 Seiten
ISBN 978-3-475-54032-5

Durch eine schwere Verwundung bei Stalingrad ist das Gesicht des Leutnants Lemke entstellt. Der furchtbare Krieg in Stalingrad hat seinen Blick für die Hintergründe und Zusammenhänge der Ereignisse geschärft. Da er nicht offen sprechen darf, beginnt er während eines Lazarettaufenthaltes seine Gedanken aufzuzeichnen und beendet sie in den Stellungen des Kuban-Brückenkopfes. Leutnant Lemke steht stellvertretend für eine Generation, die den Krieg als prägend für ihr gesamtes Leben erlebt hat.

Oberst ohne Ritterkreuz
272 Seiten
ISBN 978-3-475-53346-4

Nach der Winterschlacht am Donez ist das Regiment des Oberst Metzelbrod schwer angeschlagen. Um die Reste des Regiments zu retten, entschließt sich Metzelbrod, den Stützpunkt aufzugeben, gegen den der weit überlegene Feind immer wieder anrennt. Wider höheren Befehl wird der Rückzug angetreten. Metzelbrods Adjutant Leutnant Emser gibt einen Bericht von dem Geschehen ab, das über einen Offizier hereinbricht, der zwischen Befehl und Gewissen steht und sich für das Gewissen entscheidet. Ein Buch über den Krieg und gegen den Krieg.

Zwischen Kairo und Tunis
240 Seiten
ISBN 978-3-475-54220-6

Unteroffizier Willi Trump schildert wie er und seine Männer im Afrikafeldzug im blinden Gehorsam die Wüste durchqueren. Sie verzichten auf Schlaf, leiden Hunger und Durst. Wie mechanische Wesen, die einem fremden Willen gehorchen, kämpfen sie gegen Fliegenschwärme und die Angriffe der Gegner. Schließlich werden sie besiegt. Auf dem Rückzug müssen sie mit den unerbittlichen Angriffen der Amerikaner und Engländer fertig werden. Am Ende bleibt ihnen nur noch die Sehnsucht nach der Heimat, die viele von ihnen niemals wiedersehen werden.

Tausend Tage ohne Hoffnung
240 Seiten
ISBN 978-3-475-54215-2

Am Ende des Zweiten Weltkrieges standen viele Soldaten vor dem Nichts. Der Traum vom großen Sieg war geplatzt, stattdessen mussten sie sich mit der Rolle der Verlierer abfinden. Dieses Buch berichtet vom Schicksal jener Soldaten, die nach dem Zweiten Weltkrieg in Kriegsgefangenschaft gerieten. Unter unmenschlichen Bedingungen und enormen Strapazen mussten sie für die Verbrechen des Dritten Reichs büßen. Christian Huber schildert eindrucksvoll die Situation, seiner Freiheit beraubt zu sein und nur noch von der Hoffnung zu leben.

Das Ende vor Augen
208 Seiten
ISBN 978-3-475-54135-3

Millionen von Soldaten verloren im Zweiten Weltkrieg ihr Leben, viele waren durch die körperlichen und seelischen Verletzungen nie mehr dieselben. Dieses Buch lässt die sprechen, die mittendrin waren: Ehemalige Soldaten berichten aus unterschiedlichen Perspektiven von ihren Erfahrungen und Erlebnissen an der Front während des Zweiten Weltkrieges. Christian Huber hat ihre Berichte gesammelt und für dieses Buch zusammengestellt.

Verlorene Ehre – Verratene Treue
400 Seiten
ISBN 978-3-475-53659-5

Als Achtzehnjähriger wächst der Autor in den Zweiten Weltkrieg hinein und erlebt ihn als unentrinnbares Schicksal. Er beschreibt die Not des Hungers, des schrecklichen russischen Winters, die Aussichtslosigkeit der gnadenlosen Kämpfe und das ständige Bewusstsein, vom Tod bedroht zu sein. Der ungeschönte Bericht eines Zeitzeugen über den Zweiten Weltkrieg, der mit den geschilderten bitteren Erfahrungen und Erlebnissen belegt: Ich war dabei.